Jürgen Trabant (Hrsg.) · Die Fundgrube für den Kunst-Unterricht

Die Autoren

Jürgen Trabant: Unterrichtete an einem Gymnasium Kunst und Deutsch und hat viele Jahre Kunstreferendare an drei Studienseminaren in Frankfurt am Main ausgebildet. Er ist Mitautor des Rahmenplans Kunst für die Sekundarstufe I in Hessen.

Christine Biehler: Bildende Künstlerin mit dem Schwerpunkt Rauminstallationen; Professur am Institut für Kunst und ihre Didaktik an der Universität Dortmund.

Bea Blell: Unterrichtet Sport und Englisch an einem Gymnasium in Frankfurt am Main, Fachleiterin Sport.

Ilona Dohnicht-Fioravanti: Unterrichtet Kunst, Chemie und Biologie an einer Berliner Schule. Fachleiterin für Kunst; zurzeit Moderatorin des Berliner Modellprojekts „Zeitgenössische Kunst in die Schule".

Joachim Engert: Unterrichtet Mathematik an einem Gymnasium in Frankfurt am Main, und er ist Fachleiter an einem Studienseminar in Frankfurt am Main.

Klaus-Hermann Ewering: Unterrichtet Kunst und Französisch an einem Gymnasium in Bielefeld; mehrere Ausstellungen mit Druckgrafik.

Heidi Herz: Unterrichtet Kunst und textiles Werken an einer Schule in Wildberg/Effringen und arbeitet in der Lehrerausbildung.

Ulla Hensellek-Siller: Unterrichtet Kunst an einem Gymnasium in Friedberg/Hessen, Keramikausstellungen.

Robert Hötzel: Zunächst Lehrer an einer Gesamtschule und Ausbilder in Frankfurt am Main. Seit August 2000 an einem Gymnasium in Dann/Eifel und Sammlungsleiter für das Fach Kunst.

Ulrich Krumsieg: Unterrichtet Kunst, Werken und Arbeitslehre an einer integrierten Gesamtschule in Kandel.

Renate Mann: Unterrichtet schwerpunktmäßig Deutsch und Kunst in Nidda; ist als pädagogische Mitarbeiterin des HELP (Hessische Lehrerfortbildung) als Museumspädagogin abgeordnet.

Bernhard Meyer: Unterrichtet Kunst und Mathematik an einem Gymnasium in Waltrop; Veröffentlichungen und Ausstellungen.

Bernhard Siller: Lehrbeauftragter an der Hochschule für Gestaltung in Offenbach am Main, Kurse in der Erwachsenenbildung und Lehrerfortbildung.

Ulrike Springer: Neben dem Kunst-Unterricht an einem Darmstädter Gymnasium in der hessischen Lehrerfortbildung (HELP) tätig; im BBK und BDK aktiv.

Jutta Walther: Unterrichtet bildende Kunst, Musik und Mathematik an einer Realschule in Ostfildern; verschiedene Veröffentlichungen.

Christine Waßmann-Wirth: Unterrichtet Kunst und Deutsch an einem Gymnasium in Heusenstamm in der Nähe von Offenbach am Main.

Helge Wirth: Unterrichtet Kunst und Erdkunde an einem Gymnasium in Nidda in der Nähe von Frankfurt am Main.

Ingo Wirth: Unterrichtet Kunst und Geschichte an einem Gymnasium in Frankfurt am Main, leitete mehrere Modellprojekte zum Einsatz neuer Medien im Unterricht, beteiligt an den hessischen Lehrplänen, ist Fachleiter für Kunst.

Jürgen Trabant (Hrsg.)

Die Fundgrube für den Kunst-Unterricht

ab Klasse 5

Cornelsen
SCRIPTOR

Abbildungsnachweis:
Wir danken den Schülern und Schülerinnen, die ihre Arbeiten für dieses Buch zur Verfügung gestellt haben. Weiterhin haben freundlicherweise die Genehmigung zum Abdruck erteilt: Insel Verlag, Frankfurt am Main: S. 188; Sprengel Museum Hannover: S. 173; Arnulf Rainer: S. 20 links; Timo Sinner (Fotos): S. 229, 231, 234, 235; B.G. Teubner Verlagsgesellschaft, Stuttgart und Leipzig: S. 193; © Karl Blossfeldt-Archiv/Ann und Jürgen Wilde/VG Bild-Kunst, Bonn 2001: S. 140; © FLC/VG Bild-Kunst, Bonn 2001: S. 195; © VG Bild-Kunst, Bonn 2001: S. 12, 20 rechts, 165, 166, 171 unten, 177, 187, 216, 232, 233

Cornelsen online http://www.cornelsen.de

Gedruckt auf chlorfrei gebleichtem Papier
ohne Dioxinbelastung der Gewässer

Deutsche Bibliothek – CIP-Einheitsaufnahme

Die Fundgrube für den Kunst-Unterricht : ab Klasse 5 /
Jürgen Trabant (Hrsg.). – 1. Dr. – Berlin : Cornelsen Scriptor, 1997
3-589-21129-6

Dieses Werk berücksichtigt die Regeln
der reformierten Rechtschreibung und Zeichensetzung.

7.	6.	5.	4.	€	Die letzten Ziffern bezeichnen
04	03	02	01		Zahl und Jahr der Auflage.

Redaktion: Gabriele Teubner-Nicolai, Berlin
Herstellung: Brigitte Bredow, Berlin
Umschlaggestaltung: Bauer + Möhring, Berlin, unter Verwendung
einer Zeichnung von Klaus Puth, Mühlheim
Satz: FROMM MediaDesign GmbH, Selters/Ts.
Druck und Bindung: Clausen & Bosse, Leck
Printed in Germany
ISBN 3-589-21129-6
Bestellnummer 211296

Inhalt

Vorwort

Was will, was soll eine *Fundgrube für den Kunst-Unterricht?* Was enthält sie? Was enthält sie vor? Rezepte bietet sie nicht, auch keine „Bausteine". Anregungen? Hoffentlich! Und Hilfen; Erprobtes von Kolleginnen und Kollegen, die in unterschiedlichen Bundesländern und Schulformen bemüht sind, Kindern und Jugendlichen zu mehr ästhetischer, bildnerischer Autonomie zu verhelfen.
Die *Fundgrube* will Ideenlieferant und Materiallager sein für alle, die mit ihren Schülern mal was Neues ausprobieren wollen: durch eine originelle Motivation, ein fesselndes Projekt, mit einer ungewöhnlichen Vertretungsstunde. Ein bestimmtes Material, ein Werkzeug, eine Technik in unterschiedlichen Aspekten mit den Schülern erproben oder eine andere Zugangsweise zu einem Künstler finden. Das Register informiert umfassend.
Eine sehr subjektive Vielfalt spiegelt das breite Spektrum unseres Fachs – vielleicht insbesondere dort, wo sich Lücken zeigen und Erwartungen nicht erfüllt werden. Fantasie, Entdeckerfreude und Probierlust sind gefragt. In diesem Zusammenhang sei an unsere Fachzeitschrift *Kunst + Unterricht* erinnert, die seit vielen Jahren in Themenheften inhaltliche und methodische Innovationen veröffentlicht, die das hier oft nur Angedeutete sinnvoll zu ergänzen und Fehlendes einzurücken vermögen.
Eine *Fundgrube Kunst* verlangt auch äußerlich nach Farbe; kalkulatorische Abwägung lässt nur ein Schwarz-Weiß zu. Auch das kleine Format setzt Abbildungen Grenzen; handliche Kompaktheit macht diesen Mangel wett: ein Vademecum. Die Ideen und Materialien sind für die Sekundarstufen I und II gedacht. Altersangaben ermöglichen Ihnen einen schnellen Zugriff; diese Angaben sind freilich nur als Vorschläge zu verstehen.
Über all dem darf man nicht vergessen, dass die *Fundgrube* eine Fundgrube ist, dass sie also ein reichhaltiges und buntes Sortiment bietet, aber keine allgemeine Didaktik des Fachs und auch keine lexikalische Systematik.
Intensiven Dank schulde ich allen Autorinnen und Autoren; sie haben meiner Besserwisserei und Ungenügsamkeit ihre produktive Energie entgegengesetzt. Frau Teubner-Nicolais Kompetenz besänftigte alle Skepsis und Ungeduld mit unerschütterlicher Ruhe und Gelassenheit!
In diesem Buch ist aus Gründen der besseren Lesbarkeit meist von Lehrern und Schülern die Rede; die Bitte, hierin kein Zeichen männlicher Selbstherrlichkeit zu sehen, äußere ich mit besonderem Nachdruck.
Ich hoffe, dass diese *Fundgrube* ihren Anteil leisten wird am wichtigen Dialog derer, die unter immer schwierigeren Bedingungen vor Ort arbeiten!

Jürgen Trabant

Anfänge, Anstöße

Wir wollen Anstöße geben, Fantasie freisetzen, Perspektiven eröffnen; wir wollen bewegen – oder motivieren? –, Anfänge wagen – oder initiieren? –, handlungsorientiert, aktivierend, aktiviert, aktiv … Das Chaos lauert!

Schüler, 8. Klasse

Wer ist der da vorne?

Robert Hötzel

Klassen 5–10

Die erste Kunststunde in einer neuen Klasse. Das übliche Lampenfieber. Die üblichen Fragen: Womit beginnen? Und wie? Welche Alternativen? Wie soll ich mich präsentieren? Zielbewusst? Offen? Starte ich mit einem Lehrervortrag, der allen zeigt, wo's langgeht oder erkundige ich mich entgegenkommend nach den Interessen der mir Anvertrauten? Wie stelle ich mich dar? Stelle ich mich dar? …
Die Entscheidung: Ich lasse mich darstellen. Das entlastet alle; auch die Schüler sind gespannt auf den da vorne und reagieren in der Regel überrascht und erleichtert auf das Angebot, dieses allenfalls per Renommee bekannte Wesen zeichnerisch erkunden und vielleicht auch kommentieren zu können. Einen Bleistift hat jeder – hoffentlich – dabei.

Mädchen, 8. Klasse

Mädchen, 8. Klasse

Vielen prüfenden Blicken ausgesetzt, sehe ich mich veranlasst zu etwas, was mir im Unterricht schwer fällt: Ich muss stillhalten. Aber ich kann die Blicke erwidern, kann mir Gesichter einprägen, bemerke unterschiedliche Annäherungsformen und Arbeitshaltungen. Mit zunehmender Empathie gewinne ich Zuversicht und entspanne mich. Die Zeichnungen (sind's Karikaturen?) fixieren mich im Fokus vielfältiger Interessen und Fähigkeiten; die Skala reicht von pointierender Stilisierung bis zu mimetischen Versuchen. Auf dieser Basis kann gemeinsame Planung beginnen.

Ich-Logo

Ulrike Springer

Klassen 5–7

Jeder entwirft ein Zeichen, eine Art Logo, mit dem er oder sie etwas über sich aussagen möchte. Das können sein: Gefühle, die allgemein oder ganz konkret zu diesem Zeitpunkt vorherrschen, Interessen, Charaktereigenschaften, Temperament, Vorstellungen, die man von sich und in Bezug zu anderen und seiner Umwelt hat.

ICH, Maike Täufer
Das verwurstelte ist fast
immer, und die vielen immer
kleiner werdenden Kreise
zu verwandeln. Die Tropfen
sind nicht sehr oft und
plötzlich. Das mit den Hän-
den ist fast immer. Der Rest
ist sehr selten

ICH, ANNA KOSSOWSKI
Das sollen viele Schich-
ten von mir sein, wie ich
bin, wie ich reagiere. Der
äußere Streifen bedeutet,
das ich sehr ruhig bin und
sehr zurückhaltend. Doch
wenn ich Freunde habe und
über alles reden kann, bin
ich sehr offen (Wellen) →
spontanität, so richtig voller
Power. Der Kreis in der Mit-
te zeigt alle Seiten von mir.

Ich, Jens
weil ich eckig bin.

Linda Luers: die Wellen
bedeuten, dass ich manch-
mal ganz nett bin. Die Zacken
bedeuten, daß ich manch-
mal knurrig bin. Wie auf
dem Zeichen wechselt sich das
ab. Das Gitter bedeutet, das
ich manchmal verschlossen bin,
der Schlüssel, das ich manch-
mal offen bin.

"Ich" (Thomas)
"Schwarze Punkte:
eigener Wille,
Schwarze Dreiecke:
Nachdenken.

Simon,
ich bin
oft
traurig

Wellen = sanft
Feuer = aufdringlich,
neugierig, Kern =
verschlossen

Ich, Verena: die Wellen-
linien außen bedeuten,
dass ich manchmal viel
sage, was ich gar nicht so meine und was oft falsch verstanden
wird. Die schwarze, kreisförmige Linie folgt, stellt eine dünne Wand
dar, die man erst einmal durchbrechen muss. Dann kommt
noch ein kurzer gleichmäßiger Teil, bevor man ins Innere ge-
langt. Dort stellt man dann fest, dass ich viele verschiedene Seiten
habe. Das ist ein (glaube ich) guter Teil. ꟿ ⇒ ich kann rich-
tig ausrasten. ▬ das ist die widerstandsfähige Seite, die ihren
Willen durchsetzt. ∿∿ das ist meine unsichere Seite. Als letztes,
meine verletzliche Seite (——).

Meine Gefühle spielen
verrückt! Manchmal
gibt es so harte Striche,
die von außen eindringen.
Von außen wirke ich viel-
leicht fröhlich, aber von
innen nicht, einige Ge-
fühle strahle ich aus.
(Sarah Jenichen)

Weil die Unordnung
auf mich einwirkt! (Pia)

Was bedeutet in diesem Zusammenhang *Zeichen*? Wie lassen sich Auskünfte vermitteln, wenn man ihren Sinn zugleich auch verbergen, ihn nur Eingeweihten enthüllen will? An Beispielen lernen die Schüler die Vieldeutigkeit *sprechender Zeichen* kennen: Eine wellenförmige Linie kann z. B. Gefühlsbewegungen, Weichheit, Stimmungswechsel charakterisieren, muss nicht Wasser oder Schlange meinen. Es kann sehr aufregend sein zu entdecken, dass Linien, Striche, Flecken ... geradezu seismographisch *Ich-Bewegungen* aufzuzeichnen vermögen, dass Wut, Trauer, Freundlichkeit, Sehnsucht ... sich in der Art und Weise des Zeichens spiegeln.
Wer eine Lesehilfe bieten möchte, wagt einen Textkommentar (s. Abbildungen).

„Man ist innen anders als von außen" Ulrike Springer

Ina Barfuss, Projektion, 1982, Dispersion auf Leinwand, Hessisches Landesmuseum, Darmstadt

Stellvertretend für eine fachkundige Interpretation stehen hier Aussagen verschiedener Schüler der Jahrgangsstufen 5 und 6:

- Zwei Figuren, die ineinander hängen (an den Füßen).
- Sie (zwei Frauen) haben einen weißen Kreis an den Füßen.
- Jede hat nur einen Fuß, einen Arm, ein Auge, die Farben gehen ineinander. Die eine sitzt, die andere steht.
- Sie haben einen langen Hals und einen langen Körper.
- Beide haben lange schwarze Haare, eine ist mit einem edlen Kleid angezogen und schwarzen Handschuhen, die andere ist in der Mitte durchsichtig, vielleicht nackt.
- Die eine steckt ihren Finger in den Mund.
- Früher waren sie nur eine Frau, jetzt sind sie zwei Figuren. Sie sind auseinander gerissen worden.
- Man ist innen anders als außen. Die eine steht mit krummem Rücken, hält die Hand an den Mund und kotzt auf den Rücken, auf die andere.
- Sie sehen sehr merkwürdig aus. Vielleicht: Man soll sich nicht gegenseitig bekämpfen. Sie leiden, haben Streit. Es könnte sein, dass ein Mensch zwei Seiten hat, eine gute und eine böse.
- Sie kann die andere oder sich nicht ausstehen.
- Die unsichtbare Figur ist der Geist, die andere (angezogene) ist der Mensch. Es könnten zwei Gottheiten, Monster sein, Alptraum der Malerin.

Ein Fundus menschlicher Verhaltensweisen und Befindlichkeiten entblättert sich. Diese Zitatauswahl zeigt: Unbewusstes kann in verschlüsselter Gestalt hervorgebracht und aufgenommen werden. Das vom Kunstwerk ausgehende ästhetische Erfahrungspotential verknüpft sich mit Empfindungen, die jeder schon selbst verspürt hat. Ganz von selbst ergeben sich Assoziationen zu alltäglichen Situationen, in denen man „manchmal aus der Haut fahren“ könnte. Wer hat das nicht schon einmal gedacht, gewünscht, gefürchtet?

Ein ganzes Themenspektrum bietet sich für bildnerische Ausdeutungen an:

„Zwei Seelen leben in meiner Brust.“
„Ich fühle mich zerrissen und hin- und hergerissen.“
„Meine Licht- und Schattenseiten hinter der Fassade.“
„Was mir am Herzen liegt.“
„Sich in seiner Haut nicht wohl fühlen.“
„Ich könnte mich in mich verkriechen.“
„Ich platze gleich!“

„Manchmal könnte ich aus der Haut fahren“,
6. Klasse

Zwei Seelen in meiner Brust

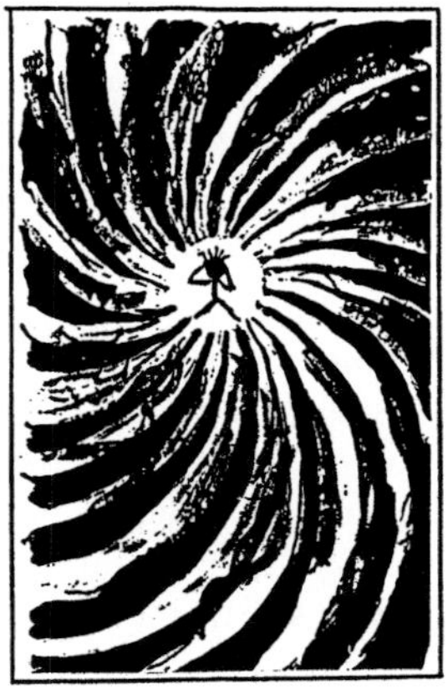

Was mir am Herzen liegt

Zwei Seelen in meiner Brust

Meine Licht- und Schattenseiten

Meine Hand

Klassen 5–6

Die Silhouette der eigenen Hand fasziniert seit jeher. Altsteinzeitliche Höhlenkunst bezeugt dies; und noch der Hollywoodstar feiert in L. A. seine vermeintliche Unsterblichkeit mit einem Handzeichen auf dem Boulevard der Berühmtheiten (Trivialform Yves Kleinscher Anthropometrie?).
Um sich mitzuteilen genügt schon das umfahrende Nachzeichnen der Hand, die mit leicht gespreizten Fingern das Zeichenblatt bedeckt. Dabei muss der Bleistift steil angesetzt und eng geführt werden, damit das Abbild nicht einem plumpen Handschuh gleicht. Geschicklichkeit und Konzentration sind erforderlich.

Je nach Blattgröße muss man sich mit einem Umriss begnügen oder kann mehrere – nebeneinander oder sich überschneidend – erproben: In diesem Fall ist dann eine planvolle Überlegung gefragt, können Begegnungen, Kollisionen, aber auch dekorative Arrangements entstehen.

Mädchen, 5. Klasse

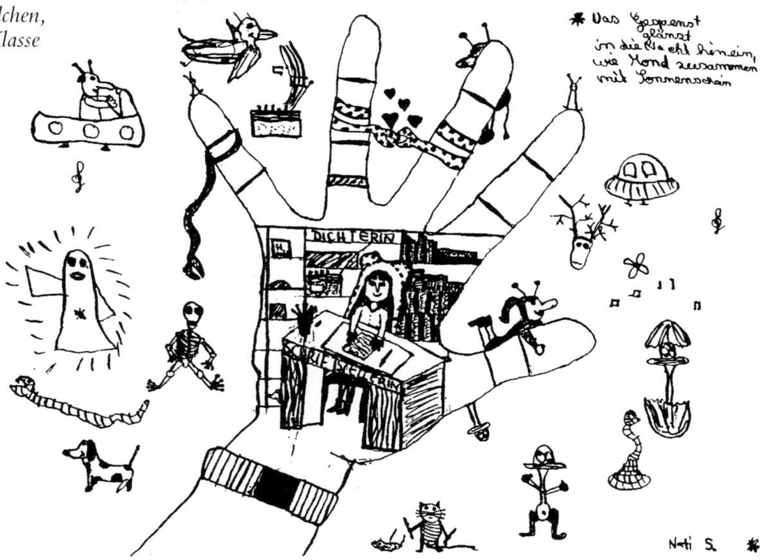

Mädchen, 5. Klasse

Dieses Umrisszeichnen wird, da die Kinder es zumeist sehr ernst nehmen, ein Augenblick der Selbstvergewisserung sein, der zwar grundsätzlich in jeder Zeitlücke des Unterrichts stattfinden kann, jedoch, weil zu wichtig und kaum wiederholbar, den Beginn einer ausführlicheren Selbstdarstellung und -mitteilung markieren sollte. Wenn die ganze Vielfalt inhaltlicher Ausformungen, wie sie im Folgenden nur angedeutet werden kann, den Kindern angeboten wird, hilft diese Aufgabe dabei, einander kennen zu lernen. Nicht zuletzt erfahren wir ganz unmittelbar die bildnerischen Interessen und Temperamente der Schüler.

- In den Handumriss lassen sich Hoffnungen, Wünsche, Erwartungen einzeichnen. Die Hand kann aber auch abwehrend gegen das ausgestreckt sein, was von außen bedrohlich einzudringen versucht.
- Die Hand wird kostümiert; die Finger verwandeln sich in lustige, groteske, fantastische Gesichter, Gestalten, die dem Betrachter etwas vorgaukeln.
- Szenisch verfremdet, verwandelt sich die Hand in eine Skyline oder eine Landschaft mit steil aufragenden Bergzinnen, an denen Kletterer sich erproben, Gemsen klimmen …; Burgen, Hängebrücken, Landeplätze und vieles mehr bieten Anlass, Geschichten zu erfinden.
- Die Hand lässt sich schmücken: lackierte Nägel, Ringe, Armbänder … oder lustvoll verunstalten: Krallen, Pelzbewuchs, Tätowierungen …

Junge, 5. Klasse

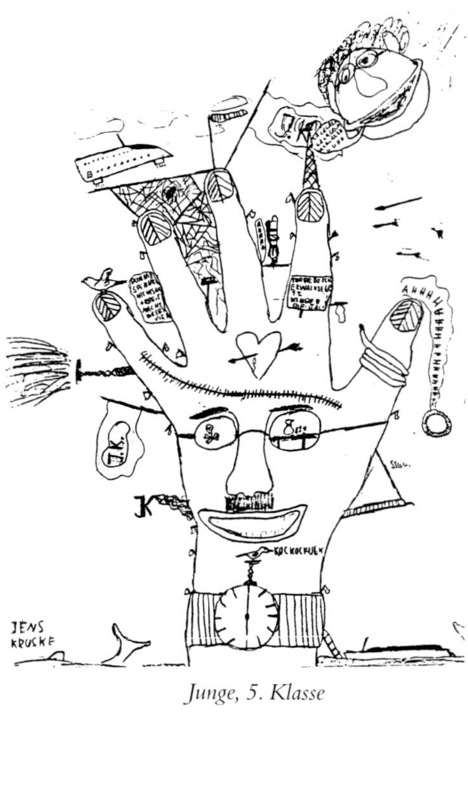

Junge, 5. Klasse

Hier spätestens wird klar, dass farbig weitergearbeitet werden muss. Da narrative und dekorative Interessen eindeutig überwiegen, sollte Farbe zeichnerisch-koloristisch eingesetzt werden: Farbstifte sind Wasserfarben unbedingt vorzuziehen. Dem Wunsch nach ganz individueller Ausschmückung dienen darüber hinaus Accessoires, die Kinder von daheim mitbringen: Federn, Pailletten, Stoffreste u. Ä. Der Handumriss kann als Schablone genutzt werden für Silhouettenschnitte aus farbigem Papier, die sich dann z. B. zu in sich abgestuften *Handfächern* fügen lassen.
Die Ergebnisse sollten, sofern sie in den Augen der Kinder tatsächlich *Ich-Bekundungen* darstellen, für individuelle oder gemeinschaftliche Zwecke weiterverwendet werden.

- Sie bilden, ergänzt um den kunstvoll gestalteten Namenszug, das Layout einer eigenen Mappe, in der die künftigen Bildproduktionen gesammelt werden.
- Sie formieren sich mit denen aller Mitschüler zu einer *Händekette* oder zu einem *Händebaum*, dessen Blätter, Blüten und Früchte durch Porträtfotos und – gerahmte – Geburtstagsdaten usw. gebildet werden.
- Oder sie veranschaulichen auf einer Stecktafel die (sich wandelnden?) freundschaftlichen Beziehungen der Kinder untereinander.

Tastkästen

Tastkästen zählen inzwischen beinahe zum Repertoire vielfältiger Sinnes-Übungen. Sie beziehen ihren besonderen Reiz aus der Ungewissheit dessen, was sich unseren Blicken entzieht. Kartons werden außen geheimnisvoll schwarz bemalt, sodass die faustgroße Öffnung, durch die man ins Innere fassen kann, wie der Eingang in eine Höhle anmutet, in der uns Unbekanntes erwartet. Als Augenmenschen fühlen wir uns zunächst etwas unwohl, weil wir nicht überschauen können, was unserer Hand im Innern eines Kartons widerfahren wird. Doch bald merken wir, dass unsere tastenden Fingerspitzen auf eigentümliche Weise zu sehen beginnen: Der Karton ist nicht leer; er enthält Glattes, Kantiges, Weiches, Raues ...; wir erfühlen Materialien und Gegenstände, die wir zu kennen glauben ...; die Fantasie beginnt Bilder zu entwerfen.
So wichtig derartige Übungen zur Sensibilisierung auch sind, wichtiger wäre es, das weiter reichende didaktische Potential zu erkennen und zu nutzen, das Tastkästen bieten. Als eine Erfahrung, die den Kindern Konzentration, gesteigerte Aufmerksamkeit und buchstäblich Fingerspitzengefühl abverlangt, kann das Ertasten auf bildnerisches Handeln gezielt vorbereiten. Auswahl und Arrangement des Kasteninhalts vermögen assoziative Anreize zu vermitteln, die ein bildnerisches Thema unmittelbarer nahe rücken als manche sprachlichen Erläuterungen.

Das wird allerdings nur dann gelingen, wenn jedes Kind der Klasse in aller Ruhe die *Landschaft* eines Tastkastens auskundschaften kann. Die Konsequenz: Es müssen hinreichend viele Kästen ausgestattet und bereitgestellt werden. Damit erhöht sich das Spektrum an Möglichkeiten, aber auch der vorbereitende Arbeitsaufwand beträchtlich – zu viel für eine einmalige Aktion. Wenn aber die Kästen die Kinder über eine längere Wegstrecke hin begleiten, lohnt sich die Mühe gewiss.

(Quelle: Claudia Walter)

Tütenkopf

Christine Biehler

ab Klasse 9

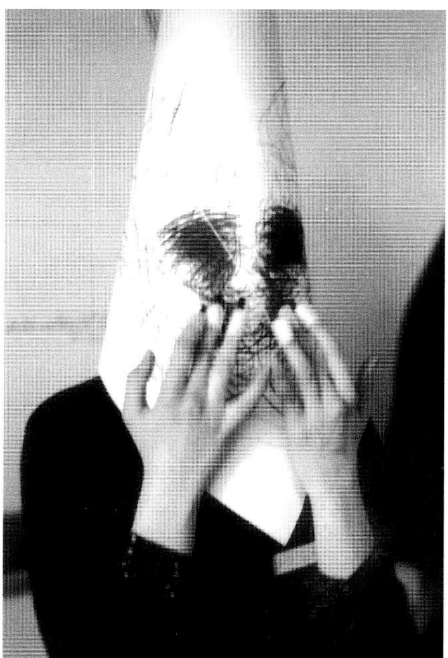

Die Aufgabe, sich selbst oder Motive der umgebenden Wirklichkeit zeichnerisch zu erfassen, wird von Jugendlichen ganz selbstverständlich als Aufforderung zu distanziertem Beobachten, kontrolliertem Studium und mimetischer Präzision verstanden. Wissen und Wahrnehmung mischen sich, und je nach Mischungsverhältnis entstehen mehr oder weniger schablonenhafte Abstraktionen oder detailverliebte Annäherungen an das Gesehene. Spuren subjektiver Befindlichkeit werden üblicherweise als Störung des zeichnerischen Konzepts empfunden und nicht etwa als Chance, sich in das Motiv *einzuschreiben*. Selbstporträts spiegeln dann eher die physiognomische Oberfläche als den Charakter einer ausdrucksfähigen Persönlichkeit.

Der folgende Versuch, geplant für eine Doppelstunde, setzt sich zum Ziel, die Schüler von dem Diktat ihrer Augen vorübergehend zu befreien und komplexere, zumindest aber ungewohnte Formen der Selbstwahrnehmung zu eröffnen. Etwa 3 cm lange Zeichenkohle wird mit Kreppband so an die Finger und Daumen beider Hände geklebt, dass die Stifte überstehen ohne aber leicht abbrechen zu können. Die Finger werden dadurch in Tentakel verwandelt, die

seismographisch agieren sollen. Dabei wird es möglich sein, alle zehn Tentakel tastend, streichelnd, kratzend einzusetzen oder nur einige. Unterschiedlicher Druck – ein Finger *sticht* heftig zu, während ein anderer eher zart nachforscht – bereichert die Skala des Erfühlens. Was wird erfühlt?
Vorbereitend haben die Schüler DIN-A1-Bögen stärkerer Papierqualität zu kegelförmigen Tüten geformt, die durch kräftige Büroklammern und Klebeband zusammengehalten werden. Auf ein Zeichen hin wird diese bis zu den Schultern reichende Maske über den Kopf gestülpt. Augenlos, aber deswegen nicht blind, ertasten, erforschen die verlängerten Finger den Kopf, nachempfinden Gesichtszüge, folgen aber auch Geräuschen: Die Maske wirkt als Schalltrichter, verwandelt die Spuren der Kohlestifte in akustische Signale, die an- und abschwellen.
Die Aktion dauert etwa 15 Minuten; in dieser Zeit soll nicht gesprochen werden. Gesprochen wird auch nicht gleich, wenn die Papiertüten abgesetzt und wieder auseinander gefaltet worden sind. Die Akteure sind benommen, meist auch ratlos angesichts der ungewöhnlichen Ergebnisse. „Das soll mein Kopf, mein Gesicht sein?" In Ruhe das grafische Gespinst betrachtend, können sie versuchen, den Prozess des Ertastens in den Linienverläufen wieder zu entdecken und dabei sich ihres Zeitempfindens, ihrer Konzentration, auch ihres Ich-Gefühls während des Zeichnens zu erinnern. Vielleicht fordert das Blatt zu zeichnerischen Ergänzungen, Verstärkungen, Markierungen auf, die dann aber auf Steigerung des persönlichkeitsspezifischen Ausdrucks zielen sollten: Psychogramme. Ein gemeinsames Gespräch, in dem diese Möglichkeiten erörtert werden, muss sich ganz aus den bildnerischen Ergebnissen entwickeln und sich durch sie leiten lassen. Was ist aus einzelnen Passagen ablesbar? Woran kann man erkennen, dass jemand ganz zaghaft, ängstlich, irritiert oder mutig, zupackend, aggressiv gewesen ist? Gibt es unterschiedliche Handschriften? Besteht womöglich ein Zusammenhang zwischen der Art zu zeichnen und der zu schreiben?

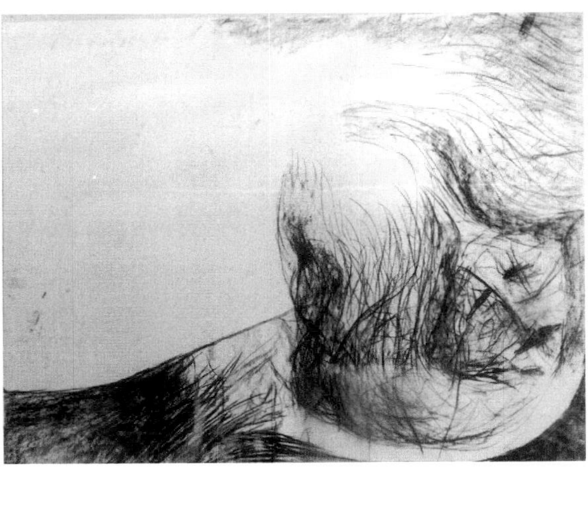

Fragen stellen sich, die über die Doppelstunde hinausreichen und das gemeinsame Thema *Zeichnen und Selbstdarstellung* einleiten. Die Ideogramme Henri Michaux', Wols' Selbstbildnis von 1941 oder Arnulf Rainers Face Farces von 1970/71 können im weiteren Verlauf neben anderen Zeugnissen gegenwärtiger Kunst hilfreiche Akzente setzen.

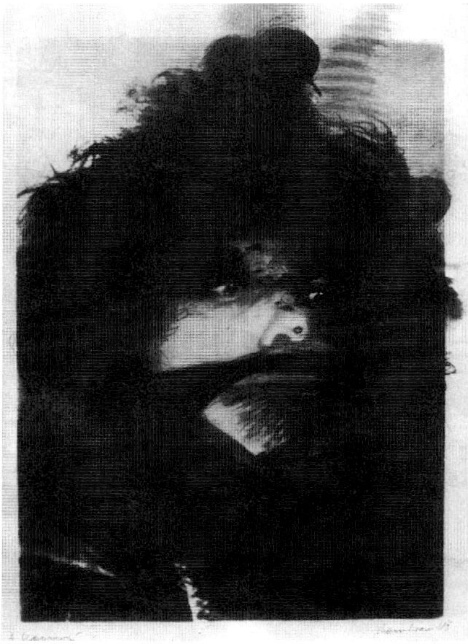

Arnulf Rainer, Face Farce (als Rembrandt), 1969–1970

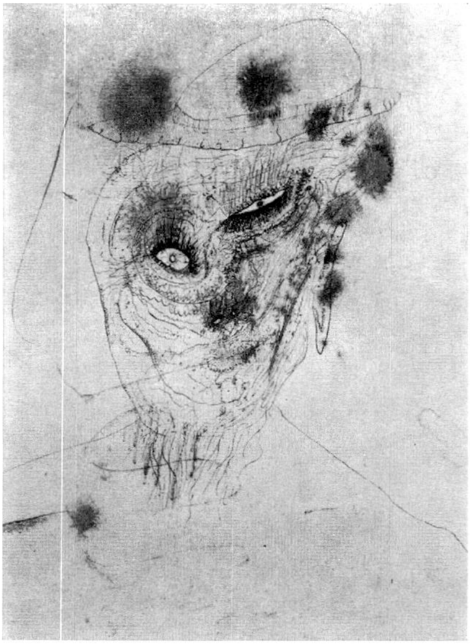

Wols, Selbstbildnis, um 1941

Farbfelder

Ulrich Krumsieg

ab Klassen 8–9
Zeitaufwand: eine Doppelstunde

Diese Übung soll den Schülern helfen sich selbst besser kennen zu lernen und aufmerksamer mit sich umzugehen.
Die Aufgabe ist schnell erklärt. Jeder Schüler umfährt auf seinem Blatt mit Bleistift ein rechteckiges Feld, sodass auf einer Blattseite genügend Platz für eine Fotografie bleibt. Das große Feld wird orthogonal in 16 gleichgroße Felder geteilt. Diese Felder soll nun jeder mit denjenigen Farben ausmalen, von denen er meint, dass sie zu seiner Persönlichkeit passen. Dabei soll er auch die Farben berücksichtigen, die er nicht mag, von denen er aber dennoch weiß, dass sie –

vielleicht gerade deshalb – für ihn bedeutsam sind. Die Wahl soll also bewusst getroffen werden. Wichtig ist die Gleichförmigkeit der Felder, hier soll keine individuelle Gestaltung vorgenommen werden; es können mehrere Felder mit derselben Farbe je nach der persönlichen Wertigkeit gefüllt werden.
Während der Arbeit wird der Lehrer die Schüler fotografieren und die Bilder später zu den Arbeiten kleben. Ohne viele Worte können die Schüler dann im Vergleich der Arbeiten untereinander feststellen, wie verblüffend z. B. Haarfarbe, Teint und Augenfarbe, aber auch die Farbkombination der Kleidung mit der gewählten Farbzusammenstellung zusammenpassen.
Diese Übung hat schon Johannes Itten mit seinen Studenten gemacht, man sollte es auch in der Schule einmal ausprobieren.

Literatur: ITTEN, JOHANNES: Kunst der Farbe. Subjektives Erleben und objektives Erkennen. Otto Maier, Ravensburg 1961.

Mandala

Ulrich Krumsieg

ab Klassen 8–9
Zeitaufwand: eine Doppelstunde

Material: weißer Zeichenkarton, mindestens DIN A3; Ölpastellkreide in möglichst vielen Farbtönen; evtl. Tonbandgerät und Meditationsmusik (Chris Valentino, The musical sea of tranquility; Galaxy; Tangerine Dream; Andreas Vollenweider …)

In Anlehnung an eine Meditationsübung buddhistischer Mönche ist folgende Unterrichtsstunde entstanden. Ich erkläre zu Anfang nur die Spielregeln der bildnerischen Arbeit: Auf ein Zeichen hin lassen die Schüler auf ihrem Zeichenblatt von einem zentralen Punkt ausgehend in konzentrischen Kreisen, Schicht um Schicht ein Ornament entstehen. Farben sollen spontan gewählt werden, daher empfehlen sich Pastellkreiden besonders gut; ich habe aber auch schon Mandalas mit Aquarellfarben gemacht, was allerdings mehr Zeit braucht. Es soll dabei niemand sprechen, um die Atmosphäre nicht zu stören. Wer mit seinem Ornament fertig ist, hört einfach auf und lehnt sich zurück. Es warten alle aufeinander, bis auch der Letzte fertig ist. Als Einstimmung hilft eine Meditationsmusik, die zu Beginn der Arbeitsphase für etwa 20 Minuten eingespielt wird.
Wichtig ist die unmittelbar anschließende Gesprächsrunde, in der jeder zu Wort kommt. Es werden alle Bilder in der Mitte auf den Boden gelegt oder für alle sichtbar an die Wand geheftet. (Nach Möglichkeit habe ich auch selbst mitgemacht und lege mein Mandala dazu.) Die Schüler sollen erzählen, was sie bei der Übung empfunden haben und etwas zu ihrem Bild sagen. Keine Angst, selbst

bei recht rauen Lerngruppen sind die einzelnen Schüler noch beeindruckt von der ruhigen und konzentrierten Atmosphäre in der Arbeitsphase und äußern sich in der Regel nach anfänglichem Zögern doch recht unbefangen.
Häufig wird nun die Rede von anfänglicher Unsicherheit und Irritation sein, auf die eine entspannte Gelöstheit folgte, die es dem Einzelnen erlaubte, sich selbst zu konzentrieren und sich seiner guten oder auch schlechten Stimmung und Verfassung während des Malens bewusst zu werden. Fast immer erzählen die Schüler auch etwas über ihr Bild. Man hört ruhig zu, lässt jeden ausreden, fragt vielleicht vorsichtig nach, bleibt aber immer so allgemein und unverbindlich, dass sich niemand bloßgestellt fühlt.
Selbst aufgefordert, aus den Mandalas zu lesen oder sie zu erläutern, sollte man allenfalls von geschlossenen und offenen Konturen, von warmen oder kühlen Farben, von lebhaften Kontrasten und ruhiger Harmonie reden, niemals sich wertend oder sogar psychologisch deutend äußern. Ich versäume nie den Hinweis, dass man alleine durch häufiges Wiederholen dieser Übung auch zu verschiedenen Tageszeiten, seine eigenen Mandalas am besten kennen lernt und sie auch bald zu interpretieren versteht.
Bei einem solchen Gespräch in der Runde wird jedem Teilnehmer der Wert der eigenen Äußerung bewusst, ihre Individualität und ihre Abhängigkeit von der jeweiligen Tagesstimmung. Die Möglichkeit, sich in dieser Art auszudrücken, sich dabei auch selbst besser kennen zu lernen, Entdeckungen zu machen, zeigt eine besondere Dimension ästhetischen Tuns, jenseits bewertungsgebundener und kriterienkontrollierter Aufgabenlösung.
Dies als das Ergebnis einer Doppelstunde zu erfahren, sollte genügen. Es braucht wohl nicht erwähnt zu werden, dass eine solche Stunde nicht zur Benotung taugt. Von ihrer positiven Auswirkung auf den weiteren Unterricht bin ich jedoch aus eigener Erfahrung überzeugt.

Literatur: SCHLEMMER, ANDRÉE: Farben für Seele, Geist und Körper. Ein neuer Weg zu Lebensfreude und Gesundheit. Stuttgart 1990.
JUNG, C. G.: Mandalas. Olten und Freiburg im Breisgau 1977.

Klangschale

Christine Biehler

Klassen 5–7

30 Kinder am Freitag in der fünften Stunde: zappeln, rufen … – eine unkonzentrierte Atmosphäre, die es unmöglich macht aufmerksam hinzuhören, hinzuschauen, nachzudenken … Zeit für die Klangschale! Zeit für ein Ritual, das nun stets die Unterrichtsstunden einleitet oder eine Pause markiert.
Die Klangschale ist ein Messinggefäß, das durch gleichmäßiges Reiben oder Anschlagen der Schalenaußenwände mit einem Klöppel in Schwingung versetzt

wird (erhältlich in Dritte-Welt-Läden oder Musikgeschäften mit asiatischen Instrumenten).
Fünf Minuten lang wird von einem Kind die Schale mit kreisenden Bewegungen zum Klingen gebracht – ein Ton steht im Raum. Fünf Minuten zum Entspannen: „Macht die Augen zu, lasst die Arme locker hängen, ihr könnt den Kopf auf den Tisch legen, etwas schlafen."
Nach der verabredeten Zeit gibt ein vorher bestimmtes Kind, das eine Uhr mit Sekundenzeiger hat, das Signal zum Ende der Ruhezeit. Alle können sich räkeln und strecken, gähnen und der Unterricht kann beginnen oder weitergehen.
Um die gewonnene Entspannung für eine konzentrierte Arbeitssituation zu nützen, ist es möglich, die Entspannungsphase in zwei Teile aufzuteilen: „wegtauchen, abschalten" und „hintauchen, träumen" – das Bild, das man gerade zeichnet oder malt, kann in Gedanken weitergemalt, ein zu Beginn vorgegebenes Motiv imaginiert oder eine angefangene Geschichte weiterfantasiert werden.

Noch einmal: Mandala

„Am Kind orientierte Besinnungen, Gegenstandsmeditationen …". „Hatha-Yoga-Übungen speziell für Kinder …". „Entspannungsverfahren … Hilfen zum richtigen Atmen …". „Sind die Kinder nervös und aggressiv? Dann drücken

Sie ihnen den Massage-Roller aus massivem Buchenholz in die Hand ..." Diese und ähnliche Anzeigen in pädagogischen Zeitschriften bieten Heilsversprechungen in offenbar doch sehr heilloser Zeit. Mandalas, Fantasiereisen, Meditationsmusik haben Eingang in Kindergarten und Schule längst gefunden. Skepsis und Wachsamkeit sind angezeigt, wenn das, was als Hilfe gemeint war, sich zu diffus-esoterischem Zeremoniell verselbstständigt. Warum nicht Mandalas zeichnen und malen aus dem Bedürfnis nach schrittweise geregelter, dekorativer Betätigung? Selbst Schüler der Oberstufe verlieben sich ins symmetrische Auszirkeln prunkvoller Rosetten, wie sie sie bei der Behandlung gotischer Kathedralen kennen gelernt haben. Einen Mittelpunkt zu finden, von dem aus man Regelmaß gestaltet, ist ein elementares Vergnügen; Natur und Kunst regen dazu beispielhaft an. Als „Zwischendurch-Aufgabe" oder für eine Vertretungsstunde (in der aber Farbstifte vorhanden sein müssen) ist die Kopiervorlage auf der vorigen Seite gedacht, die konzentriert, von außen nach innen und nach eigenen Farbvorlieben ausgemalt werden kann – ohne Brimborium, ohne weihevolle Stille, ohne vertieften Anspruch! Vielleicht regen sie an zu weiteren eigenen Formerfindungen!

Fantasiereisen

Ulrich Krumsieg

Ziel dieser Stunde soll es sein, die Schüler für bildnerisch-praktische Aufgaben zu öffnen und zu sensibilisieren.

Günstig wäre es, in der Schule einen Ruheraum mit Musikanlage und so viele Thermomatten zu haben, dass alle Schüler bequem auf dem Rücken liegen können. Da solche Übungen auch in anderen Fächern zur positiven Einstimmung der Schüler geeignet sind, lohnt es sich, ausrangierte Decken zu sammeln, im Laufe der Zeit kommt ein Klassensatz zusammen.

Sind solche Möglichkeiten nicht vorhanden, geht es auch im Klassenzimmer oder Kunstsaal. Um sich auf die anstehende Fantasiereise vorzubereiten, nehmen die Schüler zunächst die „Kutschbockhaltung" ein: Sie sitzen mit leicht gespreizten Beinen, vornübergebeugt, die Ellenbogen sind auf den Knien abgestützt, die Füße stehen fest auf dem Boden, der Kopf hängt; oder sie „flegeln" sich mit verschränkten Armen über den Tisch. Auch andere selbst gewählte Entspannungshaltungen sind erlaubt. Störende Geräuschquellen werden, so gut es geht, abgestellt. In der einleitenden Phase soll jeder sich auf sein Körpergefühl konzentrieren, sich so entspannen und beruhigen. Der vorlesende Lehrer spricht dazu ruhig die entsprechenden Formeln des autogenen Trainings:

Du liegst ganz schwer und entspannt ...
Du fühlst deinen Körper ganz bewusst und intensiv ...
Du bist ganz schwer, gelöst und ruhig ...

Deine Arme sind ganz schwer ...
Deine Hände sind ganz schwer ...
Dein Nacken und deine Schultern sind ganz schwer ...
Deine Beine und Füße sind ganz schwer ...
Dein Gesicht ist ganz entspannt ...
Du lässt los ...
Du bist ganz ruhig und entspannt.

Jetzt kann mit der eigentlichen Fantasiereise begonnen werden. Sie ist so angelegt, dass sie die Zuhörenden in eine Welt der Empfindungen, Geräusche, Gerüche usw. führt. Diese Welt ist keine beliebige, sondern Blick und Vorstellungskraft werden auf eine besondere Situation gelenkt. Die folgende Fantasiereise von Else Müller ist beispielsweise dazu geeignet, das Zusammenspiel von großräumigen Erfahrungen und Detailwahrnehmungen zu registrieren (fachlich eingegrenzt als malerische Auseinandersetzung mit Groß- und Binnenformen).

„Du bist auf einer großen, weiten Wiese –
du läufst durch diese Wiese –
du spürst unter deinen Füßen das Gras –
es ist biegsam, weich, sommerwarm –
du hast Lust, dich ins Gras zu legen –
du spürst das Gras unter dir, wie eine weiche Decke –
du siehst die Gräser, viele Arten –
siehst Blumen dort –
kleine Käfer krabbeln gemächlich –
du riechst das Gras, die Erde –
ein Schmetterling schaukelt an dir vorbei –
er setzt sich auf eine Blume und breitet seine Flügel aus –
du siehst, wie schön seine Färbung ist –
die Zeichnung seiner Flügel, ganz aus Samt scheinen sie zu sein –
du hörst die Bienen summen und schwirren –
du schaust zum Himmel –
du siehst dort oben viel –
du bist ganz ruhig, gelöst, entspannt –
Ruhe durchströmt dich –
du bist ganz ruhig und entspannt.“

Sehr wichtig ist es, dass die Szenerie langsam entwickelt wird, damit jeder genügend Zeit hat, sich in die Bilder einzufühlen.

Nach dem Ende der Reise erfolgt die Zurücknahme:

„Du löst dich von deinem Bild und kehrst zurück in diesen Raum –
du atmest tief durch –
und noch einmal –
du ballst jetzt deine Hände zu Fäusten und reckst und streckst die Arme.“

Nach einer kleinen Pause kann nun die Aufgabenstellung verdeutlicht und miteinander abgesprochen werden. Es ist erstaunlich zu sehen, wie viel offener und ideenreicher die Schüler sich nun an die Arbeit machen ... Dieses Beispiel soll nur den allgemeinen Ablauf einer Fantasiereise veranschaulichen. Die Reisen lassen sich je nach Altersgruppe und räumlicher Situation variabel gestalten. Stadtkinder kennen dann wohl eher den Stadtpark: „Der Verkehrslärm ist nur noch gedämpft zu hören ..." – mit solchen Bemerkungen kann man auch existierende Geräuschquellen als Störfaktoren ausschalten, indem sie einfach in das Bild integriert werden. Auf jeden Fall sollte man sich die Zeit für die Einleitungsphase sowie für die Zurücknahme nehmen. Hier liegen dann auch die Grenzen für eine solche Einführung in ein neues Thema: Nicht jedes Thema ist geeignet und auch nicht jede Lerngruppe ist empfänglich für eine solche Übung. Erstaunlicherweise sind es aber mehr und auch „schwierigere" Schüler, als ich selbst angenommen habe.

Literatur: MÜLLER, ELSE: Du spürst unter deinen Füßen das Gras. Autogenes Training in Phantasie- und Märchenreisen. Frankfurt am Main 1983. DIES: Hilfe gegen Schulstreß. Reinbek 1984.

„Kreisen"

Christine Biehler

Die Schüler schwärmen alleine oder in Kleingruppen aus, um draußen oder im Schulhaus kleine Gegenstände aus möglichst unterschiedlichem Material – Müll, Laub, Plastik, Holz, Papier ... – zu sammeln. Nach einer Viertelstunde ist Treffen im Zeichensaal. Dort wurden in der Zwischenzeit zwei ca. 4 qm große weiße Tücher oder zusammengeklebte weiße Packpapierbahnen auf dem Boden ausgebreitet. Um diese Tücher verteilt sich die Klasse gleichmäßig, sitzend oder knieend.

Jeder legt seine Fundstücke vor sich. Aus der Sammlung wird jeweils ein Teil dem Nachbarn zur Rechten weitergereicht. Bevor der wiederum eines seiner Objekte weitergibt, sodass so viele Gegenstände wie Teilnehmer vorhanden, allmählich in Bewegung geraten, soll das Objekt genau untersucht werden. Wie riecht oder schmeckt es? Was ist die dominierende Farbe, das vorherrschende Material? Woher stammt es? Diese Tests sollen möglichst schweigsam und konzentriert durchgeführt werden.

Ist der Durchlauf beendet, sollen alle gesammelten Objekte so in einem großen Kreis auf das Tuch platziert werden, dass sich einzelne Farben sukzessive aufbauen und ineinander übergehen. Es ergeben sich Farbabfolgen, die weniger mit dem traditionellen Farbkreis als vielmehr mit einem Gefühl für Farbübergänge zu tun haben. Die Platzierung der Gegenstände auf dem Tuch muss in der Gruppe diskutiert und entschieden werden.

In höheren Klassenstufen kann die Aufgabe so variiert werden, dass Gruppen sich untereinander auf ein Ordnungsprinzip für den zu arrangierenden Kreis

einigen müssen, z. B. Oberflächenbeschaffenheit, Größe, Geruch, Fundort ... Die Mitglieder der anderen Gruppen sollen diese Kriterien herausfinden.
Das sinnliche Erfassen kleiner „unwichtiger" Gegenstände und deren Organisation in einer Farb- oder selbstgewählten Ordnung fördert die Wahrnehmung und Sensibilität für Zwischentöne und feine Unterschiede im Stofflichen.

Einsiebungen

Christine Biehler

In Achtergruppen sitzen die Schüler auf dem Boden um je eine ca. 1,5 m x 1,5 m große dünne Goldfolie (geeignet ist dafür Rettungsfolie, die man billig in Baumärkten erhält oder notfalls zusammengeklebte breite Alufolienbahnen).
Kleine Fundstücke und Objekte, z. B. ein Stückchen Rinde, ein zerknülltes Papier, ein paar Gräser, sollen für eine kurze Zeit *verwandelt* werden. Eine frei erzählte Geschichte über einen *Zauberer mit Husten*, der bei jedem Atemzug seine Umgebung verwandelt, oder über *Entdeckungen auf einem fremden Planeten* kann vor allem jüngere Schüler auf die folgende Aktion einstimmen.
Die Schüler sieben ihre auf der Folie platzierten Gegenstände mit Hilfe eines kleinen Küchensiebs mit Mehl (gute Klebeeigenschaft) vollständig ein. Wenn möglich, sollte kein Teil des Objekts mehr durch die Mehlhülle hindurchschauen.
Die zarten Gebilde fordern einen sehr behutsamen Umgang mit dem Material. Ein geduldiges Miteinander ist Voraussetzung beim Beobachten der stetigen Veränderung des Objekts. Bedachtsamkeit der Handlung und der filigrane glänzende Untergrund verleihen dem Fundstück eine ungewohnte Würde.
Von Halogenstrahlern beleuchtet beleben sich die Metamorphosen noch eindringlicher: Die Fantasie entdeckt verschneite Berge, verwehten Wüstensand, groteske Gestalten ... Als Alternative zu den Strahlern können starke Taschenlampen oder Leseleuchten verwendet werden.
Die kleinen Gebilde sollten für eine evtl. Weiterarbeit mit dem Fotoapparat oder dem Zeichenstift festgehalten werden.

Spiel mit dem Zufall

Jutta Walther

Teufelsbruder Zufall – Der inszenierte Zufall

Teufelsbruder Zufall

Es ist kein Zufall, dass sich im Folgenden alles um den Zufall dreht. Nicht alles in unserem Leben ist planbar oder gar vorhersehbar. Und selbst wenn wir mit dem Zufall rechnen oder ihn sogar berechnen, alles bleibt offen.
Schopenhauer sprach vom Zufall als einer auf dieser Erde herrschenden Macht, die uns durch große und kleine Streiche täglich das Leben vergällt. In unser alltägliches Lehrerleben passt der Zufall nicht. Unterricht muss und will geplant sein. Doch dann gerät die schönste Planung durcheinander, durch Zufall, und wir müssen reagieren. Wie ärgerlich.
Drehen wir den Spieß doch einmal herum und wenden unsere Aufmerksamkeit den Situationen im Kunstunterricht zu, die durch Zufall entstehen, und entdecken darin das Neue, das Eigenwillige, das Eigenartige.
Viele Künstler waren in ihrer Laufbahn durch einen unbeabsichtigten Pinselschlag oder einen unglücklichen Meißelhieb genötigt, ihr Konzept den veränderten Gegebenheiten anzupassen. Dadakünstler und Surrealisten waren keineswegs die ersten, die sich mit speziellen Techniken wie Decalcomanie, Frottage, Collage u. v. a. ganz bewusst dem Zufall auslieferten. Ihre Techniken der Aleatorik haben schon längst einen festen Platz im Kunstunterricht eingenommen.
Doch es gibt eine ganze Reihe von Situationen, die uns weniger willkommen sind, die uns eher ärgern, wenn nicht gar zur Verzweiflung bringen. Der Tuscheklecks auf dem fertigen Bild, der umgestoßene Farbbecher, verklebte oder zerrissene Zeichenblätter, Farbkleckse auf dem Fußboden: Unfälle eher denn Zufälle.
In den folgenden Kapiteln möchte ich dazu ermutigen, alles das, was sonst vielleicht in den Papierkorb wandern würde und somit unserer Aufmerksamkeit entgeht, aus einem anderen Blickwinkel zu betrachten. Denn wenn wir erst einmal damit begonnen haben, ungeplante Begebenheiten nicht mehr als Unglücksfälle zu betrachten, dann fasziniert uns plötzlich das zufällige Farbspiel auf dem Grund des Waschbeckens, dann fällt uns etwas ins Auge, etwa die Ab-

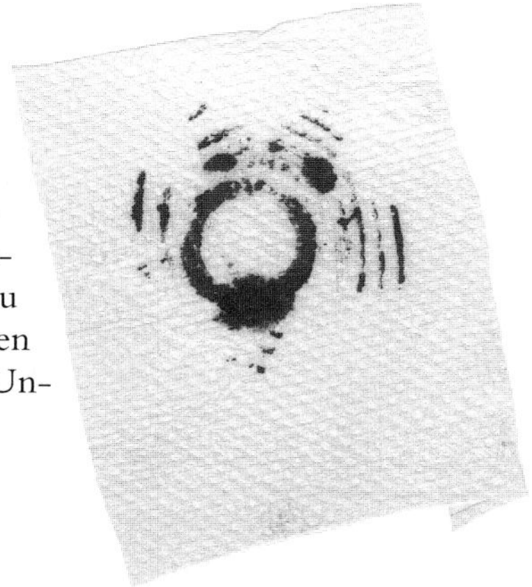

drücke auf einem Fließblatt (s. Abb.), oder wir sind begeistert vom schräg einfallenden Licht der Sonnenstrahlen im Klassenzimmer und dem Schattenspiel an der Wand. Vielleicht bietet sich auch einmal die Gelegenheit, gemeinsam mit den Schülern unter einem Sommerhimmel zu liegen und sich mitreißen zu lassen vom Spiel, das der Wind mit den Wolken treibt. Zurück aber zu den Katastrophen, den Unglücksfällen im Zeichenraum!

Das Unglück ist passiert:
S: Ein Klecks! Was nun?
L: Lass daraus ein Wellenspiel entstehen.
S: Eine Farbe ist verlaufen!
L: Mach's zum Prinzip und lass noch mehr Farbe fließen. Warte mal ab, welche reizvollen Mischungen sich ergeben.
S: Zwei Bilder sind verklebt!
L: Beziehe die Klebspuren mit ein in dein Bild und behandle sie so, als wären sie beabsichtigt.

Diese und ähnliche Dialoge werden selbstverständlich, sobald von Lehrer wie Schülern kleine Missgeschicke nicht mehr mit der Empfehlung „Versuch's noch einmal" kommentiert werden.

Der inszenierte Zufall

Es empfiehlt sich, mit einfachen Assoziationsübungen, z. B. an Ästen oder Rindenstücken, zu beginnen. Ein Vorrat an Klecksografien bietet reiche Anknüpfungsmöglichkeiten. (Ähnlichkeiten mit entsprechenden Psychologietests sind nicht zufällig!) Die Kinder/Jugendlichen werden ermuntert, das Gezeigte zu betrachten und in ihrer Vorstellung zu verwandeln: „Das sieht aus wie ..." Imagination und Fantasie verleiten zu immer ungewöhnlicheren Bildassoziationen, deren oft surreale Besonderheit durch einen adäquaten Titel unterstrichen werden kann (s. Titel ABC). Erst einmal auf den Geschmack gekommen, kann man daran gehen, Zufälle zu inszenieren. Alle im Folgenden beschriebenen Zufallsinszenierungen sind im einstündigen Kunstunterricht erprobt worden.

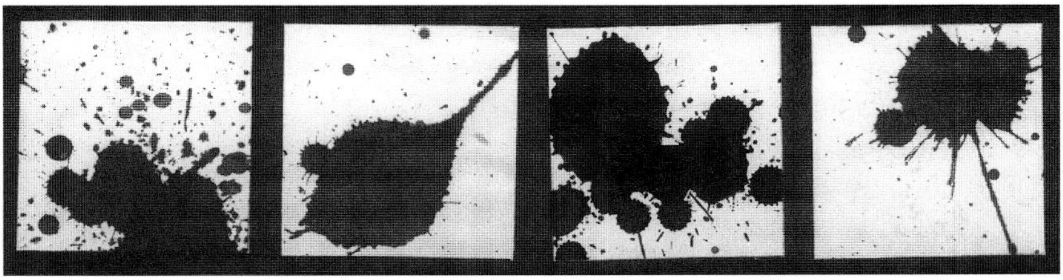

Kalligraphie – Monotypie – Malen – Collage

Kalligraphie – Flüssig schreiben

Material: Zeichentusche, Schreibfedern und Federhalter, viel glattes Zeichen- oder Schreibpapier, genügend Abdeckmaterial und ausreichend Raum für Zwischenlagerung zum Trocknen

Beim Schreiben mit der Feder, vor allem beim Einüben von Kunstschrift, entstehen Kleckse oft durch ein Zuviel an Tusche. Aus dem Versehen wird Absicht: Schrift soll aus diesem Tuschenüberschuss überhaupt erst entstehen. Verlaufene Flecken, zerfließende Tuschepfützen entfalten skripturale Reize. Man kann mit der Fließrichtung und/oder mit der Fließgeschwindigkeit spielen, neue Tropfen können hinzugefügt werden, in alte Kanäle eingeleitet oder zu neuen Kanälen eröffnet werden. Wörter bilden sich aus Tropfen, aus Umleitungen der Tuschebahnen, werden gekleckst, überströmt, umsponnen … Visuelle Poesien können entstehen: das Wort *fließen*, die Sätze: „Der Regen strömt", „Ein Tropfen verrinnt", „Zeit fließt" … in vielen Variationen. Da die Ergebnisse einander oft sehr ähneln, sollten die Schüler vorab einen Blattvorrat mit ihrem Namen versehen.
Anstelle von Tusche kann natürlich auch Tinte aus Patronen, dem Konverter oder dem Füllfederhalter verwendet werden.

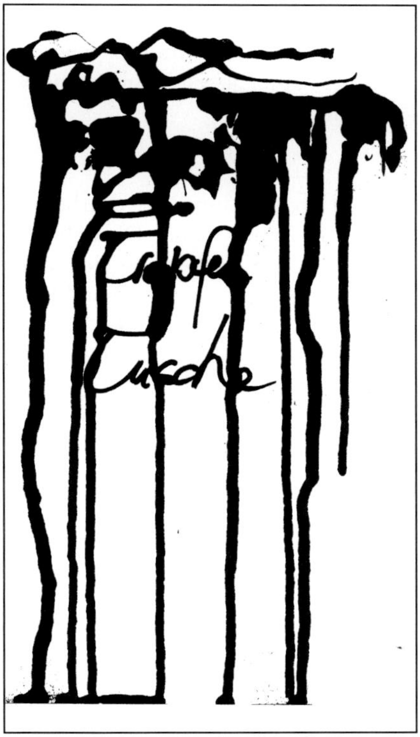

Monotypie – Zu viel Farbe

Material: Linoldruckfarbe, Arbeitsplatte (abwaschbar)/Glasplatte, Gummiwalze, Wasser, Zeichenpapier (verschiedene Papiersorten: stark saugfähig bis Hochglanz)

Die Schüler gestalten eine Monotypie, auf deren Technik in diesem Zusammenhang nicht weiter eingegangen werden soll. Oft ist es allerdings so, dass dabei die Platte mit zu viel Farbe eingewalzt wurde. Diese Farbreste, die bei der Monotypie für den nachfolgenden Drucker zuerst wieder neu ausgewalzt werden müssen, verbleiben nun auf der Platte. Denn hier entsteht nun das Neue: Das Zuviel an Farbe und damit auch die Spuren des Vorgängers werden als willkommener Zufall genutzt. Die Platte wird noch einmal abgedruckt.
Man muss es nicht bei der bloßen Wiederholung belassen. Die Druckspuren werden kratzend, schabend, durch Verdünnung der Farben, durch Auftragen, Aufspritzen weiterer Farben, durch Hineindrücken von strukturiertem Material etc. verändert, getilgt, überdeckt, kurzum: weiterbearbeitet; dann erst wird erneut gedruckt.

Auch unterschiedliche Druckpapiere lassen sich erproben. Außer mit Zeichenkarton in verschiedenen Qualitäten kann ebenso mit Zeitungspapier, mit Verpackungsmaterial, mit Notenpapier, mit Löschpapier, ja selbst mit Monotypien, die nicht zufrieden stellten, gedruckt werden.

Brainwalking

Eine andere Art der Bildbetrachtung, bei der sich auch die innere Zensurbehörde eine Weile dem Zufall überlassen soll, ist das sog. Brainwalking: Die Schülerarbeiten werden auf große, weiße Bögen geklebt und auf Tischen ausgelegt oder an den Wänden aufgehängt. Der untere Rand der Bögen sollte genügend Platz zur Verfügung stellen für das nun folgende Brainwalking. Dabei darf der Fantasie von Schülern und Lehrern freier Lauf gelassen werden. Im Vorbeigehen schreibt man auf, was einem spontan zu einem Bild einfällt. Wenn der Ideenfluss versiegt, geht man weiter zum nächsten Bild usw. Es muss nicht immer etwas Neues sein, das aufgeschrieben wird. Auch der Kommentar des Vorgängers kann inspirieren.

Im Dunkeln munkeln / Szene der Nacht / Kurz nach Mitternacht glaubte Susi zwei Ungeheuer vor ihrem Fenster zu sehen

Spuk im Aquarium/Geburtsstunde des Sägezahnfischchens/Was sich vor dem Auge des Tiefseetauchers tummelt

Malen – Achtung, Fußboden frisch gestrichen!

Material: Deckfarben in Großtuben, breite Pinsel oder Farbwalze, sehr große Bogen Packpapier, viel altes Zeitungspapier

Im Kunstraum müssen ausreichend Platz und Reinigungsmöglichkeit vorhanden sein, denn diese Zufallsinszenierung gleicht eher einem Happening. Um Ärger mit dem Hausmeister zu vermeiden, muss der Fußboden großflächig mit Zeitungspapier ausgelegt werden.
Nach diesen vorbereitenden Maßnahmen werden Papierbögen, Farben und Pinsel ausgeteilt. Je nach Klassengröße sind drei bis vier Schüler an einem Bogen beschäftigt. Sie erhalten nun Arbeitsanweisungen, die wie Spielregeln zu beachten sind. Der untere Rand des Packpapiers wird gut mit Farbe eingestrichen. In die feuchte Farbe darf getreten werden, so wie es unachtsamen Passanten unterlaufen würde. Obwohl sich die Farbe wieder abwaschen lässt, sollte bei der Spurenproduktion darauf geachtet werden, dass außerhalb des Packpapierbogens genügend Achtsamkeit waltet.

Kontrastreiche Sohlenprofile und Schuhgrößen, Gangarten, die für den Betrachter nachvollziehbar sind, wie Eilen, Hüpfen, Torkeln, auf Zehenspitzen schleichen, Staksen, Schlurfen, Aufstampfen, verlegen mit der Fußspitze Vor-sich-Hinzeichnen, Aufeinanderprallen, Gehen mit verbundenen Augen – all dies kann während der Arbeit erprobt, entwickelt, erfunden werden.
Fußabdrücke, die eine Geschichte erzählen, entstehen weniger zufällig, können aber für die Gruppenarbeit sehr reizvoll sein. Eine Begegnung zweier Personen, ein Streit etwa, kann mit Fußspuren geschrieben werden. Mitschüler können dann die Geschichte erraten oder nach Abtrocknen der Farbe, sogar er-treten.

Collage – Farbscrabble aus der Blackbox

Material: großer Karton, farbige Papierfetzen/Materialreste, Klebstoff, Zeichenpapier (DIN A4)

Buntpapiere, Tonpapierreste, Transparentpapiere, Tapetenreste, Kartonagen, Zeitschriftenseiten, selbst alte Schülerarbeiten, die seit Jahren herumliegen und nie abgeholt wurden – bei Aufräumarbeiten im Zeichensaal fallen immer wieder große Mengen Abfall an. Dieser, in einem großen, verschließbaren Karton gesammelt, dient nun als Materialspender. Ob zerknüllt oder unzerknüllt, ob gerissen oder geschnitten, alle Teile in diesem Karton sollten so groß sein, dass sie durch ein handgroßes Loch an einer Seite des Kartons hindurchpassen, denn für die nun folgende Zufallsinszenierung werden aus dieser Blackbox von den Schülern Teile für ihre Collage *blind* herausgegriffen.
Es sind verschiedene Arbeitsformen möglich:

- Jeder Schüler *angelt* sich seine gewünschte Anzahl von Collageteilen aus dem Karton, um sie anschließend spontan auf einen Zeichenkarton zu kleben.
- Um die Zufälligkeit des Bildgeschehens zu steigern, kann die Aktion des Aufklebens von zwei Schülern übernommen werden. Ein Schüler streicht Klebstoff auf die Materialteile und reicht sie an einen zweiten Schüler weiter, der sie nun aufklebt. Hier kann wieder mit dem Zufall gespielt werden, denn das Aufkleben kann ebenfalls blind geschehen. Darüber hinaus kann auch die Dauer der Bildentstehung zeitlich festgelegt werden.

Fadengrafik – Projektionen – Rastergrafik

Fadengrafik – Fadentanz

Material: Tusche, Faden (reißfest, z. B. Häkelgarn), 2 Bogen Zeichenpapier pro Schüler

Bei dieser Technik arbeiten immer zwei Schüler zusammen. Die Zeichenblätter werden zuerst mit Namen versehen, dann wird ein ca. 50 cm langes Fadenstück zusammengelegt und in Tusche getaucht, wobei die losen Enden festgehalten werden und möglichst trocken bleiben sollten. Ein Zeichenblatt wird auf dem Tisch ausgelegt. Der Tuschefaden wird darauf so drapiert, dass die sauberen Enden über den Blattrand herausragen. Darauf wird das zweite Blatt gelegt. Während ein Schüler mit flachen Händen dieses Blatt fest auf den Untergrund drückt, bewegt der andere die Fadenenden und zieht den Faden schließlich heraus. Diese Prozedur wird noch einmal mit vertauschten Rollen vorgenommen.

Wechsel in der Zugrichtung des Fadens, in der Geschwindigkeit und Rhythmik des Ziehens, der Farbigkeit von Tusche und Papier usw. bieten Variationsmöglichkeiten, die man als Spielimpulse nutzen kann.

Urzeitliches Glühwürmchen / Wisch und weg / Halluzination / Designstudie für ein nächtliches Flugobjekt

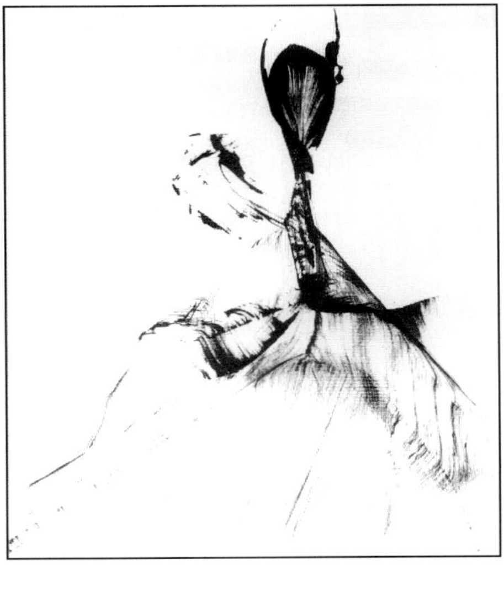

Tanz der Gottesanbeterin / Die Libelle verwandelt sich tanzend, schwebend, schwingend in eine Blütenelfe, die eine Ballerina werden möchte

Projektionen – Begegnung unter Glas, bei Licht betrachtet

Material: Klapprähmchen für Dias (Glas) oder 2 Glasplatten in Diaformat plus Klebstreifen

Der Arbeitsplatz wird zum Tatort. Schüler und Lehrer sind die Detektive; es wird alles aufgelesen, was an Mikroresten in Reichweite zu finden ist: Fussel, Bleistiftspitzerreste, Papierschnipselchen, Brotkrümel, Staubflusen, Haare ... Diese Indizien werden zusammengetragen und zwischen die Glasplättchen eines Diarahmens gepresst. Ergänzt werden kann dieses *Meeting* nun auch noch durch Flüssigkeiten wie Farb-, Tusche- und Klebstofftropfen, durch Spritzer von Pausengetränken und Spuren, die man dem Butterbrot, dem Schokoriegel, dem Dauerlutscher ... abgewinnt. Das Dia kann im Fotolabor vergrößert werden. Die Fotos (mit Negativ-Umkehreffekt) lassen sich im Kopierer weiter vergrößern und anschließend übermalen, überzeichnen ... Als Teil einer formvollendeten, kriminalistischen Spurensicherung können die Kopien auch zu Fahndungsaufrufen weiterbearbeitet werden.

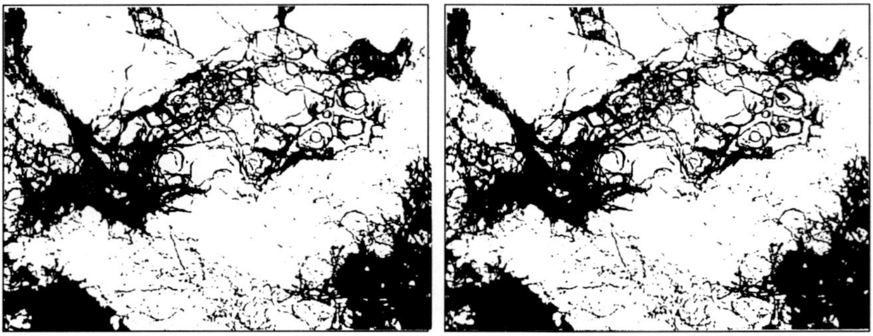

Augen zu, Augen auf / Was seh' ich da? (Man betrachte die Bilder von ihrer linken Schmalseite.)

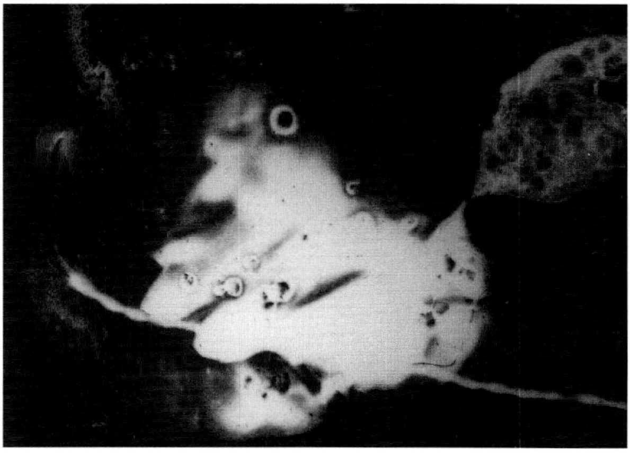

(Detailvergrößerung) Frosches Nachtgesang, frei nach Morgenstern / Krötenpaarung / Sensationell! Zum ersten Mal gelang es, die seltene Nacktkröte bei ihrer waghalsigen Wanderung auf einem Grashalm zu fotografieren.

Rastergrafik – Konkrete Kunst und Mathematik

Material: Bleistift, Lineal, schwarzer Filzstift, Zeichenblatt

„Zufällige Verteilung von Dreiecken, den geraden und ungeraden Zahlen eines Telefonbuches folgend" – dieses Zitat von Francois Morellet ist Ausgangspunkt für den folgenden Vorschlag (vgl. Zufall a.a.O., S. 287 ff.). Am Beispiel von Morellets Arbeit kann leicht nachgeprüft werden, was es heißt, Kunst als Spiel mit Zufallsspielregeln zu betreiben. Morellet unterwirft sich dem Zufall und veranschaulicht mit diesem Werk gleichzeitig den Zufall auf verblüffende Weise. Dem Bild wird ein Raster von Quadraten zu Grunde gelegt, die durch Diagonalteilung jeweils vier Dreiecksfelder bilden. Jedes dieser quadratischen Felder kann also mit bis zu vier Dreiecken besetzt sein (*s. Abb. Raster I*). Für die Abbildung *T wie Tangram* wurde die Verteilung der schwarzen und weißen Flächen so entschieden, dass bei einer ungeraden Ziffer die Dreiecksfläche weiß bleibt, ungerade Ziffern ergeben schwarze Flächen. Man beginnt oben links und hält sich strikt an die Reihung der Dreiecke. Jeder Schüler erhält eine Seite aus einem alten Telefonbuch und beginnt dort ganz oben links mit der ersten Ziffer der ersten Telefonnummer. Systematisch wird nun Ziffer für Ziffer einer Spalte *übersetzt* in weiße oder schwarze Dreiecksflächen. Das Zusammenschmelzen einzelner schwarzer bzw. weißer Dreiecksflächen zu einer neuen, größeren Fläche verleitet dazu, mit dem Auge auf die Suche zu gehen, um Neues oder Altbekanntes zu entdecken.

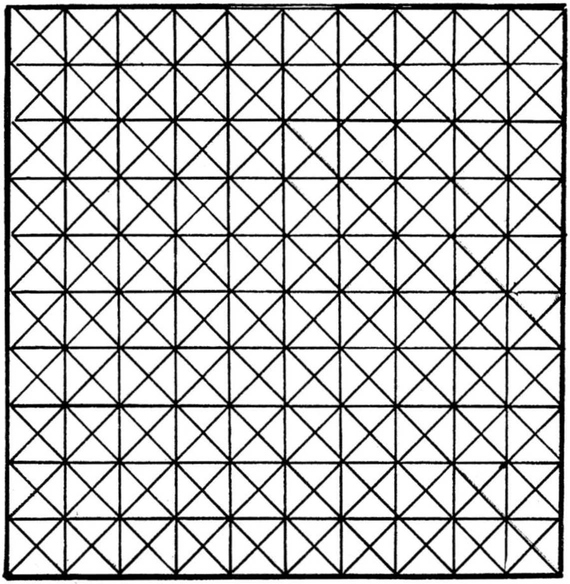

Raster I

T wie Tangram

Man achte darauf, dass Bleistiftlinien für die Rasterung mit dem Lineal gezogen werden und überzählige Bleistiftspuren gut radiert werden können.
Die Spielregel, nach der der Ton- bzw. Farbwert einer Fläche bestimmt wird, lässt sich vielfältig verändern: Die Ziffernfolge kann erwürfelt, per Münzwurf erhalten oder per Los aus dem Hut gezogen werden. Ebenso eignet sich die Ziffernfolge der Zahl π oder die ebenso nichtabbrechende, nichtperiodische Ziffernfolge $\sqrt{2}, \sqrt{3}, \sqrt{5}$ usw.
Ein Computerfan könnte eine dieser Zahlen vom Computer ausrechnen und ausdrucken lassen.

Beispiel $\sqrt{2}$
= 1,41421356237309504880168872420969807856967187537694807317
66797379907324784621070388503875344157273501384623091229702
49248360558507372126441214970999358314132226659275055927557
99950501152782060557147010955997160597027453459686201472851
74186408891986095523292304843087143214508397626036279952514
07989687253396546331808829640620615258352395054745750287759
96172983557522033753185701135437460340849884716038689997...

Wenn man außerdem die Rasterung variiert, ergibt sich eine große Vielfalt bildhafter Ergebnisse.

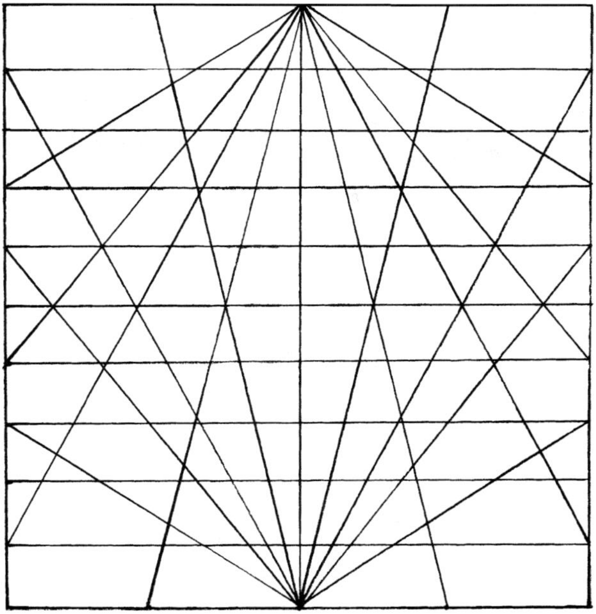

Raster II

Alle Wege führen nach …

Fall-Collagen – Knitterbild – Malmaschinen

Fall-Collagen – Fallen lassen

Material: Zeitungspapier, Kleister, Zeichenpapier

Marcel Duchamp ließ drei Fäden von jeweils einem Meter Länge aus einem Meter Höhe auf eine horizontale Ebene fallen, auf der sie dann in ihrer zufälligen Lage fixiert wurden (vgl. Zufall a.a.O., S. 33).

Ähnliches lässt sich z. B. mit Papierfetzen veranstalten. Die Abbildungen zeigen gerissene und/oder geknüllte Zeitungsschnipsel, die auf ein eingekleistertes Zeichenblatt hinabgeregnet sind und dort kleben blieben. Regelrechte *Kleisterfallen* lassen sich unter Herbstbäumen, neben Abfalleimern, unterm Arbeitsplatz einrichten, die das, was herabfällt, festhalten. Von da aus ist es nur noch ein kleiner Schritt bis zu Daniel Spoerris Fallenbildern.
Zum Betiteln dieser Bilder werden die Schüler aufgefordert, das erste Wort, von dem ihr Blick gefangen genommen wird, als Titelanregung zu wählen. *Epple* verwandelt sich in unseren Augen zu *Äffle*, zu einem Zipfelmützenmann, zu einem Joker.

▲ *Epple* *Oben, aber* ▶

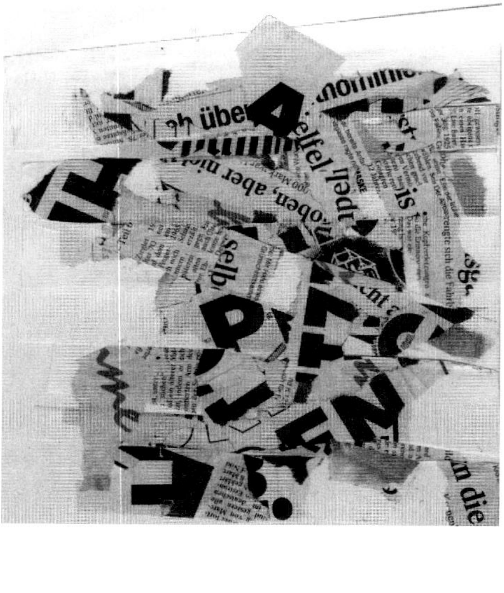

Oben, aber erinnert an Paul Klees *Hauptwege, Nebenwege*, an einen Fächer, einen Trichter ...

Knitterbild – Maus

Material: Schreibpapier, Schreibwerkzeug (Füller, Feder, Pinsel, Schreibmaschine ...), Kopierer, Druckerpresse

Bereits Franz Mon ließ 1981 ein zerknülltes Textplakat durch eine Walze wandern. So entstanden seine *Presstexte*. Wir schicken ein einziges Wort aus einem Gedicht von Ernst Jandl durch die Walze (s. JANDL, S. 40).

„wiedergefunden"
ein blatt
darauf
maschinengeschrieben
maus
sonst nichts

vor tagen
wochen
unbestimmter zeit
kam das da drauf
von mir
ich weiß

Das Blatt, von dem Jandl hier schreibt, kann von Schülern nachproduziert werden. Das Wort **maus** kann eher flüchtig, wie auf einem Merkzettel notiert werden. Es kann kalligraphisch ausgestaltet oder einfach mit der Maschine getippt werden. Eine solche maschinengeschriebene **maus** wurde mit dem Kopierer stark vergrößert, die Kopie geknüllt und anschließend durch die Walze der Druckerpresse geschickt (s. Abb.).

Aus die Maus/Die Walze treibt der Maus das Leben aus/Mausefalle/Klagelied einer Maus; „Nun ist es aus!"/M-m-m-m-aus, festgeklemmt

Ebenso eignet sich eine schlechte, eine verworfene Zeichnung, der Liebesbrief des „Verflossenen", ein Einkaufszettel oder seine Seite aus dem Hausaufgabenbuch dazu, „durchgemangelt" zu werden, sodass überraschende Botschaften sichtbar werden.

Malmaschinen und neuartige Pinsel – ein Projekt

Schüler einer achten Realschulklasse, bereits über längere Zeit vertraut mit dem Thema *Zufall*, wurden aufgefordert, sich Gedanken über Pinsel, insbesondere über neue Pinsel zu machen.

Neue Pinsel? Schnell klärte sich, dass es hier um Neuartigkeit der Materialbeschaffenheit ging. Borsten oder Haare der Pinsel sollten aus Zufälligem, aus Gefundenem bestehen.
Kein einziger Pinsel, den die Schüler zu Hause anfertigten, glich dem anderen: Besenhaare, Wollfäden, Schnüre, Watte, Schwammstückchen, Pelz, Stoffreste, Stroh, Schnürsenkel, Plastiktüten, Draht, Taschentücher, Vogelfedern und Hasenhaare, selbst Ostergras und Kondome, eben alles, was der Haushalt an Materialien bot, die, an einem Holzstab befestigt, geeignet waren, Farbe aufzunehmen und malend zu verteilen (s. Abb.). Dieser Vielfalt entspricht ein reiches Spektrum an Pinselspuren.

Doch wollten wir es dabei nicht belassen, sondern – um dem Zufall noch mehr Raum zu gewähren – diese Pinsel in eine Malmaschine einbauen. Die Ideen für diese Maschine, bei der alles nur Irgendmögliche dem Zufall überlassen bleibt, mit der das Unvorhersehbare erzeugt werden sollte, waren zahlreich: Roboter, Zeitmaschinen und Zählmaschinen wurden entworfen (vgl. Abb.).
Alle Entwürfe standen unter dem Motto, das bereits Jean Tinguely in den 50er Jahren für seine Mal- und Zeichenmaschinen geprägt hat: Sie sollten spielerisch, fröhlich und frei sein (vgl. auch Magnaguagno a.a.O., S. 115 und ZUFALL, S. 269).
Aus Schülernotizen: „Eine Zeitmalmaschine ist eine Maschine, die mit Pinseln arbeitet und nur zu einer bestimmten Zeit arbeitet. Sie zeichnet je nach Eingabe,

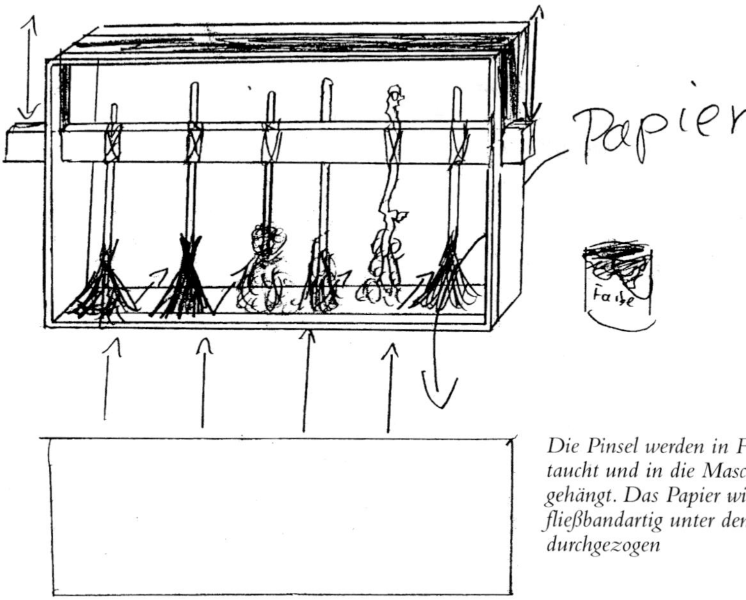

Die Pinsel werden in Farbe getaucht und in die Maschine eingehängt. Das Papier wird dann fließbandartig unter den Pinseln durchgezogen

nach einem vorgegebenen Timing – oder nach Lust der Maschine. Man könnte auch eine Kurbel anbringen, um die Maschine in Gang zu setzen oder die Malgeschwindigkeit über eine eingespielte Musik bestimmen." „Bei meiner Zählmaschine wird die Auswahl der verwendeten Farben durch einen Computer bestimmt, dem zuvor eine Reihe von Zahlen eingegeben wurde."

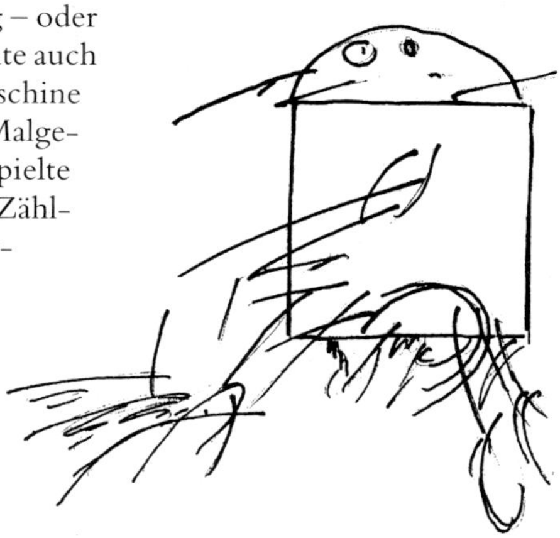

Weiterbearbeitung der Zufallsergebnisse

Nicht jedes Zufallsprodukt reizt zur kreativen Weiterarbeit; manche aber inspirieren besonders, sodass, was zunächst nur als Fingerübung und als Ermunterung zu mehr Experimentierfreude gemeint war, uns nicht loslässt, sondern zum Weitermachen auffordert: Ausschnitte bestimmen, zerschneiden, neu zusammensetzen, drehen und wenden, neu kombinieren, überzeichnen und überma-

len, fotokopieren, dabei vergrößern und verkleinern usw. Diese Möglichkeiten wurden in den vorhergegangenen Beschreibungen immer schon angedeutet. Wichtig ist es, das endgültige Werk zu rahmen, indem man es z. B. auf ein größeres, vielleicht farbiges oder getöntes Blatt klebt. Und man sollte ihm einen Titel geben, um seine Besonderheit zu würdigen.
Das folgende kleine Titel-ABC kann Gestaltungsimpulse auslösen oder Gestaltetes sichtbar machen helfen. Es soll zur unendlichen Ergänzung anregen.

Titel-ABC
Abgeblättert
Beethovens Inspiration
Blasen, aufsteigend
C-Dur-Sonate
Dauerwelle
Drachentanz
Drei Tage im Regen
Eruptionen
Explosion der Seifenblasen
Flüsternde Schmetterlinge
Flugkunststück
Geiers Beute
Mehr Schaum
Meerschaum
mttp://glas-lin.was/tropf
Notenblatt
Scheingefecht
Tüpfelwerk
Wilde Horde
Wunderblumen
Xanthippes Gezeter
X-beliebiges
Y-Chromosomen
Zugvögel bei der Rast

Literatur: JANDL, ERNST: Ottos Mops hopst. Otto Maier, Ravensburg 1988. HOLOCZEK, BERNHARD (Hrsg.): ZUFALL als Prinzip. Edition Brais, Heidelberg 1992. MAGNAGUAGNO, GUIDO: Jean Tinguely, in: Experiment Kunst, Schroedel, Hannover 1984. SEUMEL, INES: Dem Zufall auf die Sprünge helfen, in: Kunst und Unterricht, Heft 179/ Januar 1994, E. Friedrich Verlag, Velber.

Zeichnen und Drucken

Erzählendes Zeichnen

Ingo Wirth

Zeichnen dient oft als *Technik*, um Ideen zu illustrieren. Zeichnen vermag aber viel mehr. Im zeichnerischen Prozess werden Strukturmerkmale der wahrnehmbaren Welt erschlossen. Der Zeichenstift schreibt ein Protokoll von Einfällen, Beobachtungen und Verknüpfungen, die sich zu individuellen Kompositionen verdichten können. Raum wird ebenso erfasst wie Plastizität, Proportionen, Konstellationen, Konturen, Texturen. Ausdrucksbewegungen zeigen Temperament, setzen Akzente, verdeutlichen individuell ausgeprägte Sensibilität. Beobachtungen können als Studien oder Skizzen festgehalten, ausgewertet, eingebracht werden. Mit dem Repertoire erweitert sich das Vorstellungsvermögen des Zeichners, seine Beweglichkeit im Denken von Varianten oder Alternativen.
Zeichnen hat im Vergleich zum Malen den Vorteil, dass ohne große organisatorische Voraussetzungen schon mit einem Bleistift und Papier in beinahe jedem Raum sofort mit der Arbeit begonnen werden kann. Darüber hinaus haben die meisten Kinder und Jugendlichen in der Sek I durch das Schreiben eine gewisse feinmotorische Steuerungsfähigkeit entwickelt, auf welcher aufgebaut werden kann.
Wenn Zeichnen langweilig wird, funktioniert die Vorstellungsbildung nicht richtig, es gibt keine Gelegenheit zu individuellem ästhetischen Ausdruck oder die Schüler sind in technischer Sicht über- oder unterfordert. Dann kann sich auch kein Werkerlebnis einstellen. Kinder werden Zeichnen dann „blöd!" finden. Die Lösung des Problems liegt darin, eine Vorstellungsbildung zu bewirken, die individuelles ästhetisches Erfahren und ästhetischen Ausdruck ermöglicht und Ansprüche zu stellen, die auf technische Fähigkeiten und Fertigkeiten der Schüler Rücksicht nehmen.
Die folgenden Beispiele suchen dies zu beherzigen. Sie enthalten einen erzählerischen Kern, setzen wenig zeichnerische Erfahrung voraus und sind deshalb meist schon für Schüler der Klassen 5–7 geeignet.

Suitcase

Klassen 5–8

> „Eile ist geboten. Schneller Aufbruch. Ein Koffer wird aufgeklappt und die wichtigsten Dinge werden schnell hineingeworfen. Wer muss so schnell fort? Ein Last-Minute-Urlauber? Ein Reporter? Ein Schauspieler, ein Fotomodell, das kurzfristig einspringen musste oder gar ein Verbrecher auf der Flucht?"

Diese Disposition soll die Schüler anregen, sich eine Vorstellung von einem entsprechenden Still-Leben zu bilden. Die Dinge, die in den Koffer geworfen werden, kommen natürlich kreuz und quer, über- und untereinander zu liegen. Dies soll eine Zeichnung veranschaulichen.
Überstürzter Aufbruch ist ein spannender Vorgang. In diesem Moment werden Vorstellungen und Wünsche zur Reise und zum Reiseziel wach. Gleichzeitig bietet diese Aufgabe Identifikationsfiguren, welche die Fantasie anregen.
Die ausgewählten Gegenstände werden mehr oder weniger auch eigenen Wunschvorstellungen entsprechen, welche die Schüler hier im Bild verwirklichen können. Dies verbindet sich mit Fantasien über den Zielort: „Welche Reiseutensilien braucht man auf einer solchen Reise?" und die reisende Person: „Worauf kann diese Person nicht verzichten?"
Nachdem die Eingangsgeschichte vorgetragen wurde, soll in einem Gespräch erörtert werden, wer in eine solche Situation geraten kann, wie ein solcher Koffer aussehen könnte (etwa: Innenseite des Deckels anders als das Packfach), welche Gegenstände mitgenommen werden müssten und welche Reiseziele in Frage kommen.

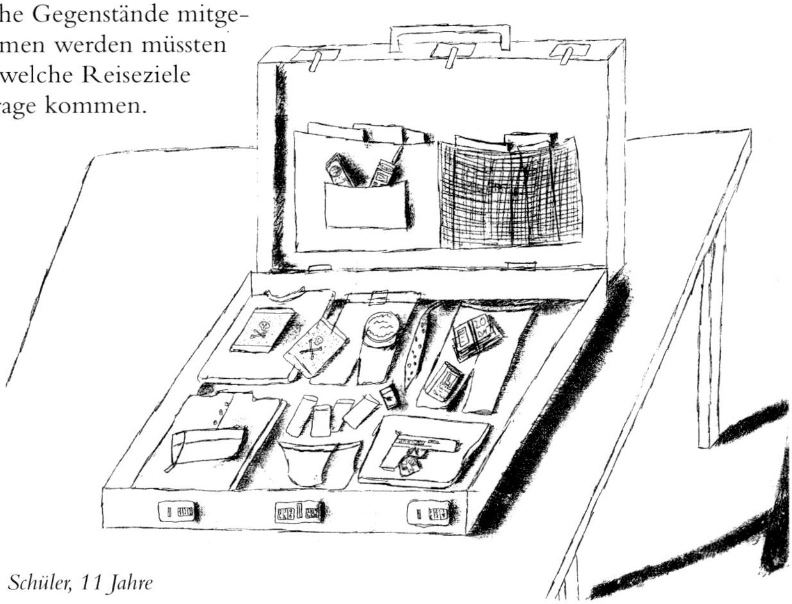

Schüler, 11 Jahre

Dann sollte zur Sprache kommen, wie das Ganze am besten ins Bild gesetzt werden kann, damit man die Person, die hier den Koffer packt, an Hand der Reiseutensilien zu identifizieren vermag (Reporter? Model? Räuber?), wie die Gegenstände effektvoll präsentiert (in natürlicher Größe? farbig?) und wie die Turbulenz der Situation und die Eile des Zusammenpackens am besten ins Bild gesetzt werden können (Anordnung der Gegenstände: Überschneidungen, unordentliche Anordnung, Durcheinander ...).
Es ist – falls es die Schüler nicht überfordert – reizvoll, ein großes Bildformat zu wählen (DIN A2), um eine *lebensgroße* Darstellung der gezeigten Dinge zu ermöglichen. Details der darzustellenden Gegenstände müssen somit sorgfältig dargestellt werden, genaues Beobachten wird angeregt, die authentische Wirkung verstärkt.
Das Bild sollte mit Bleistift und Buntstift gezeichnet werden, da viele Konturen, Überschneidungen und Details ins Spiel kommen. Die Bleistiftlinien lassen sich mit dem Radiergummi leicht korrigieren, sodass auch unerfahrene Schüler angstfrei Varianten ausprobieren können. Mit Farbstiften können die herausgearbeiteten Überlagerungen und Überschneidungen von Flächen deutlich differenziert werden.
Je nach Lernstand und Erfahrung sollten unterschiedliche Ansprüche an das Darstellungsniveau gestellt werden. Die in Frage kommenden Gegenstände (etwa: Geldnoten, Kleidungsstücke, technische Geräte, Dokumente) können schon durch einfache Umrisse deutlich veranschaulicht werden.
Auch Akzente (Unterscheidung des Wichtigen vom Unwichtigen z. B.), formale Merkmale des Arrangements (Kontrast, Häufung, Vereinzelung usw.) sowie räumliche Staffelungen (Überschneidungen) lassen sich auf diese Weise zeichnerisch verwirklichen.
Bei genauerer plastischer Darstellung, eingehender Verdeutlichung der Stofflichkeiten, der Proportionen und realistischer Details kann die Komposition entsprechend angereichert und vertieft werden – bis hin zu sehr anspruchsvollen, differenzierten Lösungen.
Das Differenzieren unterschiedlicher Formqualitäten der verschiedenen Gegenstände schafft Formenreichtum, das Arrangement unterschiedlich ausgerichteter, *kreuz und quer* verstreuter Gegenstände schafft Vielfalt, Fülle und Turbulenz. Staffelung und Überschneidungen bieten Anlass, reizvolle „pars pro toto"-Fragmente zu bilden. Es muss geklärt werden, in welchen Arbeitsschritten vorgegangen werden kann, z. B.:

- Eine helle Vorzeichnung mit dünnem Strich, bei der die sich überschneidenden Konturen der Objekte überlagernd gezeichnet werden können,
- die überdeckten Linien ausradieren,
- Verstärkung der sichtbaren Konturen durch Schatten oder durch Kolorieren.

Alternativ könnten die Gegenstände auch zunächst gezeichnet, dann ausgeschnitten und schließlich in Form einer Collage arrangiert werden.

Je nach Temperament und Vorstellungsvermögen der Kinder sind sehr unterschiedliche Deutungen des Themas möglich, denkbar und wünschenswert. Die Bestimmung der Person des/der Reisenden, die Auswahl der Objekte, ihre Ausgestaltung und schließlich das Arrangement bieten vielfältige Gelegenheit zu individueller Ausprägung.

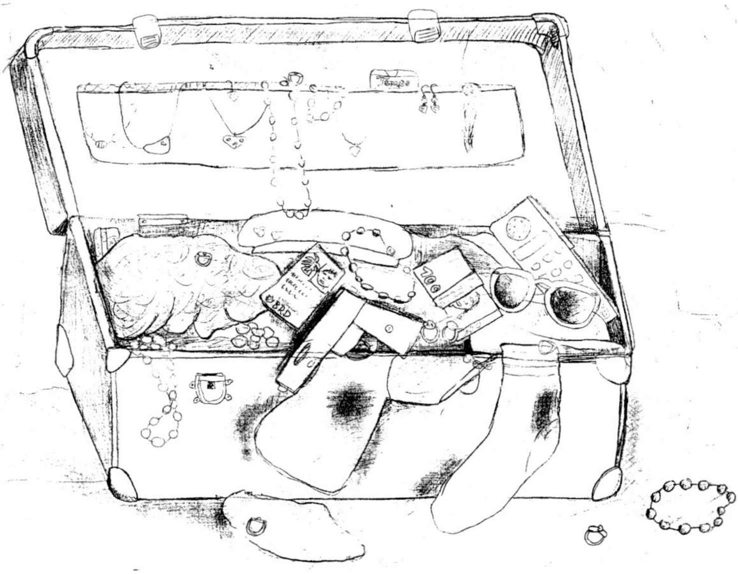

Tanzbein

Klassen 6–9

Tanz. Rock 'n' Roll? Walzer? Lambada? Wer tanzt? Bewegung, Geräusche, Beine, Tanzbeine.

> „Zeig' das Tanzen, indem du im Bildausschnitt nur die Beine(!) zeichnest! Wie sehen tanzende Beine aus? Wie sind solche Beine angezogen? Welche verschiedenen Bewegungen müsste man sehen können? Wie sieht das aus, wenn so viele Beine auf einer Tanzfläche sind?"

Die Darstellung von Tanzbewegungen ermöglicht es, ganz unterschiedliche Beinstellungen durchzuspielen: wilde, ungestüme, elegante, exaltierte. Das Motiv konzentriert die Aufmerksamkeit auf die Darstellung und Inszenierung der Beine. Das schwierige Zeichnen von Köpfen, Oberkörpern, Armen, Händen kann ausgeklammert werden. Es wird deutlich, dass auch Beine sehr individuell ausgeprägt sein können, so sehr, dass man recht genau sagen kann, was für eine Person jeweils dazu gehört.

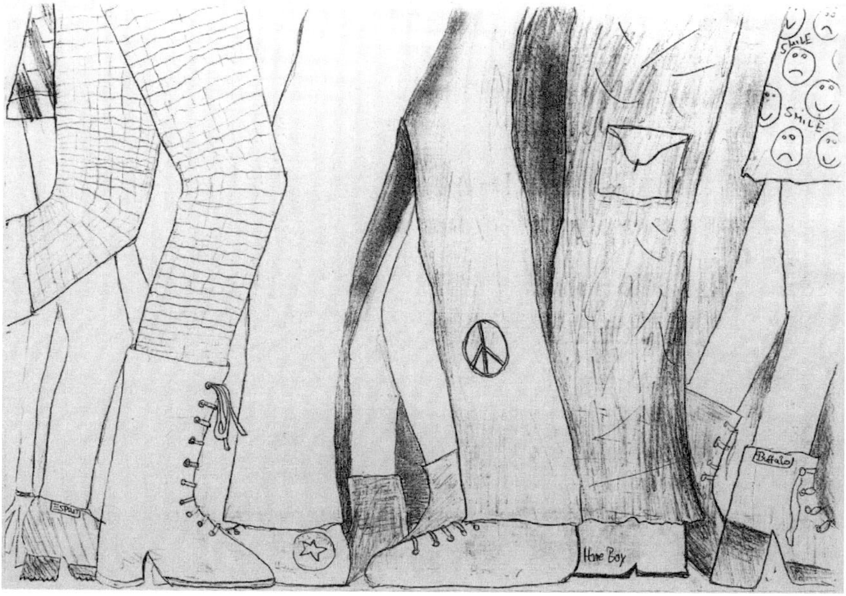

Reizvoll ist die Konzentration auf die Beine und ihre Form, die Variation unterschiedlicher Beine und unterschiedlicher Bewegungen und die Staffelung der verschiedenen Beinpaare, sodass man von einigen Beinen nur Fragmente sieht. Gerade dadurch wird die Fantasie geweckt, den gezeigten Ausschnitt wenigstens in der Vorstellung zu ergänzen, das Vorenthaltene zu imaginieren.

- Die genaue Charakterisierung und Unterscheidung der verschiedenen Beine und Füße schafft Formreichtum.
- Die Wahl des Bildausschnitts bewirkt eine Verfremdung, die die Aufmerksamkeit auf Formen und Details lenkt, die sonst nicht im Mittelpunkt stehen.
- Die Versammlung und Staffelung unterschiedlicher Bein- und Fußstellungen kann einen Eindruck von spannungsreicher Turbulenz erzeugen.
- Je nach Ausprägung der Form der Beine und der Bewegungen kann das Bild auch komische Akzente bekommen.
- Ganz nach individueller Vorliebe können die Beinpaare sehr unterschiedlich ausgestaltet werden in Gestalt, Haltung, Kleidung. Elegante Formen des Tanzes können ebenso aufgegriffen werden wie wildere, ausgelassene Tanzarten, europäische ebenso wie außereuropäische, auch die Tanzenden sind unterschiedlich: jung, alt, männlich, weiblich usw.
- Bei einer Staffelung von Beinpaaren im Raum muss auf Überschneidungen, Verkürzungen geachtet werden.
- Weitere Anforderungen erweitern das zeichnerische Repertoire: Differenzierung der Beinplastizität, der Texturen, der Faltenverläufe von Kleidern.

Variante: Sportlerbeine

Flucht der Streichhölzer

Klassen 7–11

> „Jahr und Tag waren die Streichhölzer in ihrer Schachtel gefangen. Aber eines Tages entschließen sie sich zur Flucht. Gelingt das Unternehmen? Scheitert es? Bleiben Opfer auf der Strecke? …"

Je nach Temperament und Vorstellungsvermögen des Zeichners sind sehr unterschiedliche Deutungen des Themas möglich. Jugendliche in diesem Alter spielen nicht selten mit dem Gedanken auszubrechen, den Zwängen des häuslichen Lebens und der Schule einmal zu entkommen. Durch die stilllebenartige Verfremdung des Motivs können bestimmte Aspekte eines Fluchtgeschehens unbefangen *durchgespielt* werden: Zaghaftigkeit, Mut, Tollkühnheit, Scheitern.
Jeder Beteiligte soll zunächst auf einem Blatt Papier mit Streichhölzern und einer Schachtel ein derartiges Fluchtszenario arrangieren: Eingeschlossen sein, Ausbruch, Begrenzungen überwinden, Scheitern, Verunglücken …
Die Schachtel kann ganz oder teilweise herausgezogen aufgerissen werden; die Streichhölzer sind abgebrannt, geknickt, gebrochen, überlagert, gestapelt …
Dann sollen durch Verschieben der Papierunterlage Blickwinkel geprüft werden, die das gestaltete Szenario besonders wirkungsvoll zur Geltung kommen lassen. Auch eine effektive Beleuchtung unterstützt die Dramatik des Geschehens.

Die kubische Grundgestalt der Schachtel und der Streichhölzer erleichtert sowohl ein isometrisches Erfassen als auch ein fluchtpunktperspektivisches Re-Konstruieren und lässt zur Not auch eine zweidimensionale Darstellung in Form einer Auf- oder Ansicht zu.
Die glatten Seiten bieten Gelegenheit, durch Licht/Schatten hell/dunkel Plastizität prägnant zu verdeutlichen.
Innen und Außen der Schachtel sind durch Mantel und Schublade „greifbar" und zeichnerisch differenzierbar.
Die Schublade kann beliebig weit heraus- oder hineingeschoben werden und auf diese Weise mehr oder weniger Einblick ins Innere gewähren.

Mantel und Schublade können beim Arrangieren gesprengt, beschädigt, angebrannt werden (*Ausbruchsspuren*). Die Streichhölzer können bei Bedarf in ihrer Form charakteristisch verändert werden: durch Brechen, Anbrennen, Abbrennen. Sie fügen sich zu Formgebilden durch gegenseitiges Abstützen, Überlagern, Auftürmen.

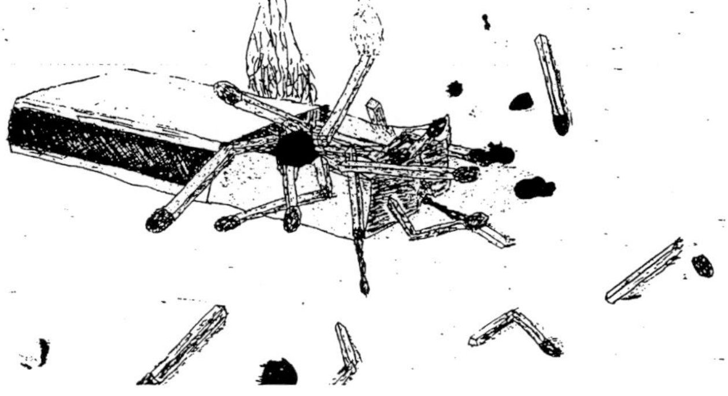

Das Wechselspiel von statischen und dynamischen Formanteilen bietet Anregungen zum Entwickeln eines ästhetisch reizvollen Spannungsgefüges.

Schon das *Arrangieren* ermöglicht ästhetisches Kalkulieren:

- im Wechselverhältnis der statisch kompakten Grundform der Schachtel und der dynamisch-bewegten Gruppe der Streichhölzer;
- in der Grundform der Schachtel im Verhältnis zu ihren Beschädigungen;
- in der rhythmischen Beziehung der Streichhölzer untereinander durch Variation ihrer Form, der Abstände und der unterschiedlichen Richtungslagen (Winkelverschiebung) im Verhältnis zueinander.

Das *Zeichnen* setzt zusätzliche Akzente:

- *Unwichtigeres*, wie z. B. die Beschriftung der Schachtel, kann reduziert,
- *Wichtiges*, z. B. die Ausbruchsstelle, kann zeichnerisch betont werden (Kontur/Licht-Schatten);
- Strichbreite, Schraffuren, Dunkelheit der Linien, Spuren und Texturen lassen sich spannungsvoll variieren und modifizieren, um die sinnliche Präsenz der Dinge, ihre Körperhaftigkeit und ihren Ausdruckswert hervorzuheben.

Zeichensprache

■ **Metamorphose eines Motivs** Klassen 5–6

Ulrike Springer

Auf einem DIN-A3-Papierbogen zeichnet jeder Schüler so viele viereckige Rahmen, wie es der Anzahl der Mitspieler entspricht. Im ersten Rahmen oben links wird von jedem ein Motiv freier Wahl entworfen. Nach einer vorher abgesprochenen Reihenfolge reicht jetzt jeder sein Blatt dem Nachbarn weiter. Für diesen besteht nun die Aufgabe darin, ein Motivdetail des Vorzeichners aufzugreifen, im zweiten Rahmen zu „zitieren" und mit einem eigenen Motiv zu verknüpfen. Danach wird wieder weitergereicht. Der Nächste bezieht sich auf den Vorgänger usw., bis jedes Blatt am Ausgangsort angelangt ist. Das Ergebnis erscheint wie ein Gespräch in Bildern. Schon beim Arbeitsprozess ist festzustellen, dass es Vergnügen bereitet dem Nachfolger ein „schwieriges" Bild vorzulegen oder ihm Nachrichten zu übermitteln (wie im Flüsterspiel *stille Post*).

Den Ablauf einer Kunststunde schildern

Ulrike Springer

Klassen 5–7

Die Stunde beginnt, der Klassenraum wird aufgeschlossen, einige stürmen, schieben, andere zeigen sich gelassen, die Lehrerin betritt den Raum. Es ist noch ziemlich laut, Stühle werden gerückt, die Jacken ausgezogen, die Malkästen oder Zeichenmäppchen ausgepackt, Gespräche aus der Pause klingen aus.
Die begonnenen Arbeiten werden ausgeteilt, erste Fragen werden laut, eine gemeinsame Besprechung leitet die folgenden Aktivitäten ein. Wege, die jeder im Raum zurücklegt; Wünsche: Können Sie mir ein Lineal geben, eine Schere holen, ist das so richtig, können Sie mir helfen, darf ich auf die Toilette ...? Geräusche, Lichtverhältnisse, Raumtemperatur ...; der Einzelne, Fraktionen, Befindlichkeiten, Konflikte, Zusammenarbeit ... Lässt sich all das zeichnerisch/malerisch festhalten?

Diese Frage muss mit den Kindern erörtert werden; sie bewirkt, sich mit allen Sinnen die immer wieder neu erlebte Situation einer Kunststunde zu vergegenwärtigen. Erst dann kann weiterüberlegt werden: Welche Konstanten (Raummaße, Anordnung des Mobiliars ...) und welche Variablen (Bewegungen, Geräusche, Tätigkeiten, Konflikte ...) sind mit welchen Mitteln zu verdeutlichen? Ideenskizzen und Vorzeichnungen schaffen allmählich ein Repertoire an Symbolen, Zeichen, Ordnungsformen, Strukturverläufen ...

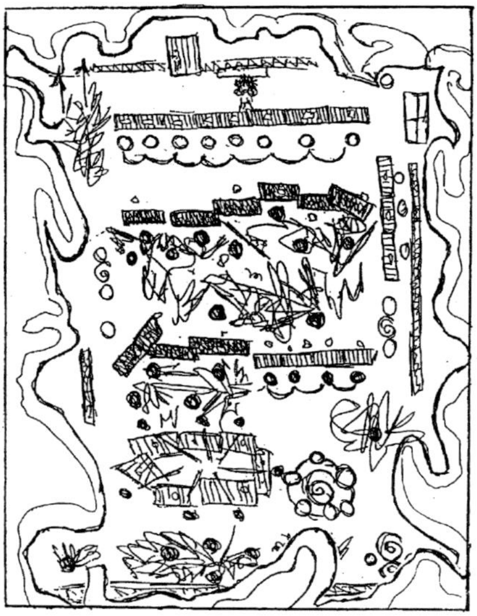

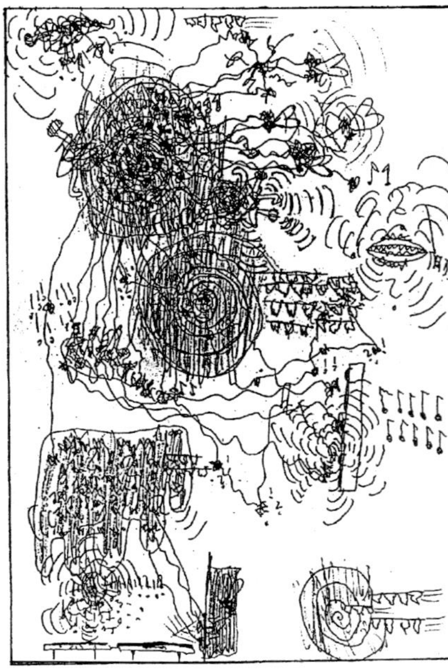

Illustrieren von Balladen

Ilona Dohnicht-Fioravanti

Die Schüler gliedern eine Ballade in einzelne Szenen oder Kapitel. Zu diesen Abschnitten entwerfen sie aussagekräftige Bilder, die das balladeske Geschehen wiedergeben, möglicherweise auch kommentieren oder deuten.
Die Bilder können, sofern sie großformatig sind, zu einer Art Klappbuch gefügt werden. Hierfür klebt man die Bilder am besten auf Pappe, damit sie nicht zu schnell reißen, schneidet oder stanzt dann zwei bis vier Löcher in jede Pappe, sodass sie mit einer Schnur verbunden werden können. Die Schnur muss so locker verknotet sein, dass man die einzelnen Seiten umschlagen kann.
Es genügt aber auch schon, kleinere Formate zu einer Art Wandzeitung zusammenzustellen, wie sie die Moritatensänger früher benutzten. Die Formate sollten

aber so groß sein, dass man die einzelnen Bilder auch aus dem Abstand heraus erkennen kann (min. DIN A5). In ähnlicher *Moritatensängermanier* müsste die Ballade abschließend, mit Zeigestock und vielleicht auch musikalischer Unterstreichung und Beleuchtungseffekten, anschaulich vorgetragen werden.
Kleine Formate können auch zu einem Balladenheft verbunden werden.
Eine Zusammenarbeit mit dem Fach Deutsch ist sinnvoll,

- um eigene Balladen zu dichten, die unsere Gegenwart betreffen;
- eine Fotofolge (Fotoroman) zu gestalten, die Geschehen, Atmosphäre und Dramatik der Ballade einfängt;
- mit vorhandenen oder erfundenen Comicfiguren das Balladengeschehen zu parodieren usw.

Zeichenübungen

Ulla Hensellek-Siller/Bernhard Siller

Strukturen

Ein Bücherwurm hat den alten Druck von A. Dürer zerstört. Mit Tusche und Feder soll die Fotokopie in der *Restaurierungswerkstatt* restauriert werden.

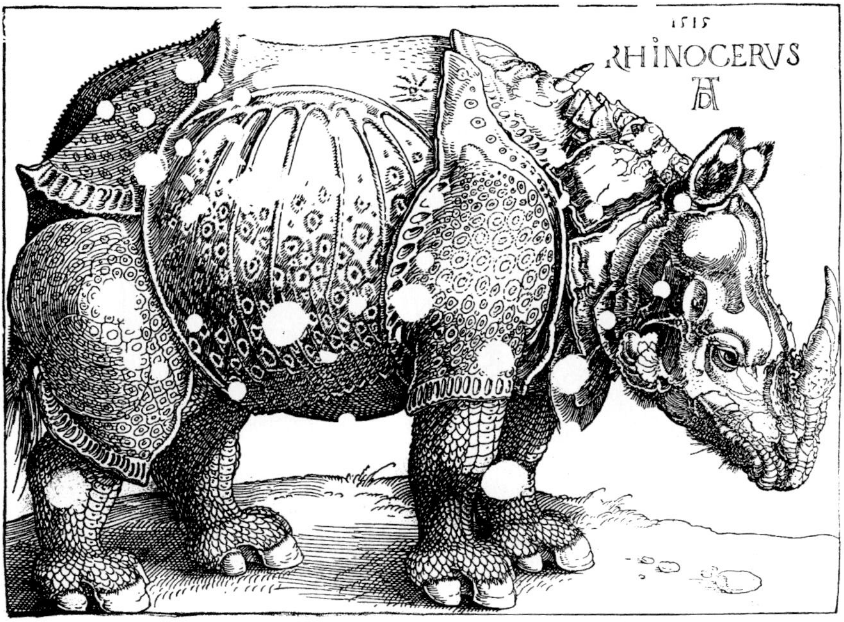

„Nichts als Strukturen im Kopf"

Entdecke beim Betrachten eines Zweiges, eines Blattes, einer Blüte oder eines anderen organischen Objektes nur Strukturen.
Fülle mit den entdeckten Strukturen ein Kästchen (5 x 5 cm).
Jede gesehene Linie kann durch Wiederholung eine Struktur erzeugen. Erfinde selber Strukturen!
Die Strukturen können mit Tusche und Feder ausgeführt werden.

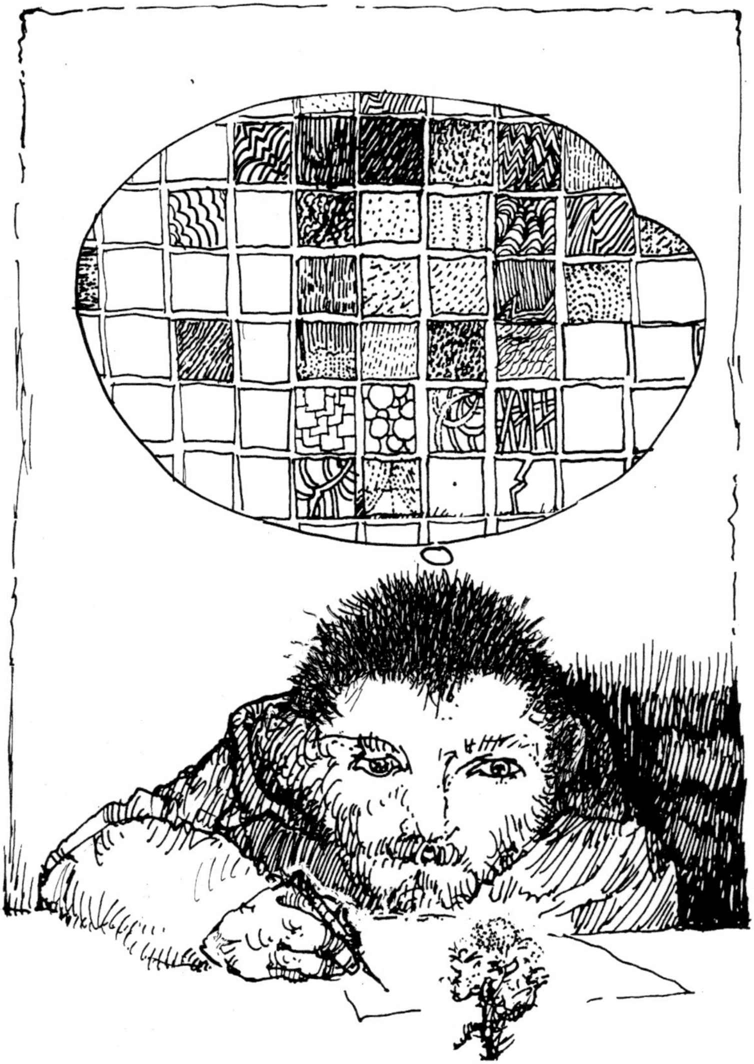

Layout

Schüler werden täglich mit *Layout* konfrontiert. Ihre kritischen Fähigkeiten sollen geschult und für die eigene Praxis Grundlagen geschaffen werden. Als Einstieg wird der folgende Text gelesen.

> *Schrift*
> Bildzeichen, Symbole waren die ersten Visualisierungen von Sprache (Hieroglyphen). Stärkere Vereinfachungen ließen abstrakte Zeichensysteme „Buchstaben" entstehen. Ein Alphabet wird als Einheit empfunden, wenn ein Gestaltungsprinzip (Idee) eingehalten wird. Drei Schriftfamilien sind Ursprung unzähliger Variationen. Die „Antiqua" mit ihren unterschiedlichen Strichstärken und Serifen. Die „Fraktur" aus „gebrochenen", winklig aneinander gestellten Geraden, die an gotische Formen erinnert, die „Grotesk" mit gleichen Strichstärken ohne Serifen. Eine Schreibschrift verbindet die einzelnen Buchstaben um Geschwindigkeit zu ermöglichen und kann sehr persönliche Züge annehmen. Schrift vermittelt durch Linienführung, Proportionen, die Struktur und Farbe der Oberfläche eine Anmutung und wirkt dadurch auf die Auslegung des Inhalts ein. Bedeutung entsteht auch durch das Layout, d. h. die Gestaltung, Gliederung des gesamten Textes. Das Layout lenkt den Lesevorgang und strukturiert durch Überschriften, Absätze, Größen, Farbe und Satzarten den Inhalt. Satzarten sind rechtsbündig oder linksbündig, auf Mittelachse sowie Blocksatz. Die Schrift kann auch an ein Bild angepasst sein oder die Zeile verlassen und sich frei auf dem Blattformat bewegen.

Nach dem Lesen sollten die Schüler kurz erläutern, wie es ihnen beim Lesen ergangen ist. Tendenz wird sein: Dieser Text ist unzumutbar gestaltet, Form und Inhalt haben nichts miteinander zu tun.

Aufgaben
Layout entwerfen – Bebildern (Illustrieren) – Als Plakat (mind. DIN A3) ausführen.

P. S. Übung ist nur *zusammen* mit dem Thema „Schrift" sinnvoll.

Ketten, Knoten, Knäuel

„Verwebtes" Kettenglied
Dieses Arbeitsblatt soll Schülern helfen, Überschneidungen wahrnehmen und zeichnen zu können. Manche erkennen sie sofort und können sie nachvollziehen, andere werden selbst mit Hilfe der sechs Abbildungen noch Probleme haben. Je nachdem sind daher folgende Varianten denkbar:

- Die Schüler erhalten alle eine Kopie des Arbeitsblattes und im Unterrichtsgespräch wird das Dargestellte besprochen. Nachzeichnen und Variationen folgen dann als praktische Aufgaben.
- Die Schüler erhalten nur die letzte Abbildung. Im Gespräch wird das Dargestellte analysiert; um die Struktur zu verdeutlichen, werden nach und nach die Abbildungen 5 bis 1 ausgeteilt. Falls nun immer noch einige Schüler Schwierigkeiten im Nachvollziehen der Form haben, sollte man die Zeichnungen von 1 bis 6 an der Tafel ausführen.
- Das verwebte Kettenglied wird stark vergrößert (Zeichenblock) und mit einem Farbverlauf, mit Strukturen oder Oberflächeneffekten versehen.
- Vgl. die Anweisungen bei *Knoten* und *Knäulereien*.

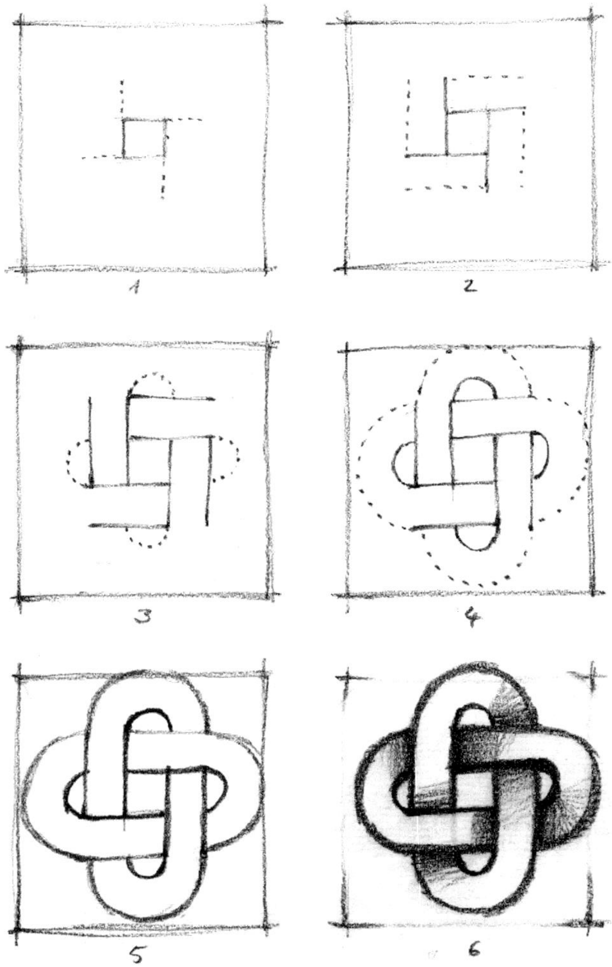

Knoten Knoten Knoten Knoten Knoten

Literatur: George Brain: Celtic Art, London 1977. Thomas Bayrle: Big Book, Köln 1992.

... weitere Knäulereien ...

Teppichklopfer ...

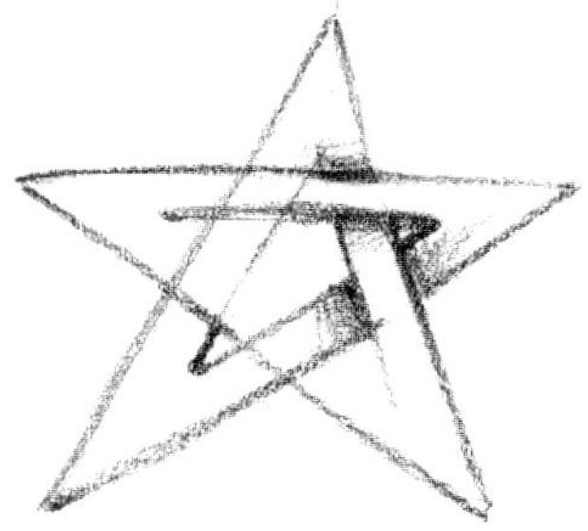

Stern ...

Bänder ...

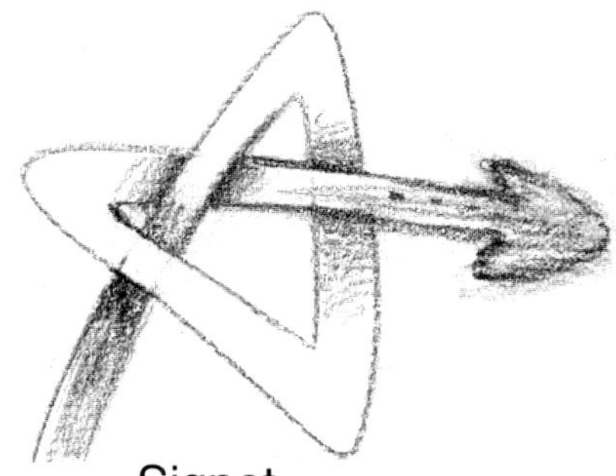

Signet ...

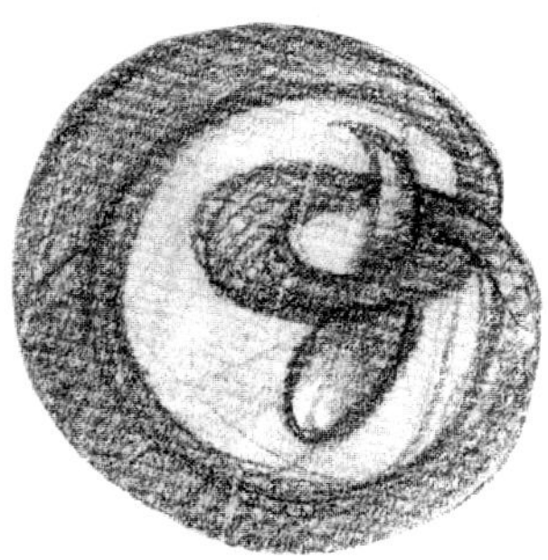

Buchstaben ...

und Schrift ...

Möglicher Arbeitsanreiz: Fehlersuche!

Gestalt, Volumen, Räumlichkeit

Gestalt, Volumen und Räumlichkeit entstehen durch:

Umriss

Struktur

Verkürzung

Überschneidung

Schatten

Detailschärfe

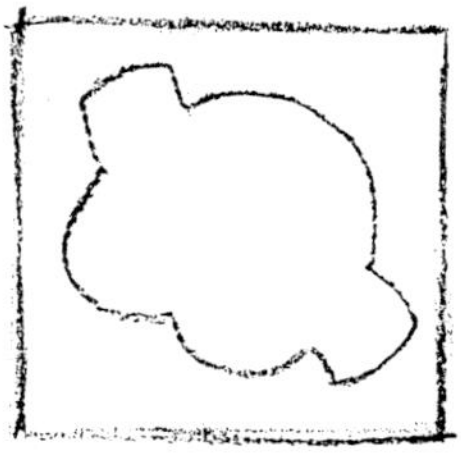

Überschneidungsvariationen

Überschneidungsvariationen finden und Knoten entstehen lassen – durch Hinzufügen von Linien, Strukturen, Licht und Schatten, Plastizität und Räumlichkeit.

Lösungsmöglichkeiten

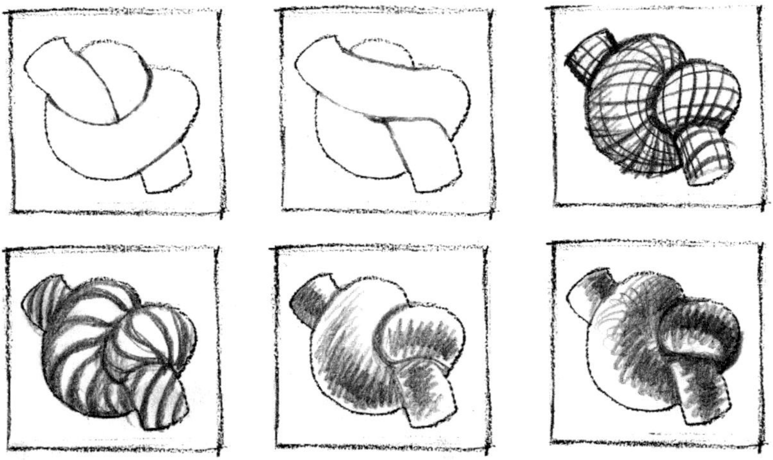

Durch Hinzufügen von Linien, Strukturen, Licht und Schatten Räumlichkeit und/oder Plastizität entstehen lassen.

Schablonieren

Buchstaben auf kleine Papierquadrate zeichnen, mit Blei- oder Buntstift oder Pastellkreide schraffieren und mit einem Messer einschneiden. Teile auf-, um- oder wegklappen und mit dem Finger verwischen.

Experimentieren mit gerissenen Schablonen, Graphit-, Buntstift- oder Pastellstaub

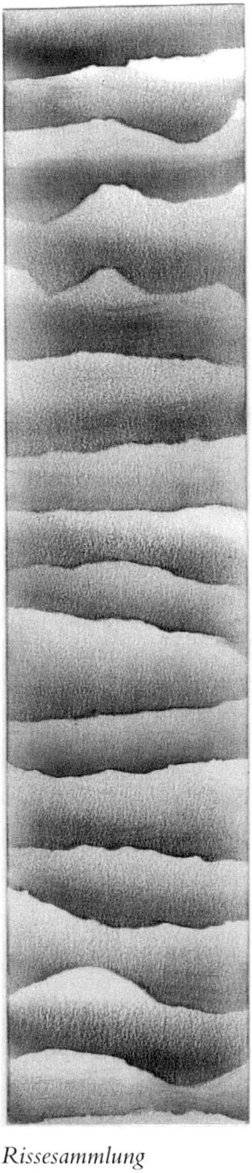

Rissesammlung *Mond, Gesicht* *Variation*

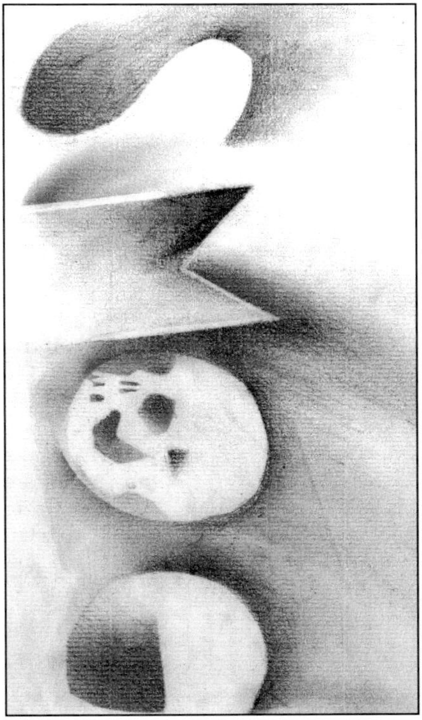

Weitere Beispiele findet man bei Paul Klee und Max Ernst.

„Profil-Grimasse"

Aus Papier übertriebene Profilschablone reißen, Unterkiefer abreißen, mit dem Finger Graphit-, Buntstift- oder Pastellstaub über das Profil wischen. Für das Auge eine extra Schablone reißen. Unterkiefer verschieben, Veränderung des Ausdrucks beobachten, verschiedene Versionen ausführen.

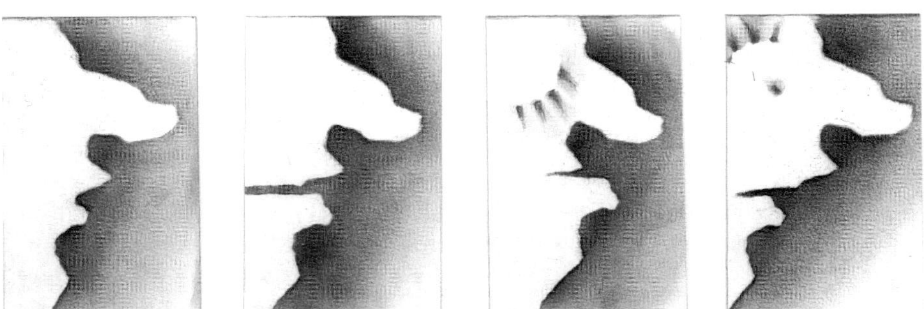

Arbeitsmethoden

	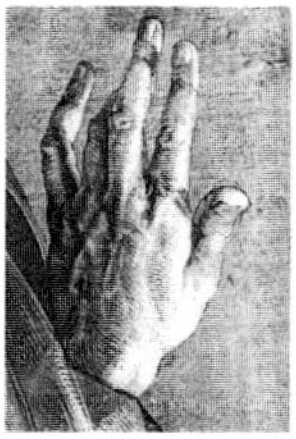			
	Naturalistisch	**Illustrativ**	**Stilisiert**	**Experimentell**
Arbeitshaltung:	„objektiv"	subjektiv, erzählerisch	abstrahierend	offen, spielerisch
Methode:	skizzieren, proportionieren, messen	Komposition, Proportion dramaturgisch einsetzen – „inszenieren"	reduzieren auf Grundformen	ungewöhnlich, forschend
Linie, Farbe, Form:	sachlich	individuell, aber nachvollziehbar	symbolisch, zeichenhaft	stark zufallsbedingt
Ziel:	allgemeinverständlich, dokumentarisch übermitteln	mit der eigenen Sichtweise „unterhalten"	signalisieren, akzentuieren: Verkehrszeichen, Dekoration, Schmuck	neuARTig, eigenARTig, überraschen

Still-Leben-Turm

Christine Biehler

Klassen 10–13

… Stühle und Bänke sind bis zur Decke gestapelt, alte Telefone hängen an den Tischbeinen, Tücher knüllen sich in Nischen, Elektrokabel wickeln sich um einen Kinderwagen, Federn, Pflanzen, Bücher …
Der Kunstraum bietet einen ungewohnten Anblick, der angesichts der Chaotik des Aufgetürmten durchaus auch bedrohliche Züge trägt. Auf statische Absicherung hat jedoch das Team geachtet, das dieses *Sperrmüll-Gebilde* in der vorangehenden Pause gestaltet hat; die Schülergruppe wurde in der Vorwoche zusam-

mengestellt, wechselt von Woche zu Woche und arbeitet unter Anleitung der Fachlehrerin, des Fachlehrers.
Die Gegenstände und Materialien sind im Schulhaus entdeckt worden, stammen vom Sperrmüll oder aus der persönlichen Kramkiste. Gewünscht ist eine große Vielfalt in den Dimensionen und Materialeigenschaften.
Die Jugendlichen gruppieren sich um den Turm, arbeiten, da die Zeichentische ja das Gerüst des Aufbaus bilden, auf dem Boden mit Zeichenbrettern.
Jede Doppelstunde bietet eine neue Situation: Selbst wenn man sich um eine jeweils genaue Reproduktion des Turms bemüht, werden Abweichungen nicht zu vermeiden sein. Diese sollten als innovative Anregungen verstanden werden, die zu je neuen Seh-Entdeckungen veranlassen – auch nötig machen, dass man den Betrachterstandpunkt wechselt.
Je nach Arbeitsauftrag können eine Reihe Skizzen von Still-Leben und zeichnerischen Notizen entstehen oder eine großformatige Zeichnung, auf der verschiedene Blickwinkel, Ausschnitte und Details auf einem Blatt integriert sind. Die Größe des Aufbaus regt die Frage nach dem Bildausschnitt und einer persönlichen Bezugnahme zum Arrangement an. Die von dem vorbereitenden Team getroffenen kompositorischen Entscheidungen bieten den übrigen ständigen Diskussionsstoff.

Die Metamorphose des Rhinocerus

Klassen 6–7

Wenn die Kinder dem Bücherwurm Paroli bieten, der Dürers Holzschnitt hässlich durchlöchert hat (s. Seite 55), werden sie sich vermutlich fragen, was das denn für ein merkwürdiges Tier sei, das vor fast 500 Jahren so außerordentlich sorgfältig porträtiert worden ist. Die Fotokopie, die sie bearbeiten, enthält ihnen die Informationen vor, die Dürer selber seinem Druck hinzugefügt hat:

Nach Christus gepurt. 1513. Jar. Abi.j.May. Hat man dem großmechtigen Kunig von Portugall Emanuell gen Lysabona pracht auß India/ein follich lebendig Thier. Das nennen sie Rhinocerus. Das ist hye mit aller seiner gestalt Abcondertfet. Es hat ein farb wie ein gesprecfelte Schildkrot. Und ist von dicken Schalen uberlegt fast fest. Und ist in der größ als der Helfandt. Aber nydertrechtiger von paynen/und fast werhafftig. Es hat ein scharff starck Horn vorn auf der nasen/Das begyndt es albeg zu wezen wo es bey staynen ist. Das dosig Thier ist des Helffanz todt feyndt. Der Hellfandt furcht es fast ubel/dann wo es In ankumbt/so laufft Im das Thier mit dem kopff zwischen dye fordern payn/und reyst den helffandt unden am pauch auff und erwürgt In/des mag er sich nit erwern. Dann das Thier ist also gewapent/das Im der Hellfandt nichts kan thun. Sie sagen auch das der Rhynocerus Schnell/ Fraydig und Listig sey.

In das Deutsch unserer Tage übertragen, lautet dieser Zusatz etwa so:
„... 1513 hat man dem großmächtigen König von Portugal, Emanuel, nach Lissabon aus Indien ein solches Tier in lebendem Zustand gebracht. Man nennt es Rhinocerus. Das ist hier naturgetreu porträtiert. Es hat eine Farbe wie eine gesprenkelte Schildkröte. Und ist fast ganz von dicken Schalen bedeckt. Und ist größer als der Elefant ... Es hat ein scharfes starkes Horn auf der Nase ... Dieses Tier ist des Elefanten Todfeind. Der Elefant fürchtet es gar sehr, denn wenn es ihn antrifft, dann fährt ihm dieses Tier mit dem Kopf zwischen die Beine und reißt ihm, dem Elefanten, von unten den Bauch auf ... Er kann sich dagegen nicht wehren. Denn dieses Tier ist so gepanzert, dass ihm der Elefant nichts antun kann ...“
Dürer hat also ein ganz berühmtes Exemplar einer Tierart abgebildet, die in Europa zu seiner Zeit noch unbekannt gewesen war; nur der portugiesische König besaß ein Rhinocerus, das in unseren heutigen Zoos als Nashorn von jedem bestaunt werden kann. Dieses Tier galt damals als das stärkste überhaupt. König Emanuel hat vor den Toren Lissabons einen Zweikampf zwischen Nashorn und Elefant austragen lassen, um einen endgültigen Beweis dafür zu liefern. Das Nashorn soll schon durch seinen bloßen Anblick den Elefanten in die Flucht geschlagen haben! Als Zeichen seiner Ehrerbietung wollte Emanuel Papst Leo X. in Rom ein solches Nashorn zum Geschenk machen. Das in Indien gefangene Tier reiste auf einem portugiesischen Segelschiff 14 000 Meilen und versank mit ihm kurz vor der Landung im Jahre 1516 vor der italienischen Küste. Dürer war nie in Portugal; er hat also nie ein Nashorn gesehen. Sein Holzschnitt ist nach den Schilderungen eines Augenzeugen entstanden. Dafür ist das Tier erstaunlich genau getroffen; doch erklären sich so auch die vielen Ausschmückungen und Merkwürdigkeiten, mit denen die Fantasie des Künstlers es ausgestaltet hat, um es in seiner Besonderheit hervorzuheben: Die Panzerung erinnert an die prunkvolle Rüstung eines Ritters; Kopf und Hals sind mit furchterregenden Wülsten, Haken, Dornen, Schuppen und Borsten versehen, die anderen Tieren – Echse, Wildschwein, Schlange ... – entlehnt sind, um deutlich zu machen, dass dieses Monster alle Scheusale in sich vereint. Aus dem Nacken reckt sich gar ein zweites Horn drohend empor! Dieses Horn dreht sich aus der so überaus kompakten Körpermasse heraus, eine Bewegung, die eine Verwandlung einzuleiten vermag: Die Schuppen, Krater, Schrunden blättern auf, reißen, platzen, blühen; der massive Körper wird umwuchert, entfaltet sich, wird aufgesprengt. Die Drachen- und Schlangenattribute verselbstständigen sich: Flügel wachsen aus den Panzerplatten hervor, Schuppen und Wülste stülpen sich aus, verknoten sich ... Was Rhinocerus gewesen ist, lässt sich am Ende nur mehr als Keimzelle eines Dschungels, eines Bestiariums oder eines ornamentalen Spiels erahnen.
Tusche und Feder, Fineliner oder schwarzer Kugelschreiber sind die Instrumente dieser Metamorphose.

Mädchen, 6. Klasse (oben und unten)

(Quelle: Kathrin Bornscheuer, Cathrin Ertel; Bildmaterial: K. Bornscheuer)

Superkopf

Klassen 9–11

Die im Folgenden beschriebene Aufgabe eignet sich als Abschlussarbeit, die jedem Schüler erlaubt, das im Laufe der Zeit erworbene zeichnerische oder malerische Repertoire nach eigener Präferenz auf ein gemeinsames Ziel hin zu nutzen. Struktur, Textur, Modulation sollten als Möglichkeiten ästhetischen Ausdrucks ebenso erprobt worden sein wie Tontrennungsverfahren und Rastervergrößerung als Mittel der Reproduktion und plakativer Steigerung.

Eine weitere, ebenso simple wie problematische Voraussetzung für das Gelingen: Die Klasse oder der Kurs muss sich auf eine Porträtvorlage einigen. Angesichts des allein selig machenden Anspruchs öffentlicher Idole ist das ein möglicherweise konfliktreiches Unterfangen; deshalb sollten von vornherein pragmatische Argumente in den Vordergrund gerückt werden: möglichst eine (Schwarz-Weiß-)Fotografie im Format von wenigstens 20 x 30 cm, die das Gesicht frontal (en face) und hinreichend gut ausgeleuchtet zeigt. Ein solches Porträtfoto wird in so viele gleich große Rechtecke aufgeteilt, dass jeder Schüler ein Puzzleteilchen mit der Auflage erhält, den Ausschnitt auf ein zuvor vereinbartes Format zu vergrößern. Dieses Blattformat wahrt die proportionalen Verhältnisse des Fotoausschnitts. Die Zeichen- bzw. Malblätter werden in den meisten Fällen zurechtgeschnitten werden müssen, um Maßstäblichkeit herzustellen. Ohne Kalkül geht's also leider nicht!

Ein weiteres Problem, das vorweg geklärt werden muss, liegt darin, dass kaum eine Fotovorlage ausschließlich aus anspruchsvollen und interessanten Segmenten besteht: Wer begnügt sich mit einer vergleichsweise langweiligen Schulterpartie, wer wagt sich an die vermeintlich schwierigen Nasenflügel oder an ein Auge (s. erste Abb.)? Es muss in diesem Zusammenhang eindringlich vermittelt werden, dass das Ziel der Arbeit zunächst und vor allem anderen eine ganz selbstständige Zeichnung oder Malerei ist, die eine individuelle Handschrift trägt. Ein wenig ausdrucksstarkes oder informatives Fotodetail fordert eine um so intensivere Transformation; eigene ästhetische Entscheidungen sind viel dringlicher gefragt als bei einem Teilstück, das zu naturalistischem Nachvollzug einlädt. Die Attraktivität des Ganzen steigt und fällt mit der Fähigkeit des Einzelnen, den ihm zugeteilten, vielleicht nur briefmarkengroßen Ausschnitt zeichnerisch, malerisch zu bereichern, ihn vergrößernd zugleich so aufzuwerten, dass er bildnerische Eigenständigkeit gewinnt. Dennoch muss das Ziel *Superkopf* als Motivation und Koordinationsanspruch immer bewusst bleiben und die Interaktionen bestimmen. Erst dann kann die Montage der charakteristischen Individualergebnisse zu einem Großbild ein Klassenganzes ergeben, das mehr darstellt als die Summe seiner Teile.

(Quelle und Abbildungen: Rolf Kiessling)

Intermezzi

Überraschung am Computer

Ilona Dohnicht-Fioravanti

Als Peter seinen Computer einschaltete, zeigte der Monitor etwas sehr Merkwürdiges …

Zeichne ein:

Der Fledermauskaktusstein

Ilona Dohnicht-Fioravanti

Setze in die unten stehende Tabelle Begriffe aus dem Tier-, Pflanzen- und Mineralreich ein.
Es entstehen skurrile Wortgebilde, die du zeichnerisch veranschaulichen sollst.

Beispiel
Wie wird wohl ein Fledermauskaktusstein aussehen?

Tiere	Pflanzen	Mineralien
Fledermaus	Kaktus	Stein

Cadavre exquis

Ulrike Springer

Dieses alte Gesellschaftsspiel entdeckten die surrealistischen Künstler um André Breton 1925 für ihre Zwecke:
Jeder Spieler schreibt ein Wort des Textes und faltet das Papier so, dass der nächste nichts davon sehen kann.

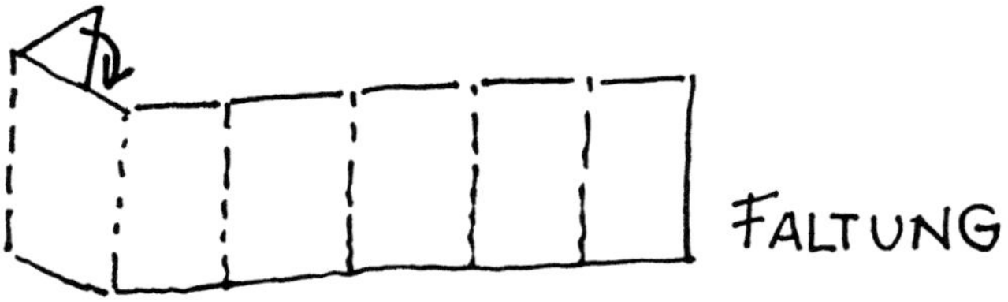

Den Namen *Cadavre exquis* – köstlicher Leichnam – erhielt das Spiel aus dem ersten damit geschaffenen Satz: Der köstliche Leichnam trinkt den jungen Wein. Einige Beispiele:

Der	köstliche	Leichnam	trinkt	den	jungen	Wein
Das	riesige	Nase	lacht	den	komischen	Apfelkuchen
Eine	vergammelte	Pinsel	meckert	das	verzauberte	Hut
Ein	hungrige	Körper	stinkt	beim	kranken	Schule

Die grammatikalisch falsche Zusammenstellung ist durchaus im Sinne der Verfasser. Sie betont das Spiel mit dem Zufall, betont den Sinn im Un-Sinn, schafft surreale Momente, die Bilder im Kopf erblühen lassen.

Wenn Schüler diese Bilder sichtbar machen, können sie Ausgangspunkt fantastischer Träume und Reisen ins Unbekannte sein. Sie können die Realität vergessen lassen, sie auf den Kopf oder in Frage stellen.
Dieses Bild lässt sich selbstverständlich auch ohne sprachlichen Umweg von vornherein bildnerisch inszenieren. Man einigt sich auf eine figürliche Abfolge, der dann die Faltung entspricht (im Hochformat): z. B. Kopfbedeckung, Kopf, Hals, Ober- und Unterkörper, Ober- und Unterschenkel, Fußbekleidung.
Das Experiment der Surrealisten kann Unterrichtshilfe für jede Art von Thema sein, wenn Formenreichtum und Fantasietätigkeit initiiert werden sollen. Spielerisch und ungeplant entstehen absurde Wesen: Ein Klavier kann z. B. als Kopfbedeckung herhalten, der Körper aus verschiedensten Pflanzen oder technischen Geräten bestehen und die Beine können die Form griechischer Säulen aufweisen. Drei Schülerarbeiten sollen den Vorgang und die vielfältigen Möglichkeiten verdeutlichen:

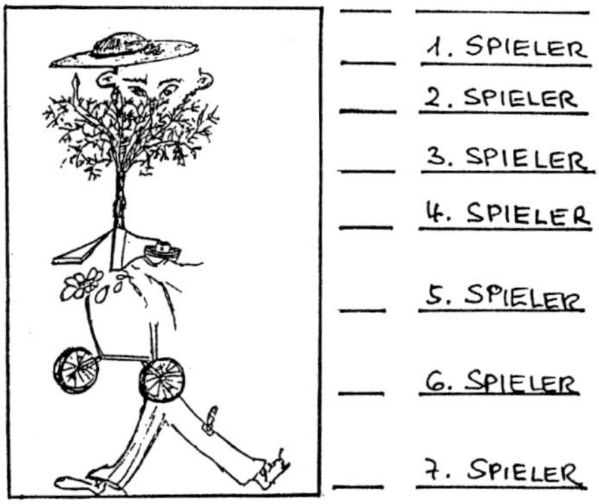

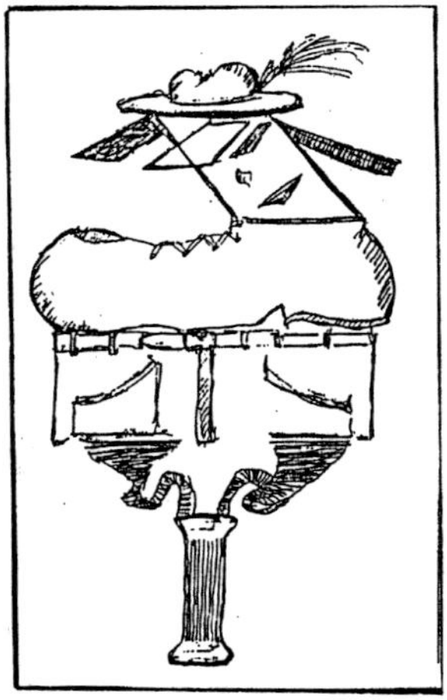

Drucken mit ungewöhnlichem Material

Styropordrucke

Linolschnitt bedeutet fast immer blutende Finger. Hochdruck mit Styropor ist völlig gefahrlos; Vertiefungen werden in die Platte eingedrückt, nicht hineingeschnitten. Bleistift, Nagel, Pinselstiel, Holzstücke u. Ä. ersetzen die Linolschnittmesser. Wie stets sind Vorteile nicht ohne Nachteile zu bekommen: Die Möglichkeiten des Verfahrens sind auf Weißliniendrucke beschränkt. Auch sind die spröde Stofflichkeit des Materials und die knirschenden Geräusche, die es bei der Benutzung absondert, nichts für schwache Nerven. Positiv wiederum: Styropor kann in Geschäften für Raumausstattung sehr preisgünstig erworben werden; als häufig verwendetes Verpackungsmaterial steht es außerdem umsonst zur Verfügung. Platten bzw. Stücke von wenigstens ca. 6 mm Dicke können, wenn man vorsichtig arbeitet, beidseitig genutzt werden. Es ist wichtig, die Linoldruckfarbe sehr sparsam aufzuwalzen, da sonst leicht die eingravierten Linien mit Farbe ausgefüllt werden. Man kann allerdings auch einmal versuchen, Tiefdruckeffekte gezielt einzusetzen.

Sollte zu wenig Farbe aufgetragen worden sein, lässt sich das durch Überdrucken korrigieren. Die Oberflächenstruktur des Materials verleiht den Drucken zusätzlichen Reiz; das erweist sich als besonders wirksam beim Mehrfarbendruck. Das Abfall- und Wegwerf-Image von Styropor legt Mehrfarbendruck mit verlorener Platte nahe: Vom ersten Zustand der Platte wird eine bestimmte Auflage gedruckt, bevor die Platte erneut graviert und mit einer zweiten Farbe gedruckt wird usw. Inhaltlich bietet sich hierfür das Thema *Zeichen* an, wobei man sich von Schriftzeichen unterschiedlicher Kulturen, von Piktogrammen, Bettlerzinken und anderen Geheimzeichen, aber auch von ornamentalen Einkerbungen, Mauerkritzeleien usw. anregen lassen kann. Die bildende Kunst bietet zahlreiche Anschauungsbeispiele von den mythologischen Zeichenfigurationen der Indianertotems bis zu Abstraktionen unseres Jahrhunderts.: Paul Klees „abstracte Schrift", Mirós Mikrokosmos, Kandinskys „Zeichenreihen" oder die Zeichenwelten des A. R. Penck und des Keith Haring.

Unregelmäßig geformte Stücke einer Styropor-Verpackung eignen sich für Stempeldrucke (auch als Gemeinschaftsarbeit), die auf großen Formaten ein Patchwork-Puzzle gestalten.

Das Druckpapier sollte in jedem Fall etwas rau und saugend sein; auf zu glattem Papier verrutschen die Platten leicht.

Abgedruckt wird von Hand; Falzbein oder Löffel können unterstützend eingesetzt werden.

Anmerkung: Subtilere Prägemöglichkeiten bietet, weil feiner strukturiert, das „Schwesterprodukt" Styrodur.

(Quelle: Ingeborg Komendera)

Milchtütenradierung

Renate Mann

Klassen 5–7
Zeitaufwand: eine Doppelstunde plus drei zusammenhängende Stunden zum Drucken

> **Material:** Milch- oder Safttüten, Radiernadel oder anderes spitzes Instrument, Tiefdruckfarbe in verschiedenen Farbtönen, alte Lappen, Gaze/Seide zum Auswischen, feuchtes Büttenpapier, Druckpresse

Bei der Milchtütenradierung handelt es sich um eine sehr reizvolle, aber auch aufwändige Technik.
Eine Metallplatte, die bei der Kaltnadelradierung üblicherweise als Druckstock dient, wird durch eine Milch- oder Safttüte ersetzt. Dazu müssen die innen mit Alu- und Plastikfolie beschichteten Behälter gereinigt und gegebenenfalls mit Spülmittel entfettet werden. Anschließend schneidet man sie auf und wählt die gewünschte „Plattengröße". Mit einer Radiernadel (es kann auch ein anderer sehr spitzer Gegenstand wie eine Stopfnadel – mit „Griff" aus einem Flaschenkorken –, Zirkelspitze oder Hautschere sein) wird nun das gewünschte Motiv in die beschichtete Innenseite geritzt. Da die Beschichtung reißt, ist die Linienführung nicht so präzise wie bei einer Metallplatte. Auch bleiben die Grate am Rand stehen und nehmen die Farbe mit auf. Die Beschichtung bietet zwar Widerstände, ist aber doch eher weich im Vergleich zu Metall. Daher darf nicht zu fest aufgedrückt werden, weil sonst Löcher in das Papier reißen.
Ist der Druckstock bearbeitet, kann gedruckt werden. Dabei geht man wie beim Drucken von Radierungen vor:

1. Zunächst wird Tiefdruckfarbe auf die bearbeitete Milchtüte verteilt und mit einem Lappen in die Linien eingerieben und anschließend flächig wieder mit Gaze abgerieben. Die abgewischten Flächen erscheinen auf dem Papier weiß oder schwach farbig, die Linie in der gewählten Farbe.
2. Dann wird der Druckstock auf den „Tisch" der Presse mit dem Motiv nach oben gelegt. Darüber platziert man das über Nacht angefeuchtete und in einer Plastiktüte aufgehobene Büttenpapier (es darf nicht zu feucht sein, vor allem nicht nass oder trocken) in passender Größe. Diese hängt davon ab, wie viel Rand um die eigentliche Radierung gewünscht wird.
3. Über das Papier wird vorsichtig der Filz gelegt und dann wird der Druckstock durch die Zylinderpresse gezogen.
4. Nun wird das Papier von der Druckplatte abgenommen, ein erster Abzug ist gemacht. Da das Material nicht so haltbar ist wie z. B. eine Metallplatte, kann man nur etwa zehn Abzüge von gleich bleibender Qualität herstellen. Dazu muss die Milchtüte immer wieder neu mit Tiefdruckfarbe eingerieben werden.

Jeder Abzug erhält eine Auflagennummer, die mit Bleistift unten am rechten Bildrand notiert wird.

Literatur: JAXTHEIMER, BODO W.: Mal- und Zeichenbuch, Büchergilde Gutenberg, Frankfurt am Main/Wien/Zürich 1971. AGTHE, ROLF U. A.: Das große Lexikon der Graphik: Künstler, Techniken, Hinweise für Sammler, Westermann, Braunschweig 1984.

Tiefdruck mit Cellonplatten

ab Klasse 8

Cellon ist ein transparentes Plastikmaterial von ca. 1 mm Dicke, das als DIN-A4-Platten zum Stückpreis von etwa 10 DM angeboten wird. Da eine Platte in bis zu acht kleinere Formate zerteilt werden kann (sie ist mit einer Schere verhältnismäßig leicht zu zerschneiden), lassen sich die Kosten in einigermaßen erträglichen Grenzen halten. Die Möglichkeiten, die das Material für den Tiefdruck – genauer: die Kaltnadel – bietet, entschädigen für den Kostenaufwand. Sie ergeben sich hauptsächlich aus seiner Transparenz, erst in zweiter Linie aus seiner Weichheit und Flexibilität.

- Wegen seiner Durchsichtigkeit ist Cellon für reproduktive Zwecke, eine wichtige Funktion des Druckens, hervorragend geeignet. Linien-, Schraffur- oder Rasterzeichnungen werden unter die Platte gelegt und nachgraviert. Die Schüler können so eigene Zeichnungen oder besonders gut gelungene Ausschnitte davon vervielfältigen. Dass sie damit ihre Produktionen zugleich beträchtlich aufwerten, versteht sich von selber: Büttenpapier, Prägung, rahmender Papierrand und Auflagennotiz mit Signatur verwandeln eine Bleistiftskizze oder Federzeichnung in einen Kunstgegenstand, der in einer bedeutenden – auch handwerklichen – Tradition steht, wie jeder Blick ins Schaufenster einer Grafikgalerie bestätigt.
- Auch ein betont reproduktives Unterfangen lässt Raum für gestalterische Varianten; die ungeübte Hand und der bei aller Weichheit dennoch spürbare Materialwiderstand zwingen oft geradezu zu Abweichungen von der Vorlage. Statt sich über „Patzer“ zu ärgern, sollte man aus der Not eine Tugend machen und die Gravur immer auch als eine Chance der Überarbeitung verstehen. Das Einkratzen und Sticheln mit der *kalten Nadel* kann sich zu einer Motorik mit ganz eigenem Rhythmus entwickeln, die Spuren in die Platten gräbt, welche die zeichnerische Struktur der Vorlage überlagern:
  Teile der Zeichnung werden von Schraffuren durchkreuzt und zu Licht-Schatten-Kontrasten verdichtet; formbildende Linien verlieren zwar an Eleganz, gewinnen aber an Dynamik des An- und Abschwellens und der korrigierenden Verdopplung usw.
- Erst einmal angeregt zu freierem oder gar experimentellem Gravieren, bieten sich den Schülern vielfältige Möglichkeiten, Vorlagen zu überformen. Umrisszeichnungen werden zu körperhaften Gebilden mit charakteristi-

scher Stofflichkeit gesteigert. Bilder mit Tonwertabstufungen können schraffiert und aufgerastert werden. Ausschnitte aus eigenen oder fremden Grafiken lassen sich improvisierend „ausspinnen“.

- Deutlich wird, dass Cellon assoziatives Gestalten zu fördern vermag. Die durchsichtige Platte verführt dazu, Motive collageartig zusammenzusetzen; sie fungiert als Suchinstrument, das aus einer Vielzahl von Bildern Details aussondert und zu einem neuen Ganzen fügt. Dank ihrer Biegsamkeit können Motivdetails auch von gerundeten Bildträgern (also z. B. von Flaschen- oder Dosenetiketten) abgenommen werden; das erfordert aber in der Regel Hilfe.
- Wenn die Jugendlichen Collage als Prinzip des Wahrnehmens, Denkens und Gestaltens zu begreifen beginnen, wird der Umstand, dass die Cellonplatte recht leicht zerschnitten werden kann, den Versuch des Puzzle-Drucks nahe legen. Sei’s, dass eine oder mehrere gravierte Platten auseinander geschnitten und neu organisiert oder dass ungravierte Plattenschnipsel und -abfälle bearbeitet und mosaikartig zusammengesetzt werden: Die Variationsbreite ist beträchtlich.

Abschließend ein technischer Hinweis:
Cellon hat eine glatte und eine leicht geraute Fläche; nur die glatte ist druckgeeignet. Das weiche Material veranlasst oft zu einer zu flachen Gravur. Die Nadel muss steil angesetzt werden; auch muss ein – für manche unangenehmes – Knirschen zu hören sein, wenn die Nadel in die Platte einritzt: Nur dann kann man sicher sein, dass die Linien tief und die aufgeworfenen Grate scharf genug sind, um das Herauswischen der Druckfarbe zu verhindern.

Frottagegrafik

Frottage

Ilona Dohnicht-Fioravanti

Bei der Frottage legt man ein Stück Papier über Gegenstände unterschiedlicher Oberflächenstrukturen, die man dann mit einem Stift auf das Papier durchreibt und sie so sichtbar macht. Die so gewonnenen Bildelemente können durch Anordnung, Mischung mit anderen Techniken u. Ä. ihren Gegenstandsbezug und Materialcharakter verlieren und zu etwas Neuem werden. Max Ernst hat diese Technik als erster Künstler in seinen Bildern verwendet.
Als Material eignen sich alle Dinge, die eine spürbar profilierte Oberfläche besitzen: Textilien, Blätter, Holzreste, Metallreste, Steine, Muscheln, Münzen u. v. m. Das Papier sollte dünn und glatt sein, z. B. dünnes Zeichen-, Schreibmaschinen- oder Pergamentpapier. Als Stifte eignen sich besonders Blei- und Buntstifte, aber auch Ölkreide, Graphit- und Rötelstifte.

Zum Fixieren der Frottagen – bei weichem Bleistift, Graphit und Rötel erforderlich – eignet sich normales Haarspray, das aus ca. 30 cm Abstand senkrecht auf das Papier gesprüht wird. Man muss bei der Sprühmenge vorsichtig sein, um eine Pfützenbildung zu vermeiden. (Haarspray ist weitaus preisgüns--tiger als herkömmliche Fixative, man sollte aber daran denken, schadstofffreie zu verwenden; auch kann sich die oft starke Parfümierung als störend erweisen!)
Frottagen eignen sich in vielfältiger Weise als Unterrichtsgegenstand: Strukturen, die sich beim Frottieren aus unterschiedlichstem Material ergeben, werden unter einem übergeordneten bildnerischen und inhaltlichen Thema kombiniert. Dabei können die Frottagen einzelner Teile (ganzer Gegenstände, Gegenstandsdetails, Gegenstandsfragmente) beispielsweise unter dem Gesichtspunkt einer Verflechtung des visuellen Reizwertes mit einer gegenständlichen Assoziation miteinander verbunden werden.
Beim Thema *Zaubervogel* verbinden die Schüler z. B. Strukturen, die an Federn, Flügel, Schnabel, Krallen usw. erinnern zu einem vogelähnlichen Wesen. Wäscheklammern können zu Flügeln, Münzen zu Federn werden usw. Aus den Verfremdungen, die noch durch fantastische Beigaben (der Vogel bekommt eine Krone, Drachenflügel u. Ä.) gesteigert werden können, entsteht ein Fabelwesen, ein Zaubervogel.
Frottageelemente werden nach möglichen bildnerischen Beziehungen geordnet, und zwar in Hinblick auf: Größe, Lage, Richtung, Helldunkel, Struktur, Raumwirkung usw. und in einen inhaltlichen Zusammenhang gebracht. Um die Bildwirkung zu intensivieren werden die Frottageelemente durch Hineinzeichnen verändert bzw. vervollständigt.
Beim Thema *Wald* ordnen die Schüler Frottageelemente z. B. nach ihrer Raumwirkung, Helldunkel usw. und ergänzen sie durch Bleistiftzeichnungen. Stamm- und Blattfrottagen neben- und übereinander gesetzt und zum Bildhintergrund verkleinert, ergeben zusammen mit Hell-Dunkel-Effekten eine perspektivische Raumwirkung.
Heterogene Ausgangsmaterialien wie Papier, Textil, Plastik usw. und heterogene Techniken wie Frottieren, Malen, Zeichnen, Collagieren u. Ä. werden in einen gemeinsamen inhaltlichen Zusammenhang gestellt. Beim Thema *Federn* oder *Blätter* kombinieren Schüler gemalte, frottierte, geklebte Federn bzw. Blätter mit entsprechenden Motiven aus Illustrierten, von Postern, Tapeten, Einkaufstüten usw. und schaffen durch die unterschiedlichen Techniken und ihren jeweiligen Realitätscharakter eine Verfremdung eigentlich ganz vertrauter Gegenstände.

Locher-Frottage

Ulrike Springer

Jedes Kind kennt das Durchreiben von Geldstücken. Dass man mit den ausgestanzten Abfällen des Lochers skurrile oder schrundige Urlandschaften erzeugen kann, muss durch Erläuterungen und kleine Entwürfe vorbereitet werden.

1. Schritt

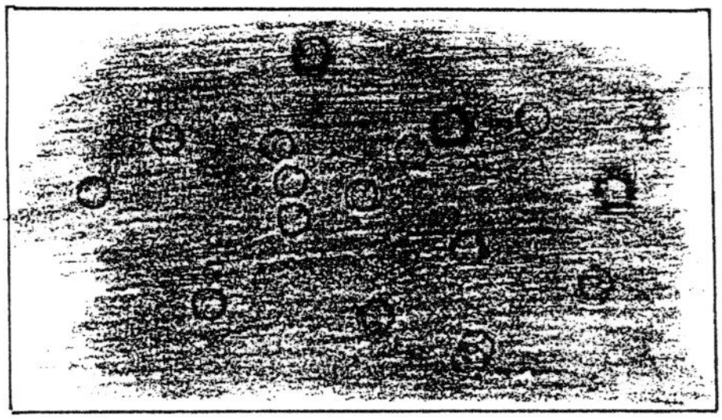

Unter ganz normales Schreibmaschinenpapier werden einige Locherreste verteilt. Es ist wichtig, das Papier gut festzuhalten oder mit Kreppband festzukleben, damit sich nichts verschiebt. Mit einem weichen B-Bleistift wird gleichmäßig über das Papier gerieben, sodass die Ränder der Locherkreise zum Vorschein kommen.

2. Schritt

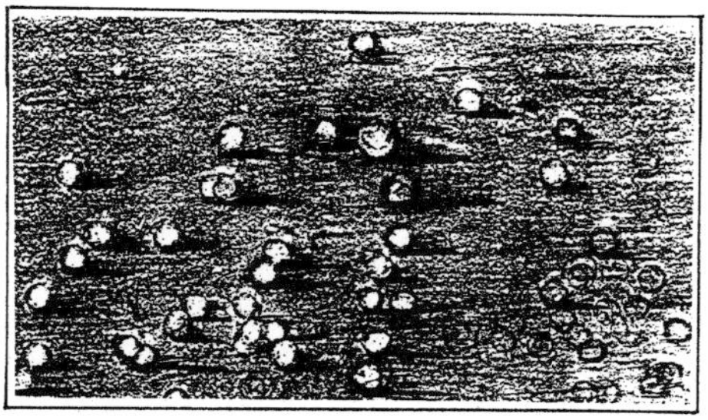

Durch Schattierungen, aber auch durch Aufhellungen mit dem Radiergummi wird die Frottage plastisch-räumlich ausgearbeitet. Einige Bildteile können unbehandelt bleiben, damit der Entwicklungsprozess sichtbar bleibt.

3. Schritt

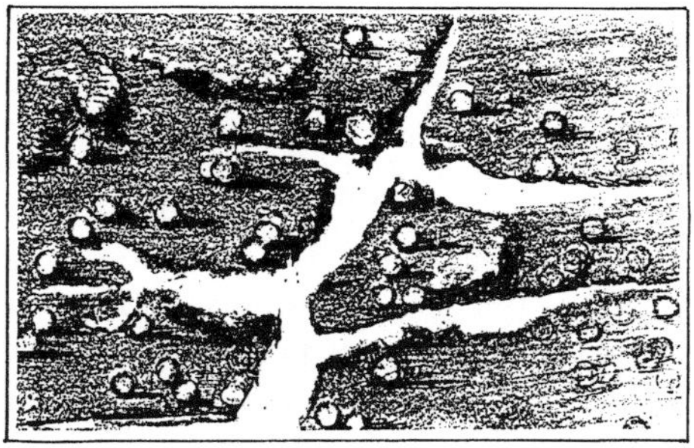

Durch Zerreißen der Frottagen oder Hinzufügen von Bildteilen aus Illustrierten und durch weitere Schraffuren und Schattierungen können Figuren, schroffe Felsen, zerklüftete Täler, Landschaften aller Art intuitiv entstehen. Die Aufforderung einen Titel zu finden, der nicht direkt im Bild ablesbar ist, gibt der Arbeit eine verfremdende Komponente, die die Aussage steigert: wie z. B. „Wenn eine Wüstenblume spazieren geht“, „Zoom“ oder „Die Kugelfresser“.

Spurensuche in der Schule

Christine Biehler

Klassen 6–7

Überall in der Schule und auf dem Schulhof gibt es lohnende Frottage-Objekte. Kleine Expeditionstrupps werden gebildet. Jede Gruppe entscheidet, welchen begrenzten Schulbereich sie auf Strukturspuren hin erforschen wird; die Ziele bleiben zunächst geheim. Ausgestattet mit weichem, dünnem Papier, blockhaften Graphitstiften und – für alle Fälle – Kreppband, begeben sich die Gruppen auf ihre Frottage-Dokumentationstour, sammeln Durchriebstrukturen: vom Plattenboden der Flure, dem Verputz der Wände, der Tür zum Sekretariat, der Rinde des einsamen Baums auf dem Pausenhof ... Gemeinsam wird ein Lageplan des ausgekundschafteten Terrains gezeichnet, auf dem die Fundorte der Frottageproben markiert werden.
Anschließend trifft man sich im Kunstraum zur Ergebnisbeschau: Wer hat die schönsten Muster entdeckt? An welchen Orten wurden welche Strukturen gefunden? Erraten die andern den Fundort? Auf welche Wege führen die Frottage-Schnipsel – als eine andere Art Schnitzeljagd? Auch technische Probleme kommen zur Sprache, bevor dann gemeinsam überlegt wird, zu welchen Themen sich welche Frottagespuren entwickeln lassen: Schulmonster, Schmutzfinken, Angstgestrüpp vor der Klassenarbeit, aber auch der Zauberwald, in den sich die Sterilität des Schulhofs verwandelt, das Fantasietier, das von ungeliebten Fächern ablenkt. Jedes Kind wählt sein Thema. Die Lagepläne helfen, die Stellen zu finden oder wieder zu finden, aus denen das eigene Werk entstehen soll. Auch die schon zusammengetragenen Probestücke können dafür mitverwendet werden.

„Fazit-Collage“

Christine Biehler

Klasse 11

Ein Halbjahreskurs mit dem Thema *Zeichnen* geht zu Ende. Die Ergebnisse sind benotet; es bleiben noch zwei Doppelstunden und die Frage: „Was tun?“ Eine Ausstellung könnte das Geleistete würdigen.
Denkbar ist eine Ausstellung besonderer Art. Von allen Zeichnungen: Strukturübungen, Sachstudien, Psychogrammen usw. werden Kopien, auch Ausschnittsvergrößerungen und Verkleinerungen angefertigt. Diese bilden das Material einer Ausstellungscollage. In das Thema führt Lautréamonts Definition surrealistischer Kunst ein: „Schön wie die zufällige Begegnung eines Regenschirms

mit einer Nähmaschine auf einem Seziertisch". Max-Ernst-Collagen verdeutlichen das ästhetische Konzept, das diese Definition umreißt: die Poesie des Widersinnigen, Überraschenden, Irrationalen.

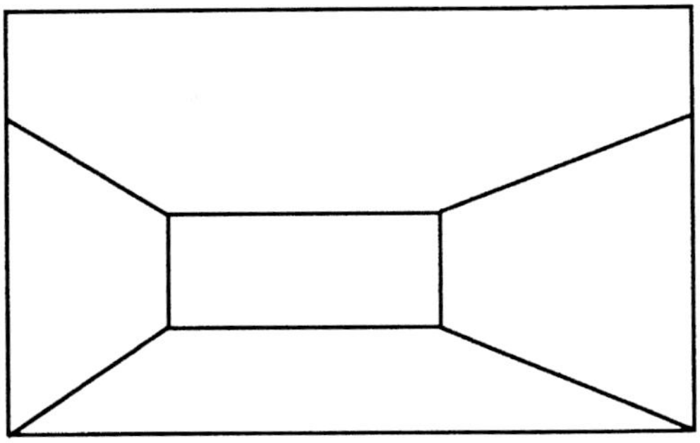

Die Aufgabe besteht darin, aus den kopierten Bildern und Bildteilen des Halbjahrs eine solche geheimnisvolle, unwirkliche Begegnung zu inszenieren. Bühne ist eine (vorgegebene) räumliche Situation, eine durch Perspektivlinien angedeutete Ausstellungskoje: Die Bilder sind von den Wänden gefallen und formieren sich – in Einzelteile zerbrochen – im Raum zu neuen bizarren Konfigurationen. Scheren und Papierkleber stehen zur Verfügung, außerdem große Papierbögen (möglichst DIN A0). Der Seziertisch ist gerichtet: Der Regenschirm kann sich auf den Weg begeben.

Malen

Malerische Inszenierungen

Ingo Wirth

Vorbemerkung

Die folgenden drei Unterrichtsbeispiele sollen verdeutlichen, wie die unterschiedlichen inhaltlichen Aspekte eines Themas dazu veranlassen können, sehr verschiedenartige Malweisen und Ausdrucksmöglichkeiten zu erkunden. Durch das Schreiben und verwandte erlernte Bewegungsroutinen sind es die Schüler gewohnt konturgenau zu arbeiten oder konturgenaues Arbeiten als Eigenwert zu sehen. Unterstützt wird diese Auffassung durch den Wunsch, Gemeintes besonders prägnant, also deutlich herauszustellen. Hinzu kommen Erfahrungen aus der Reinlichkeitserziehung, die es den Kindern erstrebenswert erscheinen lassen, nicht zu schmieren, nichts zu verwischen, keinen Schmutz zu machen. Um ein Verständnis für die spezifische Sprache der Malerei anzubahnen und weiterzuentwickeln ist es wichtig, die andersartigen, besonderen Formeigenschaften *malerischen* Ausdrucks deutlich vor Augen zu führen.
Wischen, Schmieren, Lasieren, Spritzen, Schlagen, Reiben müssen als plausible und unverzichtbare Elemente des Malens erfahren werden. Anregungen zur Vorstellungsbildung können das gezielt fördern. Werden etwa Bilder von Wolken, Rauch, Qualm, Feuer, Wasser, Wellen, Gischt, Sturmböen, Nebel, feuchten und schlierigen Strukturen wachgerufen, motivieren diese dazu, spezifisch malerische Ausdrucksmittel zu entfalten.
Malerei bietet Gelegenheit verschiedene Formqualitäten zu erkunden und als Ausdrucksmittel zu entdecken, die auf andere Weise nicht gleichermaßen angesprochen werden können: Fülle, Pracht, Stimmung, Atmosphäre. Sie leistet Grenzüberschreitungen, Synästhesien, lasierendes Überlagern, Farbklang-Synthesen, Vermischungen.
Der Umgang mit Farben, gerade auch mit flüssigen Farben wie Tempera- und Dispersionsfarben ist den Schülern jedoch oft nicht vertraut. Vor allem das Farbenmischen bereitet häufig Probleme. Hier drei Tipps, wie diesen Schwierigkeiten begegnet werden kann:

- Wichtig ist, dass auf einer großen *Palette* gemischt wird. Nur so können die Schüler ausreichende Mengen von Farbe anmischen.
  Herstellung einer Palette: Rückwand eines DIN-A3-Zeichenblocks in Form einer Palette ausschneiden, dann weiße Plastiktüte darüber ziehen. Diese Palette ist wieder verwendbar und abwaschbar.
- Beim Mischen darauf achten, dass die Farbe ausreichend bindet: Deckweiß, weiße Dispersionsfarbe oder Bindemittel in kleinen Mengen allen Farbtönen beimischen. Oder gleich Farben mit hohem Anteil an Bindemittel benutzen: Dispersionsfarbe, flüssige Schultempera, Fingerfarben oder Temperafarben in Blockform („Temperablock" Color & Co). Auch die preiswertesten Marken bieten recht gute Qualität!
- Werden die verschiedenen Farbflächen oder Farbflecke des Bildes schichtweise aufgetragen und nicht bloß nebeneinander gesetzt, können sie besser aufeinander abgestimmt werden. So kann dann eine Figur in ihrer Farbigkeit unmittelbar auf den Grund bezogen werden.

Ein Wassertropfen unter der Lupe

Klassen 5–7

> Pfützenwasser, Tümpelwasser, schmutzig, eklig – aber ein Tropfen davon unter der Lupe: ein Biotop. Was schwimmt da alles 'rum, schillert, leuchtet, bewegt sich?
> Verschiedene Einzeller, Bakterien, Pantoffeltierchen, Flimmerhärchen, Keimzellen ...

Dies soll ins Bild gesetzt werden. In einem runden Bildausschnitt zeigt sich ein schlierig grauer, verfließender Hintergrund.
Zunächst muss nun geklärt werden, was in diesem unscheinbaren Tropfen Schmutzwasser – einem Mikrokosmos – so alles enthalten sein kann. Neben verschiedenen Flüssigkeiten, die sich mehr oder weniger vermischen, können das feste Partikel sein und Kleinlebewesen.
Das Darstellen von Flüssigem und Festem sowie von Wechselwirkungen zwischen beidem führt ins Zentrum malerischer Technik. Gerade im gezielten Einsatz unterschiedlich verdünnter Farbe liegen viele Ausdrucksmöglichkeiten begründet.
Das Thema lädt durch das exotische Beobachtungsfeld dazu ein, Formbildungen zu finden, zu erfinden und malerische Effekte auszuprobieren (Verlaufen, transparentes Übermalen). Flüssigkeit, Lebewesen, Spuren und Leuchteffekte werden durch das Thema inhaltlich integriert, stellen jeweils verschiedenartige Anforderungen an den Gestaltenden und fügen sich dann im Verlauf der Arbeit zu einem Gesamtbild zusammen.
Um eine Vorstellung davon zu bekommen, wie solche „Tierchen" aussehen mögen, könnten Dias aus der Biosammlung oder Abbildungen aus dem Biologiebuch herangezogen werden. Vielleicht kann sogar ein kleiner Film gezeigt

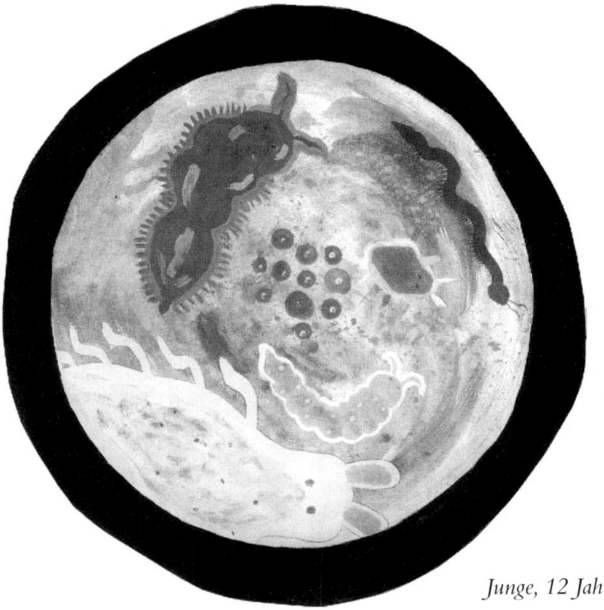

Junge, 12 Jahre

werden. Davon sollen sich die Schüler anregen lassen, solche Kleinlebewesen darzustellen oder selbst welche zu erfinden.
Dann sollte die Dramaturgie der Lupenszene angesprochen werden.

- Bestehen Wechselwirkungen zwischen Flüssigem und Festem?
- Hinterlassen die Tierchen Spuren? Leuchten sie in das Umfeld hinein? Gehen von ihnen Flüssigkeiten aus, die in das Umfeld verfließen? Saugen sie aus der umgebenden Flüssigkeit etwas in sich hinein?
- Wie ist die Wechselwirkung zwischen den „Tierchen“ gestaltet? Berühren sie sich? Stoßen sie sich ab? Vertilgen sie sich?

Hat sich ein Vorstellungsbild verdichtet, beginnt die malerische Realisierung, die in drei Phasen abläuft; das bietet Gelegenheit, verschiedene Probleme der Deckfarbenmalerei zu isolieren, die jeweils erarbeiteten Ausdrucksqualitäten aber dennoch in einem komplexen Gesamtgemälde zu integrieren.

1. Auf einem Bogen Papier oder Karton (DIN A3+) zunächst die schlierige Flüssigkeit darstellen. Dazu können dünnflüssige Farben ineinander laufen und die Fließspuren als Darstellungsmittel benutzt werden.
2. Nach dem Trocknen des Hintergrunds (Fön) den runden Lupenausschnitt aufmalen.
   Dann darin das Lupenbild in Szene setzen. Hierzu deckende Farben verwenden. Zur Verstärkung von Deckfähigkeit und Leuchtkraft die Farben mit etwas Deckweiß vermischen.

3. Spuren, welche die Lebewesen im Wasser hinterlassen, oder Leuchteffekte, die von diesen ausgehen, können im dritten Schritt mit verdünnten, transparenten Farben hinzugefügt werden.

In der zweiten Phase haben diejenigen Kinder, denen das freie, auch stark zufällige, „ungeregelte" Malen nach wie vor Schwierigkeiten bereitet, Gelegenheit zu konturierendem oder dekorativem Vorgehen, das ihrem Gegenstandsinteresse oder ihrem Ordnungs- und Schönheitssinn eher entspricht.

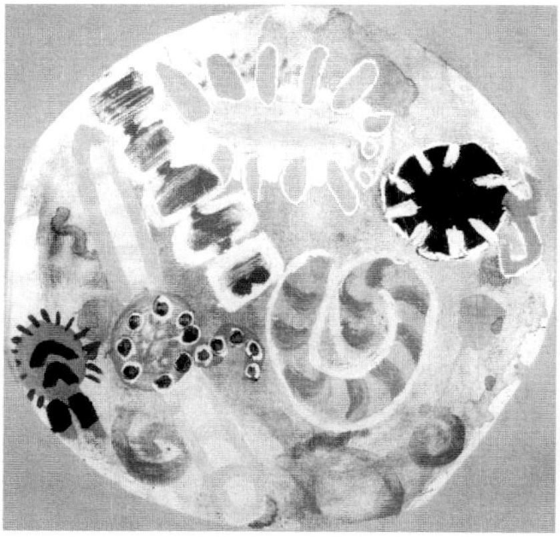

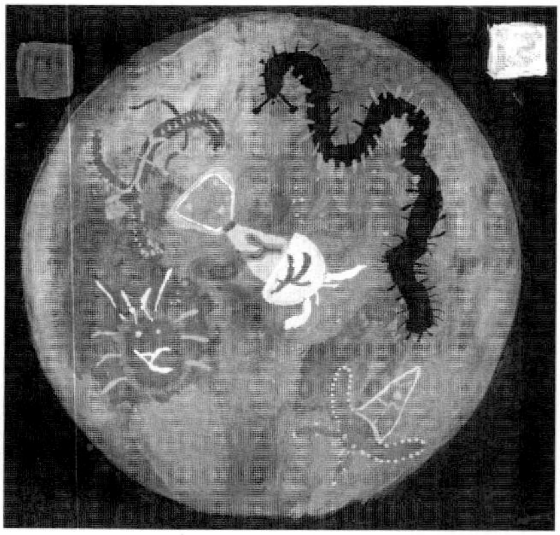

Vulkanausbruch und flüchtende Dinosaurier

Klassen 5–7

Die Kinder sollen angeregt werden, sich in eine „urweltliche" Szenerie hineinzudenken und die Mittel der Malerei einzusetzen, um sie zu veranschaulichen:

> „Vor langer Zeit, als noch die Dinosaurier lebten, kam es zu einer schrecklichen Katastrophe: Vulkane brachen aus, überall flogen Gesteinsbrocken und Lavaspritzer herum. Es qualmte und dampfte, Blitze zuckten durch den Himmel. Mitten in diesem dramatischen Geschehen befanden sich einige Dinosaurier, die nun diese Gegend fluchtartig verlassen mussten."

Zunächst soll in einem Gespräch eine Vorstellung von der Szene entwickelt werden. Die verschiedenen Möglichkeiten der Ausgestaltung der zusammenwirkenden Faktoren werden erörtert. Dabei ist darauf zu achten, dass eine erzählerische Spannung, eine abenteuerliches Erkundungsbedürfnis erwächst:

- Wie sieht eine urweltliche Landschaft aus?
- Kann man sehen, wie der Berg Feuer spuckt? Kann man sehen, wie eine Rauchwolke die Landschaft überzieht? Kann man Rauch, Dampf und Feuerschein unterscheiden? – Wird deutlich, wie die Dinosaurier reagieren?

Mädchen, 10 Jahre (oben und unten)

- Landschaft, Wolken und Dinosaurier stellen keine übergroßen Ansprüche an die darstellerischen Fähigkeiten der Kinder und können auch in frühkindlich einfacher Ausformung erscheinen. Das Hauptaugenmerk gilt der variablen malerischen Umsetzung.

Die drei Probleme: Landschaft, Vulkanausbruch und Tiere stellen jeweils verschiedenartige Anforderungen an den Gestaltenden, fügen sich aber im Verlauf der Arbeit zu einem Gesamtbild zusammen; diese Dreiteilung bietet Anlass, Anwendungsmöglichkeiten der Deckfarbenmalerei zu isolieren, die jeweils erarbeiteten Ausdrucksqualitäten aber dennoch in einem komplexen Gesamtgemälde zu integrieren:

- in der ersten Phase die Strukturen der Landschaft (tonig-deckende Malerei in großzügig gestalteten Formkomplexen);
- dann die amorphen Gase, Dämpfe, Explosionen, Qualmwolken (Wischen, Spritzen, transparente Farbschlieren, deckende, grellfarbige Farbakzente);
- schließlich die detaillierten Form- und Strukturkomplexe der Tiere (deckende Farbmodulationen, Konturierung ...).

In dieser Reihenfolge gemalt, entkommen die Dinosaurier der Katastrophe: Sie überdecken das Tohuwabohu aus Lava, Dampf und emporgeschleudertem Gestein.
Um das noch deutlicher hervorzuheben, ließen sich die Tiere auch gesondert, d. h. auf einem Extra-Malpapier gestalten, ausschneiden und in das dramatische Naturgeschehen collageartig hineinkleben und übermalen. Auch plastische Ausführungen können im Anschluss oder alternativ erwogen werden (vollplastisch, teilplastisch, Relief ...).
Will man die flüchtenden Tiere den Gefahren unmittelbarer aussetzen, verändert man die Reihenfolge, sodass Feuer, Dampf, Geröll zum Abschluss des Malens auch die Dinosaurier einhüllen, verletzen, verschütten können.
Auf einem Bogen Karton, Format möglichst DIN A2, kann mit Pinseln von 5, 10, 20 und 40 mm sowie mit dem Lappen gearbeitet werden. Neben den Deckfarben sollte wischfestes Deckweiß (z. B. Dispersionsweiß) verarbeitet werden, um das schichtweise Übereinandermalen zu erleichtern. Paletten (Pappteller?) müssen bereitgehalten werden, um Farbmasse anrühren zu können. Zwischen den drei Arbeitsphasen müssen die Bilder getrocknet werden (zur Beschleunigung: Fön benutzen? Wegen Unfallgefahr weit entfernt vom Waschbecken anschließen!!!). Während der Wartezeit können Skizzen von den Dinosauriern angefertigt werden (Studien zu Proportionen und Körperhaltung).
Je nach individueller Konstitution wird der eine Schüler eher die dynamischen (Wolken, Blitze usw.) ein anderer eher die geordneten Elemente (Landschaftsrelief) oder auch die beobachtend darstellerischen Momente (panische Tiere) deutlicher hervorheben.

Alternative – Reiter in Wind und Wetter
Als thematische Alternative sei hier Goethes Ballade „Der Erlkönig" genannt. Auch hier bestimmt die Verschmelzung von Naturereignis und gegenständlicher Handlung den Inhalt: Nebel und windbewegte Vegetation lassen in der Fantasie des Kindes spukhafte Gestalten entstehen, die sich am Ende seiner bemächtigen. Die drei thematischen Aspekte: Baumlandschaft, neblige Nacht, dahinreitende geängstigte Menschen können wieder in getrennten Malphasen gestaltet werden, die aber dennoch ineinander greifen müssen, um das Verzerrende, spukhaft Changierende der fantastischen Visionen zu verdeutlichen: Die Szene entsteht in Schichtungen aus dem Malprozess heraus.

Junge, 11 Jahre

Differenzierendes, strukturierendes Wahrnehmen

Ulrike Springer

Klassen 5–6

Schüler der 5. und 6. Klasse haben noch die Angewohnheit, Formen stark vereinfachend darzustellen und vor allem additiv aneinanderzufügen. Überschneidungen werden vermieden. Farben werden zunächst undifferenziert ohne Abmischungen meist direkt aus dem Farbkasten aufgetragen.

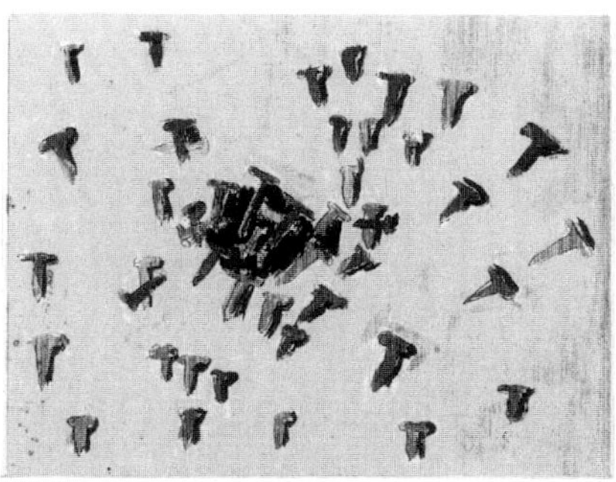

Die folgenden Themen sollen zu genauem Hinsehen veranlassen und Möglichkeiten eröffnen, hypotaktische Formzusammenhänge herzustellen und farbig zu unterstützen. Dabei ist es wichtig, Form- und Farbwahrnehmungen stets auch inhaltlich zu deuten, also z. B. das Verhältnis von Klein- zu Großformen als Spannung zwischen schwach und mächtig, ängstlich und selbstbewusst usw.; Formeigenschaften als Ausdrucksqualitäten: unruhig, verspielt, spröde, zart ... Das gilt auch für Farbwerte und -konstellationen, die z. B. Empfindungsnuancen spiegeln, aber auch das Wichtige vom weniger Wichtigen, das Besondere vom Allgemeinen, das Offenbare vom Versteckten unterscheiden helfen.

Werkzeugkasten

Wenn man z. B. den Schraubenbehälter eines Werkzeugkastens auskippt, entsteht ein unübersichtliches Durcheinander. Genauer beobachtet, werden Ordnungen wie Streuung, Ballung, Leerflächen sichtbar; man erkennt unterschiedliche Sorten, Größen, auch vielleicht Gebrauchsspuren, Rost, Verbiegungen usw. Jetzt kann man beginnen Geschichten zu entdecken oder zu arrangieren: von der Reise ins Ungewisse, der Flucht vor Gefahren oder

der Solidarität auf Grund eines unerwarteten Wintereinbruchs. Diese dann zeichnerisch oder malerisch zu formulieren lässt ganz selbstverständlich Überschneidungen und Abstufungen entstehen.

Vogelperspektive

Felder, Wiesen, Wege bilden Flächen, Formen und Farben vielfältigster Art, die aus der Höhe betrachtet, sich zu reizvollem Patchwork ausbreiten. Anschauungsmaterial findet sich in Illustrierten und Erdkundebüchern. Es kommt darauf an, Struktur- und Farbzusammenhänge aus der gegenständlichen Vorlage abzuleiten, die etwas über den landschaftlichen Ausschnitt aussagen: über die strenge Ordnung agrarisch genutzter Flächen etwa oder das Spazierengehen auf geschwungenen Wegen im Park.

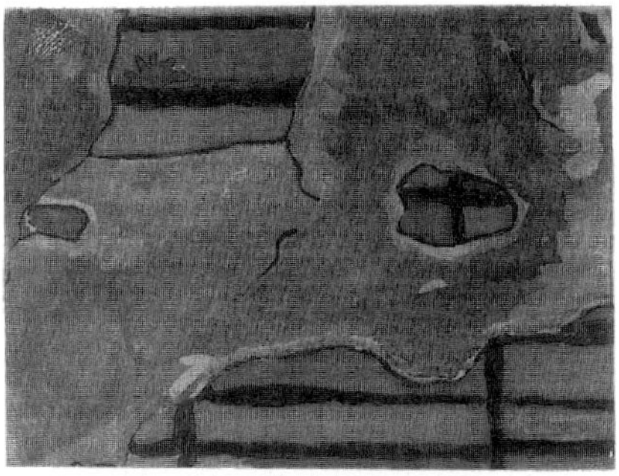

Wände

Palimpseste deuten Geheimnisse an: Überdeckungen malend nachzuspüren, Prozesse des Alterns, Zerfallens nachzugestalten und Zeitschichten sichtbar zu machen, kann ein detektivisches Spiel werden, das Struktur- und Farbreichtum fördert, aber genaues Hinsehen voraussetzt. Mehr noch: Bei diesem Thema müsste auch der Tastsinn geprüft werden; Frottagen bieten die Chance, das mit den Augen und Fingern Ertastete bildhaft zu sichern.

Sie können als Anschauungshilfe beim anschließenden Malen dienen oder auch direkt übermalt werden.

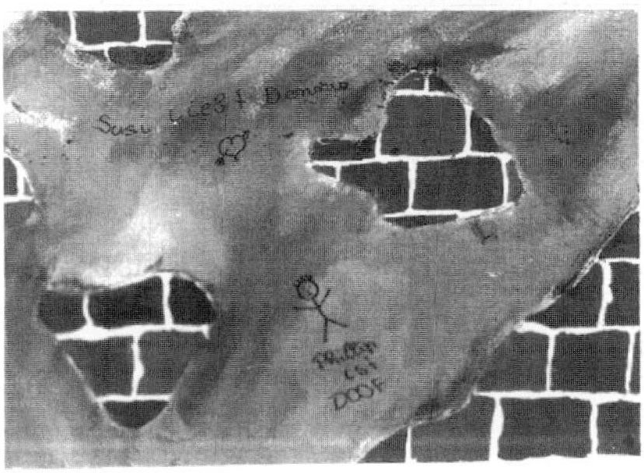

Geknittertes Papier

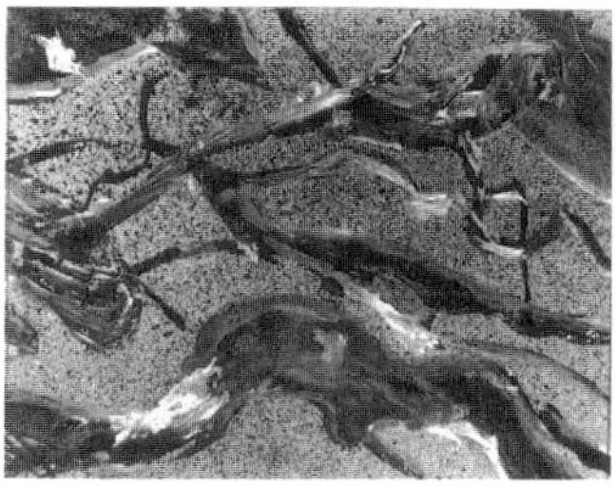

Papier zerknittert, auf einen festen Untergrund aufgeklebt und mit grau-brauner Wandfarbe bemalt, dient als plastisches Anschauungsmaterial zum Studium von Form-, Hell/Dunkel- und Farbverläufen. Hieraus können Landschaften auf dem Mars oder Grotten mit farbigen Valeurs und Licht-Schattenspielen entstehen.

Weitere Vorschläge

Netze oder Gewebe werden von Fischern entwirrt, ausgebreitet und geordnet; ein aufgeschnittener Kopf Rotkraut wird auf dem Markt als Zeichen für Qualität feilgeboten; Pizza mit fantasievollem Belag soll Lust auf Essen erzeugen; zerrissener Stoff wird genäht, grob geflickt oder zum Wegwerfen zerknüllt.

Drei-Minuten-Bilder

Klassen 6–9

Die folgende Aufgabe setzt Erfahrung mit Form-Farb-Variabilität voraus. Für jeden Schüler werden zwölf Papiere (Format ca. 15 x 15 cm) vorbereitet. Sie werden von 1–12 nummeriert und in dieser Reihenfolge benutzt. Die Arbeit an jedem dieser Blätter wird zeitlich begrenzt: Alle drei Minuten wechselt man zum nächsten über. Die Näpfe des Farbkastens müssen vorher angefeuchtet werden, damit schnell Farbe gelöst und malbereit ist. Gespannte Erwartung entsteht. Spielregel: Jeder soll sich ganz spontan für bestimmte Farben und Formen entscheiden, mit diesen dann möglichst unbekümmert frei umgehen. Das Blatt sollte möglichst gänzlich mit Farbe bedeckt sein, wenn die Zeit abgelaufen ist. (Zeitmessung durch die Lehrerin.)
Am Ende werden die entstandenen Bilder mit ca. ½ cm Abstand in der Reihenfolge von 1–12 auf ein großes Blatt aufgeklebt. Das Ergebnis ist frappierend. Die Bildteile fügen sich meist zu einem harmonischen Ganzen, da durch die rasche Abfolge Formen und Farben so variiert und weiterentwickelt werden, dass sie zu einem Gesamteindruck verschmelzen.

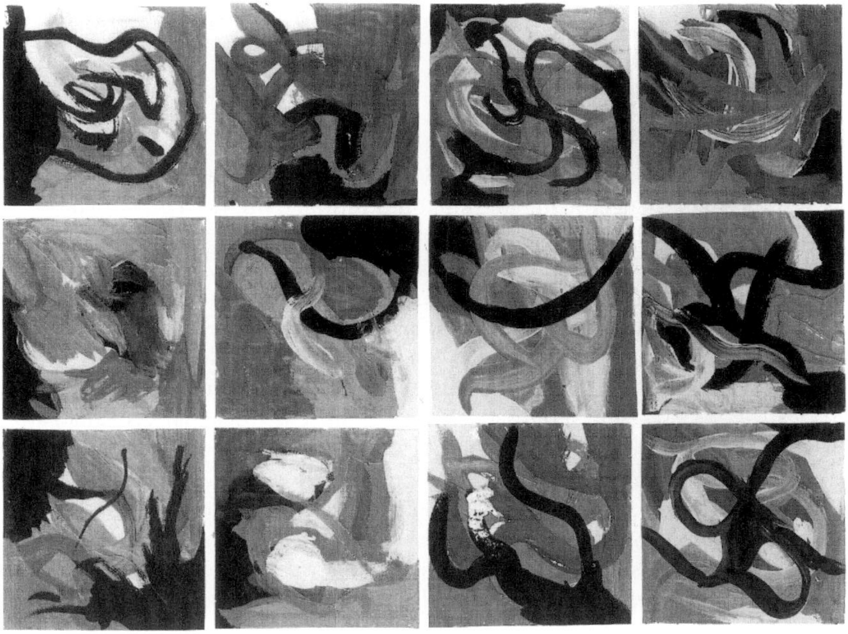

Bewegung malen mit ungewöhnlichen „Pinseln"

Ulrike Springer

Klassen 5–8

Experimente mit unkonventionellen Werkzeugen erleichtern die Bereitschaft, Konturen aufzulösen, großzügige Bildkompositionen mit bewegter Struktur zu erzeugen.
Die Schüler werden aufgefordert, Hartfaserreste, Pappen, kleine Holzleisten mitzubringen. Das Material sollte nicht sauber geschnitten sein, sondern gebrochen, gesplittert. Deshalb eignen sich trockene Äste ebenso. Außerdem: Schwämmchen, Bürsten, Schraubenzieher, Gabeln und vieles mehr.
An der Tafel werden einige große Bogen Papier befestigt, um den Einstieg vor der ganzen Klasse zu demonstrieren. Z. B. wird ein trockener Ast mit Farbe bestrichen, dann mit der Spitze und quer über das Papier gezogen. Für die weiteren Blätter kann man Schüler aktiv einbeziehen.
Ein Strich, Streifen, verschiedene Spuren entstehen. Jetzt soll geraten, gedeutet werden. Durch Assoziationen bekommen die Zeichen Leben, Mehrdeutigkeiten werden erfahrbar. Ist hier ein ausgetretener Weg im Schnee zu erkennen oder eine Wunde? Ist der kleine zufällige Klecks eher ein Mensch im Strudel eines Sturmes oder zeigt das Bild einen Ausschnitt aus dem Weltall?

Schüler, 6. Klasse

Achtung: Man sollte unbedingt betonen, dass es nicht nötig ist, etwas Bestimmtes erkennen zu können und dass es auf keinen Fall darum geht, im Malprozess schon eine inhaltliche Absicht zu verfolgen. Ziel ist zunächst lediglich *Bewegung* im Bild sichtbar zu machen.
Jetzt ist spätestens der Augenblick erreicht, der keiner Anleitung mehr bedarf. Einige haben bereits ungeduldig und begeistert die ersten Versuche gestartet. Jeder sollte etwa fünf bis sechs Blätter herstellen.
Und ganz zum Schluss werden alle aufgefordert, auf der Rückseite zu beschreiben, wie und wo im Bild *Bewegung* am deutlichsten sichtbar geworden ist und um welche Art Bewegung es sich handelt: eine kreiselnde, hu-

schende, daherpolternde, nach allen Seiten wegzischende oder eine zielstrebig dahinziehende ... Aus solchen Beschreibungen entstehen Szenarien, die nun zu erneuter – diesmal absichtsvoller – Malaktion auffordern.

Farben hören, Klänge malen

Robert Hötzel

ab Klasse 6

Die Verschmelzung unterschiedlicher Sinneseindrücke, emotionaler Empfindungen und inhaltlicher Assoziationen lässt Klangfarben und Farbklänge entstehen, färbt den Neid gelb, den Celloton goldbraun, Farbkombinationen wirken schreiend, Synkopen stolpern ... Synästhesie war schon Gegenstand romantischer Kunsttheorie und Erfahrung barocker Mystik, bevor Kandinsky und andere die Grenzen zwischen Malerei und Musik öffneten.

Aus Edvard Griegs Peer-Gynt-Suite erklingt *Morgenstimmung*. Die Schüler hören sehr konzentriert zu, möglichst mit geschlossenen Augen. Sie kennen den Musiktitel nicht, lassen sich einstimmen in den Grundklang und die Bewegung der Musik. Vor dem ersten Hören werden sie angehalten, zunächst vor allem Hell-Dunkel-Eindrücke zu registrieren und das spezifische Tempo, den Rhythmus, den *Puls* der Musik nachzuempfinden.

Beim zweiten Hören sollen Farben, farbige Entwicklungen und inhaltliche Assoziationen bewusst wahrgenommen werden, z. B. helles Gelb, aufklarendes Blau, zartes Grün – aufblühende Natur, Frühlingsfrische ... Die gewonnenen Eindrücke werden gesammelt und miteinander verglichen; ein Titel wird gesucht, der die gemeinsamen Wahrnehmungen zusammenfasst.

Auf großformatigen Papieren übertragen die Schüler nun das Gehörte und hörend Gesehene in Malerei. Farbwahl und Farbauftrag drücken die Stimmung aus, die die Klänge erzeugen. Der malerische Gestus, die Motorik entsprechen dem Rhythmus der Musik, der sich in Farb-Form-Chiffren abbildet. Die Malerei entfaltet sich frei, ohne gegenständliche Bindung. Die Musik, auf Kassette mehrmals hintereinander aufgenommen, begleitet die malerische Aktion.

Die Ergebnisse sind farbige Partituren, die im Musikunterricht von einer Parallelklasse instrumentiert und gespielt werden können. Mit einer Klang-Bild-Collage aus Diaprojektionen, Live-Klängen und der vom Band eingespielten Grieg-Musik lässt sich die fächer- und klassenverbindende Zusammenarbeit wirkungsvoll dokumentieren.

Das Porträt einer Farbe

Klassen 9–11

Jugendlichen soll bewusst werden, dass Farbe nicht nur eine attributive, sondern eine eigenständige, aus sich heraus wirkende Qualität darstellt. Um das so eindringlich und unmittelbar wie irgend möglich zu vermitteln, wird der Unterrichtsraum zu Beginn farbig verwandelt. Theaterleuchten mit Farbfolien überfluten alles mit der aus dem Spektralbereich ausgewählten Farbe. Diese Primär- oder Sekundärfarbe wird nun durch Folienwechsel moduliert: nach Hell-Dunkel, Kalt-Warm usw.
Die Schüler sind angehalten, sich körperlich, emotional und bewusst registrierend dieser Inszenierung auszusetzen. Sie vergewissern sich ihrer Befindlichkeit und deren Korrespondenz zu den flutenden Farbmodulationen. Welcher Farbton bedrängt, beschwichtigt, wärmt, beunruhigt mich, ist mir vertraut, unangenehm, wirkt ermutigend, einschläfernd ...?
Eine Wiederholung des Schauspiels bietet Gelegenheit, Assoziationen einander mitzuteilen. Eine gezieltere Wahrnehmung wird dadurch begünstigt, dass sich der jeweilige *Raum-Farbklang* als Diaprojektion auf einer Wand wiederholt, nun aber zu einem Bild begrenzt, das auf die folgende Malaufgabe vorausweist: Auf DIN-A3-, besser DIN-A2-Formaten soll mit Dispersionsfarbe und breitem Borstenpinsel ein Porträt des Farbzustands oder der Farbvarianten entstehen, zu dem bzw. zu denen stärkste Affinität wahrgenommen wurde. In der Malerei materialisiert sich das Erlebnis: Farbe wird greifbar, nimmt Form an.

(Quelle: Bianka Koreis)

Malerische Bildergänzung

Klassen 5–6

Einen vorgegebenen farbigen Bildausschnitt malerisch weiterzuentwickeln, ist als Übung durchaus geläufig, wenn es darum geht, Farbwahrnehmung zu schulen: Die Kinder lernen Farben zu mischen und deckend aufzutragen. Ältere Schüler studieren auf diese Weise z. B. die Malweise der Impressionisten.
Wie lässt sich diesem eher instrumentellen Nutzen ein inhaltlicher Sinn hinzugewinnen?
Soll das Bildfragment, das die malerische Ausgangssituation darstellt, imaginative Impulse freisetzen, muss es inhaltliche Identifikationsangebote enthalten, also an Erfahrung und Fantasie der Kinder anknüpfen. Es wird Elemente bildnerischer Themen und Gestaltungsweisen, die aus früheren Aufgaben vertraut sind, mit anregend Neuem verbinden, das zu inhaltlichen und formalen Abenteuern ermuntert. Die Vielschichtigkeit und farbige Intensität von Kunstwerken qua-

lifiziert diese vorrangig für die erhoffte Fantasiearbeit. Reproduktionen z. B. aus Kunstkalendern bieten sich als Material an. Ein Bildausriss sollte groß genug sein, um vielfältige Informationen zu enthalten, und so klein, dass er sein Geheimnis bewahrt. Bewusst ist von Bildausriss die Rede: gerissen entfaltet das Fragment vermutlich eine expansivere Kraft, die gesteigert wird, wenn ein inhaltliches Motiv zwar erkennbar, aber nicht vollständig zu erschließen ist.

West-Ost: Eines Tages sollte jemand ein Bild malen. Derjenige nahm ein verzaubertes Blatt. Er malte ein Bild darauf und wie es dann fertig war, wurde es Wirklichkeit. Der Vogel im Käfig hieß Oral. Er fraß sehr viel. Die verschiedenen Farben sind deshalb so, weil es ein buntes Zimmer sein soll. Der Blumentopf ist für Oral gedacht. Manchmal kommt jemand und liest ihm was vor vom Goethebuch.

Chau Phi Pham

Damit jedes Kind das Fragment erhält, das ihm zusagt, muss eine große Auswahl angeboten werden, die keine Streitereien aufkommen lässt. In einer zeitlich reich bemessenen Phase des Betrachtens, Prüfens, Zeigens stellen sich Offenheit und Neugier ein, die das Vorstellungsvermögen produktiv beleben. Wenn jedes Kind sein Bildpartikelchen gefunden hat, wird es sich wiederum viel Zeit dafür nehmen, den Assoziationen nachzuspüren, die es zu dieser Wahl veranlasst haben. Aufgefordert, das Bildfragment auf dem Zeichenblatt ganz gemächlich spazieren zu führen und sich dabei immer neue Umräume vorzustellen, werden die Kinder endlich diejenige Stelle finden, an der es zur Keimzelle eines eigenen Bildganzen werden kann. Es entsteht eine neue Welt, in der man zu Hause ist, was folgerichtig dazu führt, das Bild erzählend fortzusetzen. Ein Beispiel: Chau Phi Pham ergänzt Mirós *Nord-Sud* von 1917 um seine Lebensrichtung *West-Ost*; Er ist Vietnamese, der in Deutschland lebt. Seine kleine Geschichte lässt auf poetisch verschlüsselte Weise erahnen, was dieses Kind bewegt.

(Quelle und Bild-/Textmaterial: Dorothea Wickel)

Farbe – Foto

Renate Mann

Porträtfotos kolorieren

Klassen 10–13
Zeitaufwand: ca. zwei bis drei Doppelstunden, ohne Laborzeit

Material: Kameras, Schwarzweißfilme 100 ASA, Lebensmittelfarben, Aquarell- oder Deckfarben, Filzstifte, Aquarellkreiden, wasserunlösliche Filzstifte, Marker, schwarzer Kaffee oder Tee, Schüsseln für warmes Wasser, Spülmittel.
In der Schule muss die Mindestausstattung eines Fotolabors zur Entwicklung von Schwarzweißfilmen und zur Vergrößerung und zum Herstellen von Schwarzweißfotos vorhanden sein.

Nicht der Franzose Daguerre erfand – wie irrtümlich behauptet – den fotografischen Prozess, sondern sein Partner Niépce. Das war 1826. Der offizielle Geburtstag der Fotografie wurde aber von der französischen Regierung für den 19. August 1839 festgelegt und Daguerre als Erfinder gefeiert.
In einem Zeitalter grundlegender sozialer Veränderungen wuchs der Bedarf an Porträts stark an, ca. 95 % aller Daguerreotypien waren Porträtdarstellungen. In vorhergehenden Zeiten konnten sich nur Reiche ihr eigenes gemaltes Bildnis leisten. Porträtmalerei florierte aber auch noch im 19. Jh. Vor allem die preisgünstigen Miniaturmaler hatten eine große Kundschaft, die die naturalistische Darstellung der Daguerreotypie fürchtete, die als wenig schmeichelhaft empfunden wurde. Bald entkräfteten diese Künstler jedoch die Befürchtungen: Sie kolorierten und retuschierten fotografische Aufnahmen, um den Schönheitsidealen der Kundschaft zu entsprechen. Mit der Erfindung des Farbfilms verlor die Kolorierung an Bedeutung. Heute haben jedoch zeitgenössische Künstler die Technik der Handkoloration für gestalterische Zwecke neu für sich entdeckt.
Man kann nicht davon ausgehen, dass Schüler hochwertige Kameras besitzen. In den meisten Fällen wird es sich vermutlich um automatische Kompaktkameras mit 35 bzw. 38 mm Brennweite handeln. Da im Labor Ausschnittsvergrößerungen vorgenommen werden können, ist es unerheblich, ob nun eine Kamera mit Teleobjektiv zur Verfügung steht oder nicht.
Fotografieren ist nicht billig, daher bietet es sich an, dass immer sechs Schüler eine Kamera mit einem Schwarzweißfilm mit 36 Aufnahmen und 100 ASA zur

Verfügung haben. So können sechs verschiedene Porträts von jedem Gruppenmitglied entstehen. Für die Aufnahmen sucht man sich am besten einen Tag mit verhangenem Himmel aus, weil das diffuse Licht die Haut glatter erscheinen lässt. Ein ruhiger Hintergrund, ein Tuch oder eine Wand, lenken nicht von dem Bildinhalt (hier das Gesicht) ab. Kontrastreicher wirken Dunkelhaarige vor hellem Grund, Hellhaarige vor dunklem Grund.

Ehe man nach dem Entwickeln mit der eigentlichen Arbeit beginnt, ist es sinnvoll, an einigen Beispielen die Möglichkeiten des Kolorierens zu erläutern. Dazu bieten sich historische Fotos an (vom Flohmarkt oder aus den Familienalben) oder, als Beispiel aus der Gegenwartskunst, Bildnisse von Andy Warhol, der Fotos für seine Siebdrucke verwendete.
Zunächst wird das Foto 15 bis 20 Min. in warmem Wasser mit einem Tropfen Gallseife oder einfachem Spülmittel (ca. 6 Tropfen auf 100 ml Wasser) gewässert. Dadurch nimmt die Oberfläche besser die Farbe auf. Dann wird das Foto mit einem Klebestreifen auf einer Unterlage befestigt. Für das Kolorieren eignen sich starker Schwarztee und Kaffee, Lebensmittelfarben, Aquarellfarben, Deckfarben, wasserlösliche Buntstifte und Kreiden und die im Handel angebotenen Retuschierfarben (Eiweißlasurfarben).

Um Schwarzweißbilder gezielt (z. B. Patinieren, Akzentuieren, Verfremden) farbig zu gestalten, gibt es verschiedene, einfache Verfahren:

1. Möchte man ein Bild in einer einheitlichen Farbgebung haben, wie es auf das Patinieren zutrifft, wird das Foto ohne Vorbereitung 15 bis 20 Min. in eine Farblösung gelegt. Das kann Kaffee oder Tee sein (nostalgischer Sepiaeffekt) oder aufgelöste Batikfarbe im gewünschten Farbton. So können Bilder ohne großen Aufwand künstlich gealtert oder monographisch manipuliert werden.
2. Sollen nur einzelne Partien eingefärbt werden, kann man sich eine sog. Maske herstellen, d. h. der zu kolorierende Bildausschnitt wird aus einer Folie ausgeschnitten, der Rest auf diese Weise geschützt. Lebensmittelfarben werden sehr verdünnt in Wasser aufgelöst und dann mit einem feinen Pinsel oder Wattestäbchen aufgetupft. Dabei können unterschiedliche Farbschichten nacheinander aufgetragen werden. Wird eine intensivere Tönung gewünscht, muss dieselbe Farbe öfter aufgetragen werden. Lebensmittelfarbe lässt sich im Unterschied zu Eiweißlasurfarben noch während des Arbeitsprozesses entfernen und erneut auftragen.
   Dieses Verfahren eignet sich gut für farbtheoretische Experimente: Dazu werden Abzüge gleichen Bildinhaltes unterschiedlich koloriert und miteinander in ihrer Wirkung verglichen und in Beziehung gesetzt.
3. Das Bearbeiten eines Fotos mit Filz- und Buntstiften oder mit Kreiden erfordert einiges Geschick, weil der Strich bei zu viel Wasser ausläuft oder fleckig wird. Auch bei Deck- und Aquarellfarben kommt es auf die Pinselführung an: Je fester man aufdrückt, umso mehr verläuft die Farbe.

Um Fotos zu akzentuieren, können Kontraste verstärkt oder geschaffen, die Gesichtszüge karikaturhaft hervorgehoben und verändert oder mit zusätzlichen Farbfeldern plakative Wirkungen erzielt werden.

Anmerkung: Zum Üben kann man in Fotolabors und bei den Tageszeitungen nach misslungenen Schwarz-Weiß-Abzügen fragen. Oder man macht ein paar Abzüge mehr.

Variante: Flächig kolorierte Porträts können nach dem Trocknen weiter bearbeitet werden. Dazu eignen sich wasserunlösliche Filzstifte, Marker, Tusche, bunte, transparente Papiere oder Folien (mit Klebestift aufgeklebt).

Literatur: KOSHOFER, GERT: So macht man bessere Fotos, Falken, Niedernhausen/Ts. 1990/1992. Sehen-Wahrnehmen, Fotografie, Geo Extra, Heft 2, Gruner + Jahr, Hamburg 1996. MARTIN, JUDY/COLBECK, ANNIE: Kolorieren in der Fotografie, Verlag Photographie AG, Schlagbaumstr. 6, Postfach 365, CH-Schaffhausen/Schweiz, 1989. HONNEF, KLAUS: Andy Warhol, 1928–1987, Kunst als Kommerz, Benedikt-Taschen, Köln 1989. KIMBALL, WARD: Wer frisierte Mona Lisa? Alte Meister neu gesehen. Heyne, München 1986.

Dias malen

Zeitaufwand: mindestens eine Doppelstunde

Material: Dia-Klapprähmchen, verglast, Glasmalfarben auf Lösungsmittel- oder Wasserbasis, Konturenpaste, Tusche, farbige Transparentfolie, Haarpinsel Nr. 1 und 2, geringe Menge Terpentin, alte Lappen, Nitrolösung oder Wasser zum Reinigen der Pinsel, Diaprojektor

Es ist eher ungewöhnlich, dass im Kunstunterricht Schüler angeregt werden, abstrakt zu malen: Vor allem jüngere Kinder malen bevorzugt themenorientiert und figurativ. Einen faszinierenden Einstieg in ein Malen rein aus der Farbe heraus bietet die Herstellung von Dias mit Glasmalfarben.
Mit einem sehr feinen Haarpinsel (Nr. 1 oder 2) werden Glasmalfarben direkt innen auf die Glasplatte eines Diarahmens aufgetragen. Strukturen erhält man, indem man z. B. mit einem Zahnstocher Linien über den Farbauftrag zieht. Schwarze Konturenpaste, in Tuben abgefüllt, die vorne mit einer feinen Düse versehen ist, eignet sich, Linien oder Formen auf das Glas aufzubringen und dann mit Glasmalfarbe weiterzuarbeiten. Tropft man zwei oder drei Tropfen Terpentin oder Wasser (je nach gewählter Farbe) auf die gestaltete Glasfläche, verändern sich Farbintensität und Farbauftrag während des Betrachtens. Als Diaprojektor ist besonders einer zur Einzelbildbetrachtung mit einem lichtstarken Objektiv geeignet. An manchen Schulen sind diese noch vorhanden oder aber die Bildstellen leihen sie aus. Zum Ausprobieren reichen eine teilweise Verdunkelung und eine weiße Wand. Erst bei der eigentlichen Vorführung sollte auf eine große Leinwand projiziert werden. Bis zum endgültigen Trocknen der Farben (ca. zwei bis drei Stunden) können die Diarähmchen immer wieder

geöffnet und neu gestaltet werden. Die Pinsel müssen in Pinselreiniger oder Wasser gereinigt werden, weil sie sonst unbrauchbar werden.
Von diesen Dias können in Foto-Geschäften Positiv-Abzüge in beliebiger Größe gemacht werden. Oder die Arbeitsgruppe entscheidet sich für ein Dia, das ganz groß auf eine Wand projiziert und mit Farbe nachgestaltet wird.

Variante: Schon vorhandene Lichtbilder, die die Schüler entweder von zu Hause mitbringen oder während des Kunstunterrichts selbst fotografieren und später entwickeln lassen, mehrere Tage in Wasser legen. Die verschiedenen Farbschichten verändern sich je nach Wässerungsdauer. Vorsichtig können auch noch Kratzspuren aufgebracht werden. Nachdem die so veränderten Dias an der Luft getrocknet wurden, kann man wieder Farbabzüge herstellen lassen.
Es ist möglich Farbabzüge weiterzubearbeiten, indem man mit Eiweißlasurfarben, Filzstiften oder Deckfarben arbeitet. Dies muss von Abzug zu Abzug entschieden werden. Vergleiche mit Werken der abstrakten Malerei bieten sich an (z. B. J. Pollock, W. de Koonig).

Anmerkung: Wenn mit Lösungsmitteln gearbeitet wird, sollte für gute Durchlüftung gesorgt sein.

Decalcomanie – Grattage – Décollage

Ilona Dohnicht-Fioravanti

Decalcomanie

Bei dieser Abzieh- oder Abklatschtechnik wird Farbe (Wasserfarbe, Dispersions- oder Ölfarbe) auf eine Trägerplatte aufgetragen und dann auf Papier abgedruckt bzw. abgezogen. Man kann auch das Papier auf den Träger legen und abziehen. Bei diesem aleatorischen Verfahren (Zufallsverfahren) entstehen Farbflecken und Flächen, die je nach Farbmenge, Papieroberfläche und Abziehdruck unterschiedliche Formen und Strukturen zeigen. Max Ernst hat diese Technik z. B. in *Das harmonische Frühstück*, *Napoleon in der Wüste*, *Europa nach dem Regen II* und *Totem und Tabu*, alle aus den Jahren 1940–1942, verwendet.
Bevor im Unterricht mit der Wirkung verschiedener Farben, Farbmengen, Druck und Bewegungen beim Abziehen experimentiert wird, sollten die Schülertische mit Zeitungspapier abgedeckt werden; es empfiehlt sich wasserlösliche Malfarben zu verwenden. Auch erleichtert es die Arbeit sehr, wenn jeder Schüler seine eigene Trägerplatte bekommen kann. Als Platte dient jedes flache, feste und wasserundurchlässige Material: Glas, Plastik, Milchtüten u. Ä.
Die Zufallsergebnisse lassen sich in vielfältiger Weise weiterverarbeiten: Bei aufmerksamer Betrachtung können die Farbflecken gegenständliche oder figürliche Assoziationen hervorrufen. Sie erinnern an Luftballons, an Blumen, Planeten usw. Auf derartige Assoziationen hin kann der Abdruck mit Pinsel,

Stiften o. Ä. ergänzt, verändert, geklärt werden, indem man Farbflecken umrandet, um sie herauszuheben, in sie hineinzeichnet oder -malt. Auch lassen sich die entstandenen Fleckengebilde „weiterspinnen" zu grotesken, fantastischen Figuren. Auf Karton oder festes Tonpapier geklebt, lassen sich Decalcomanien zu Gruß- oder Glückwunschkarten gestalten. Schöne Effekte ergeben z. B. Plaka-Metallfarben (Silber, Bronze), die auf Japanpapier abgezogen werden. Mit schwarzen oder farbigen Filz- oder Eddingstiften kann man die Farbflächen noch stärker herausarbeiten oder einzelne Elemente betonen.

Grattage und Décollage

Bei der Grattage, d. h. Kratztechnik, wird in Farbschichten oder Materialschichten (Textil, Kork, Papier usw.) mit scharfen Gegenständen hineingekratzt oder -geschabt, um bestimmte Bildwirkungen zu erzielen.
Auch dieses Verfahren finden wir bei Max Ernst und einigen seiner Zeitgenossen. In den 60er Jahren wurde es besonders bei Décollagen verwendet, die z. B. Vostell anfertigte. Er klebte mehrere Lagen Plakate übereinander, um sie dann teilweise wieder abzureißen, mit Feuer anzusengen und durch Kratzen zu verändern. Durch eine derartige Décollage werden Material-, Bild- und Schriftfragmente übereinandergeschichteter Flächen wieder freigelegt.
Décollage ist also eine quasi archäologische Technik, die Ablagerungen, Zeitschichten sichtbar werden lässt; die erreichte Gleichzeitigkeit des Ungleichzeitigen und der Kontrast unterschiedlichen Materials evozieren oft surreale Wirkungs- und Bedeutungskombinationen, wie sie z. B. auch Collagen des Dadaismus kennzeichnen.
Schüler kleben verschiedenste Materialien wie Tapetenstücke, Kork, Textilien usw. übereinander und decken sie mit Farbschichten. Die dann folgenden Abtragungen lassen sich zunächst ganz von entdeckerfreudiger Neugier und Spontaneität leiten, die sich dann aber zunehmend auch mit gestalterischer Absicht verbinden: Formal-ästhetische Beziehungen werden hergestellt, überraschende Zufallsbegegnungen von Materialien wirkungsvoll unterstrichen.
Eher auf inhaltliche Aspekte gerichtet sind Aktionen, bei denen Zeitungen, Illustrierte oder Plakate verwendet werden. Eine Aufgabe könnte lauten, die Titelseiten einer Tageszeitung in der zeitlichen Abfolge einer Woche übereinander zu schichten, um décollagierend ein Text-Bild-Gemisch zu erzeugen, das die Turbulenz aktueller Informationsbestrebungen ironisch veranschaulicht.

Variante: Ähnliches lässt sich zum Thema Werbung ausdenken. Die patchworkartig gestückelten Ausschnitte einer Werbewelt offenbaren ähnliche Darbietungsverfahren und Gestaltungsmittel für ihre Produkte. Glücksversprechen und „Heile-Welt-Bilder" für alle Produkte werden austauschbar und ihres Sinnes, d. h. ihres Versprechens entleert. Mehr noch, von dem noch vor kurzem als unverzichtbar Behaupteten sind nur Spuren, Fetzen geblieben – entlarvte Eitelkeiten, Vanitasbilder.

Modellieren und Bauen

Figürliche Plastik

Helge Wirth

Für das Modellieren einer Plastik muss in der Regel mehr Zeit aufgewendet werden als z. B. für eine Zeichnung. Das bedeutet, dass der Spannungsbogen der Konzentration über einen längeren Zeitraum erhalten bleiben muss. Ein Objekt, dessen Hervorbringung eines derartigen Aufwandes bedarf, wird vom Schüler in besonderer Weise als ein ganz eigenes Werk angesehen.
Wirklich tastbare, dreidimensionale Körper stellen eine handgreifliche Nähe zum gestalteten Gegenstand her. Sie sind für das Empfinden eindringlich real. Dabei kann im Unterschied zu den anderen Medien Raumwirkung durch Betrachten von allen Seiten, durch Umschreiten, durch Ermessen des Umraums wahrgenommen werden. Haptisches Wahrnehmen bedient sich der Sprache des Tastens, Reibens, Knetens, Quetschens, Befühlens, Streichelns usw. Unterschiedliche Massenvolumina, konvexe oder konkave Krümmung von Körpern, kernplastische, blockhafte sowie raumgreifende Elemente und Oberflächenbeschaffenheiten werden intensiv visuell und haptisch erfahren und können unmittelbar in Bezug zueinander gesetzt werden. Das statische Problem von Gleichgewicht und Ungleichgewicht wird unmittelbar einsichtig.
Die Vielfältigkeit der Werkstoffe und der vereinnahmende Charakter des Werkprozesses sind die Vorteile des plastischen Gestaltens. Hier bietet sich ein reichhaltiges Angebot an Zugängen zu Problemen der Artikulation. Modellieren, Kneten, Schneiden, Klopfen, Reißen, Glätten, Schmirgeln, Antragen, Rollen, Wässern, Umwickeln sind Aktivitäten, die beim Modellieren den ästhetischen Ausdruck ermöglichen. Wenn dieser Arbeitsbereich im Kunstunterricht der Schulen trotz aller genannten Vorzüge häufig vernachlässigt wird, liegt das an dem Arbeits- und Materialaufwand, der damit verbunden ist. Mangelnde materielle Ausstattung, verstärkte Vorbereitungszeit, Konkurrenz zahlreicher einfacherer Techniken, Kosten und Mangel an Erfahrung mit Materialien sowie Raumnot sind auch verantwortlich. Dem steht aber der besondere Anregungsgehalt der plastischen Prozesse entgegen. Es lohnt sich! Die Frage der Mate-

rialauswahl ist beim dreidimensionalen Gestalten besonders wichtig, da die Möglichkeiten der Verarbeitung sehr verschieden sind. Empfehlenswerte Modelliermaterialien sind z. B. Keramiplast und Plastiform in Verbindung mit Pappmaché. Je nach Vorstellungsart und Ausdrucksbedürfnis bzw. Gestaltungsaufgabe bieten sie Vor- und Nachteile.

Arbeiten mit Keramiplast – Beispiel „Satt und verschlafen" (S. 110 ff.)

Gehen wir nach der gestalterischen Freiheit, so bietet Keramiplast sehr gute Möglichkeiten. Leider ist es etwas teuer. Keramiplast ist ein tonähnliches Material, das lufttrocknend ist. Es wird sehr hart und springt beim Trocknungsvorgang nicht auseinander. Ideal ist es für Arbeiten auf Drahtgerüst, da es dieses eng anliegend umschließen kann, beim Trocknen nicht zerspringt und so das Skelett zu stützen vermag. Es gibt zwei Farbvarianten: grau(weiß) und rot. Sollen die Objekte farbig gestaltet werden, bietet sich das grauweißliche Material an. Das rote Material ist durch seine starke Wirkung eher zu bevorzugen, wenn es darum geht, nicht bemalte Plastiken zu erstellen. Auch Reliefs lassen sich mit Keramiplast sehr gut fertigen. Es bietet sich an, einen Holzrahmen mit einem Hartfaserbrett zu versehen und mit Plastiform auszufüllen (ordentlich hineindrücken). Hier kann am besten graue Formmasse verwendet werden. Keramiplast muss feucht gehalten werden wie Ton. Nach einer Stunde lässt sich bereits an der äußeren Oberfläche ein gewisser Trocknungsvorgang beobachten. Es ist dennoch genug Verarbeitungszeit gewährleistet, zumal wenn ab und zu gewässert wird. Dies kann mit einem nassen Tuch, mit den Händen oder einem weichen Pinsel geschehen. Auch eine ausrangierte Sprühflasche mit Wasser kann nützlich sein.

Arbeiten in Plastiform – Beispiel „Strandspiele" (S. 106 ff.)

Eine Alternative zu diesem Material bilden Plastiform und Pappmaché. Plastiform ist erheblich billiger als Keramiplast. Man kann es schmirgeln, schnitzen, bohren. Hier haben wir es mit einem leicht elastischen Werkstoff zu tun. Man kann es zum Veredeln von Pappmachéfiguren verwenden, da es sich sehr gut verbindet. Uhu klebt Plastiform wie Papier. Es klebt gut an Holz und Styropor oder anderen Werkstoffen. Man kann Oberflächen fein gestalten, durchgetrocknete Figuren durch späteres Antragen weiter differenzieren und es kann leicht bemalt und beklebt werden.

Weiterer Vorteil ist die Leichtigkeit von Plastiform. Mit Hilfe von Plastiform lassen sich auch größere Figuren bauen, da es auf einem billigen Pappmaché-, Gips-, Holz- oder Styroporkern aufgetragen werden kann. Es fördert ein Arbeiten in klar abgrenzbaren Phasen, weil es sich leicht mit anderen Materialien verbinden und abschließend bemalen lässt.

Beim Anmischen des Pulvers ist darauf zu achten, nicht zu viel Wasser beizumengen, damit keine zu breiige Masse entsteht. Gerade Schüler schätzen die notwendige Wassermenge falsch ein.

Das Material trocknet, da es mehr Feuchtigkeit speichert als Keramiplast, langsamer. Aus diesem Grunde sollte eine Aufbaudrahtfigur zunächst mit gekleistertem Papier oder Klebeband dünn umwickelt werden. Ist diese Schicht getrocknet, dient sie als zusätzliche Stütze für das Gerüst. Außerdem wird der Trocknungsvorgang beschleunigt. Nach dem Trocknen ist auch bei Plastiform kein Platzen der Oberfläche zu erwarten, allerdings können sich Unebenheiten bilden, die jedoch sehr gering ausfallen.
Auch wenn die Schüler mit plastisch formbaren Materialien in der Regel sehr engagiert arbeiten, muss angesichts der aufwändigen und zeitraubenden Tätigkeiten doch dafür Sorge getragen werden, dass der inhaltliche Bezug zum entstehenden Werkstück nicht allmählich verloren geht. Deshalb müssen Vorstellungen herausgebildet werden, die nachhaltig wirksam bleiben. Das folgende Unterrichtsbeispiel *Strandspiele* gewinnt seinen besonderen imaginativen Anreiz daraus, dass Körperhaltungen und Bewegungen thematisiert werden, welche den Schülern vertraut sind: Sie sind mit der angenehmen Stimmung und Aura der Ferien und Freizeit verknüpft. Mit fortschreitender Herausbildung der Figuren können die Schüler die entstehenden Objekte ihrer Mitschüler vergleichend beobachten. Dies gibt einen zusätzlichen Impuls zur weiteren, persönlich akzentuierten Differenzierung der Figuren. Das Thema bezieht seine motivatorische Qualität insbesondere aber auch durch die enge Koordination von Vorstellung und handwerklich-gestalterischem Prozess, vor allem durch die stetige Auseinandersetzung mit dem technisch-konstruktiven Aufbau der Figur. So bietet sich beim Plastizieren in unserem Beispiel ein schrittweises Vorgehen an:

1. Durch das Biegen des Skeletts in Form eines Drahtgerüstes kann zunächst die vorgestellte Haltung, Bewegung oder Gestik der Figur herausgearbeitet werden.
2. Das Volumen und die Plastizität der Figuren wird gestaltet. Es besteht die Möglichkeit, die Figuren dicker, dünner, flächiger, massiger zu modellieren. Weibliche oder männliche Charakteristika können hervorgehoben werden. In dieser Phase kann die Gesamtbewegung durch das Antragen von Masse an bestimmten Stellen betont werden. So wirkt die Figur um so bewegter, je dünner – oder besser schlanker – die Gliedmaßen gehalten werden. Dickere Gliedmaßen wirken schwerfälliger, langsamer und mächtiger usw.
3. Die Oberflächen können unterschiedlich charakterisiert werden. Sie können rau, fein, detailliert oder geglättet sein. Bearbeitungsspuren können bewusst erhalten bleiben oder beseitigt werden. Durch die jeweiligen Akzente im Relief können die Figuren mit weiteren Charakterzügen versehen werden.

Weitere Differenzierungsmöglichkeiten ergeben sich durch die farbliche Gestaltung und Ausschmückung. So wird es dem Schüler ermöglicht, Zug um Zug die Vorstellung von der betreffenden Figur zu konkretisieren, wobei jeder einzelne Gestaltungsschritt relativ leicht zu bewältigen ist. Die verschiedenen

Gestaltungsschritte greifen aber dennoch ineinander und bauen aufeinander auf, sodass sich im abgeschlossenen Werk nicht nur die Summe der Einzelschritte zeigt, sondern das ästhetische Ganze einer im Zuge des Arbeitsprozesses erwachsenen Vorstellung.

Ballerina

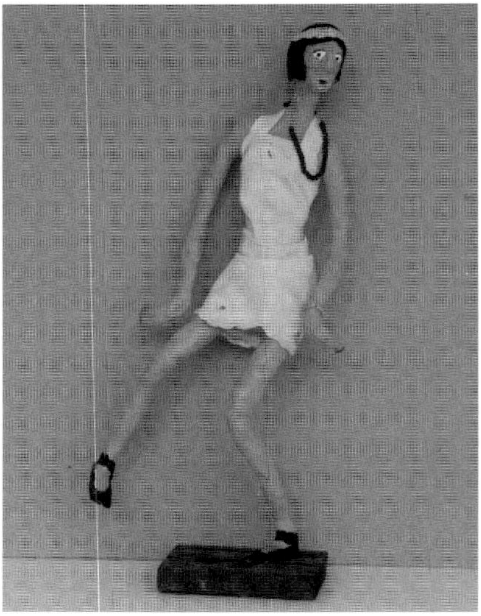

Charleston

Strandspiele

Klassen 8–10

Strandleben, Strandspiele, was heißt das? Wer bewegt sich wie am Strand? Was kann alles z. B. am Strand gespielt werden? Welche Bewegungssituationen können sich ergeben?
Beispiele: Hüpfen, Laufen, Springen, Fußball, Volleyball, Wasserball, Beachball, Badminton, Drachen steigen lassen, Gehen (z. B. mit Hund?) u. v. m. Vertiefend kann gefragt werden: Wie sieht diese oder jene Bewegung aus? Die Bewegungen können vorgemacht werden, um ihren Aufbau zu untersuchen. Wie balanciert sich der Körper im Spiel mit der Schwerkraft aus? Zu jeder Bewegung gibt es z. B. eine Gegenbewegung, damit man nicht hinfällt. Sind die Körper gestreckt, gebeugt, verdreht, geduckt?
Es sollte klar werden, wodurch die unterschiedlichen Bewegungen sich kennzeichnen lassen. Dies bedingt, dass auch über den Aufbau des Körpers gesprochen wird. Wie kann man die Gestrecktheit einer Figur erzeugen? Die Bewegung resultiert aus dem Zusammenspiel von Gliedmaßen, Rückgrat, Hüften und Gelenken. Die Körperachsen an Schultern und Hüfte bilden den Ausgangs-

punkt der Bewegung. Je bewegter die Achsen sind, umso intensiver sind normalerweise auch die Bewegungen der Extremitäten.

Geraden und Drehpunkte erzeugen Bewegungseindruck

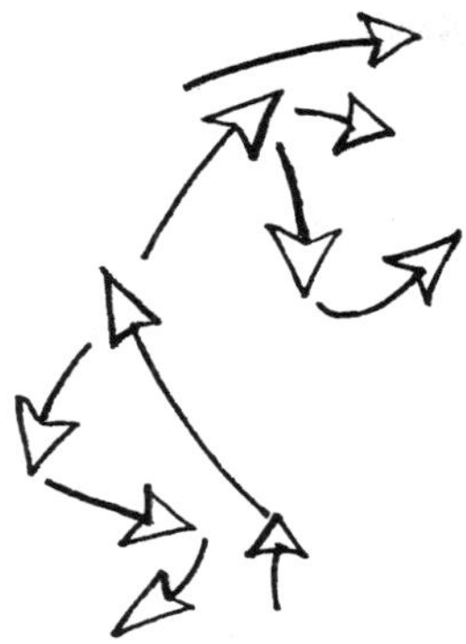

Bewegung und Gegenbewegung

Dynamische Hauptachsen

Nun können auf kleinen Papieren (ca. DIN A4) Skizzen zu den Bewegungen angefertigt werden. Als Orientierungshilfe erhalten die Schüler Kopien einfacher Proportionsschemata. Alternativ ist auch ein Tafelbild möglich. Die Kopien stehen den Schülern allerdings immer zur Verfügung. In der nächsten Stunde werden die Drahtgerüste gebogen. Der Draht muss so stark sein, dass er imstande ist, das schwere Material zu stützen, d. h. je nach Größe und Figur (z. B. 20–25 cm) etwa 1,5–2 mm. Stabil wird das Gerüst, wenn es aus einem Stück gebogen wird. Alle bekommen ein Drahtstück von etwa 120 cm Länge.

Zunächst biegen die Schüler ein starres Modell eines menschlichen Körpers, das sie dann ihren Bewegungsvorstellungen gemäß nach den Skizzen formen. Dabei muss bedacht werden, dass das untere Endstück des Drahtes in ein Sockel-Brettchen (2 bis 3 cm stark) gesteckt werden wird.

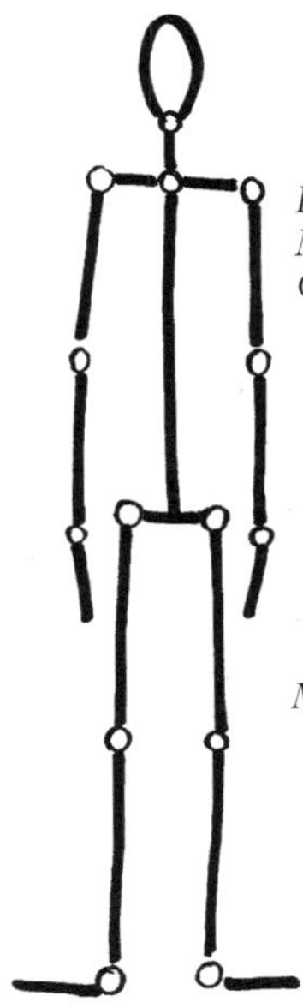

Körperschema: Maße und Gelenke

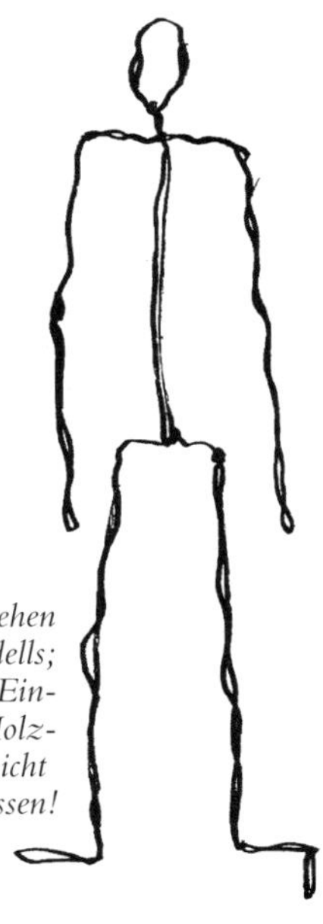

Mögliches Aussehen des Drahtmodells; Dorn zum Einstecken ins Holzbrett nicht vergessen!

Zum Anbringen der Drahtfiguren in den Brettchen müssen diese mit kleinen Löchern versehen werden. Noch fester ist die zusätzliche Verklebung der Draht-Loch-Verbindung mit Kompaktkleber.

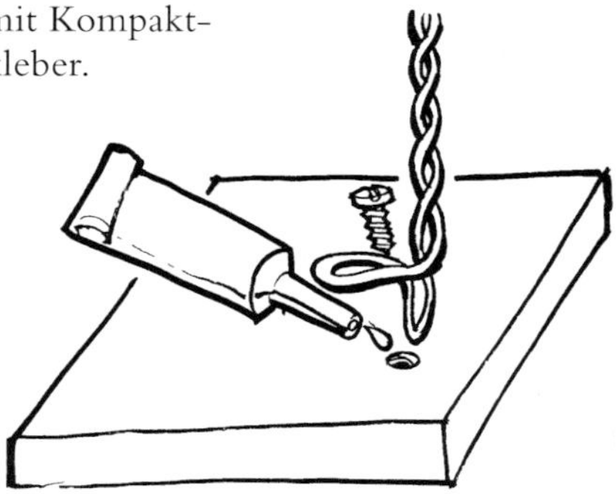

Verschrauben und Kleben führt zu höherer Festigkeit.

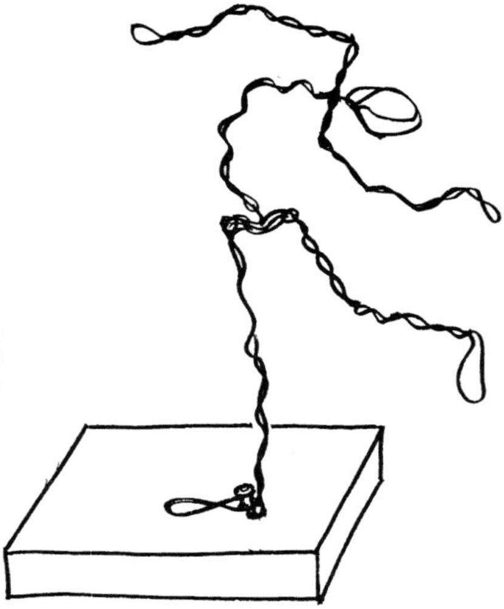

Figur ins Brett stecken und ausbalancieren.

Wenn die Figur nun fest steht, kann mit dem ersten Anbringen der Modelliermasse begonnen werden. Im ersten Schritt muss überall am Draht ein wenig Masse angebracht werden, um einen guten Halt für die später anzumodellierende Hauptmasse zu schaffen. Noch zu diesem Zeitpunkt kann die Figur, falls nötig, in ihrer Haltung verändert werden.

Das Antragen der Masse beginnt am besten an Rumpf und Hüften. Von diesem Kern der Figur aus können die Extremitäten verstärkt werden. Hier beginnt ein Prozess des dauernden Antragens und wieder Wegnehmens der plastischen Masse, bei welchem sich die Schüler immer näher an ihre Vorstellung herantasten. Als Tipp sollten sie sich merken, dass die Gelenke des Körpers eher dünner gehalten werden sollten, um die Richtungsänderung der Körperteile zu betonen, was den Bewegungseindruck verstärkt. Die Figur muss, wenn die Masse verteilt ist, einmal richtig austrocknen, bevor man beginnen kann, die Oberfläche zu schleifen. Auch wird dadurch zusätzliche Festigkeit erreicht.

Die Schüler können dann die durchgetrocknete Oberfläche mit dem Sandpapier ausdifferenzieren. Eventuelle Risse können mit Uhu geklebt oder mit Masse aufgefüllt werden. Es ist auch möglich das Schleifpapier leicht zu befeuchten, um einen höheren Glättegrad zu erreichen.

Zum Schluss kann die Figur farbig gefasst werden. Das Anmalen dient der Verstärkung des plastisch-bewegten Eindrucks. Die farbige Fassung kann dem Motiv dicht angepasst werden. Die Schüler bekommen in diesem letzten Schritt die Möglichkeit, die Bewegung durch farbige Ausdeutung zu akzentuieren. Dazu können z. B. Trikots, Sportbekleidung, Bikini usw. entsprechend der Bewegung aufgemalt werden.

Rohmodell

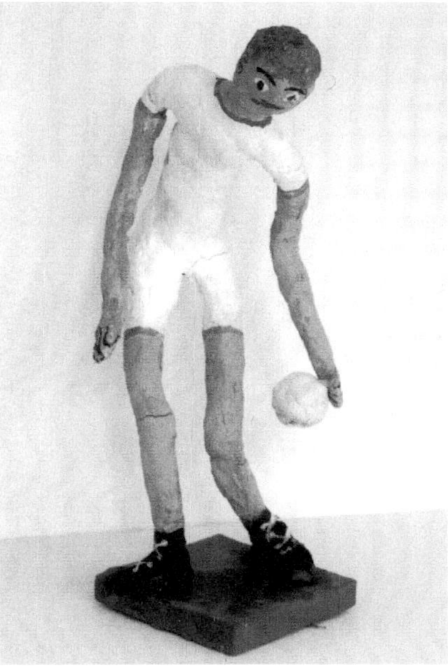

Strandballspieler

Schließlich können die Figuren auf einem Tisch oder in einem Glaskasten oder einer Vitrine aufgestellt werden. Sie können als Kleingruppen, Einzelpersonen oder Großgruppen verteilt werden. Es macht einen guten Effekt, wenn Sand ausgestreut wird, sodass die Sockel der Figuren unsichtbar werden.
Die Ergebnisse verdeutlichen, dass man in der beschriebenen Modelliertechnik jede Bewegung des Körpers in das statische Medium der Plastik einbringen und abstrakte formsprachlich-ästhetische Qualitäten verwirklichen kann:

- Leichtigkeit, Dynamik (als Anschauungsdynamik), Schwere, Blockhaftigkeit, Spannungsproportionalität, Statik, konkave – konvexe, raumgreifende, ausladende, nach innen konzentrierte Bewegung, Ballung, Streckung, Ziehen, Schieben, Ponderation der Massen, Durchbrechung des Körpervolumens usw.
- Umsetzen und Konkretisieren einer spezifischen Bewegungsvorstellung durch das Erzeugen einer determinierten Ausdrucksgestalt mit bestimmter Haltung, Gestik, Volumenverteilung, bis hin zur farbigen Ausdeutung.

Das Repertoire an Bewegungen ist reichhaltig genug, um jedem Schüler eine ganz eigene Motivvorstellung zu erlauben. Je nach Charakter der Schüler können impulsive, verhaltene, vorsichtige, übermütige, ängstliche, freudige usw. Bewegungseindrücke erzeugt werden. Hier besitzt die Aufgabe eine Sublimierungsfunktion. Die bewegten Figuren können – je nach individueller Idee –

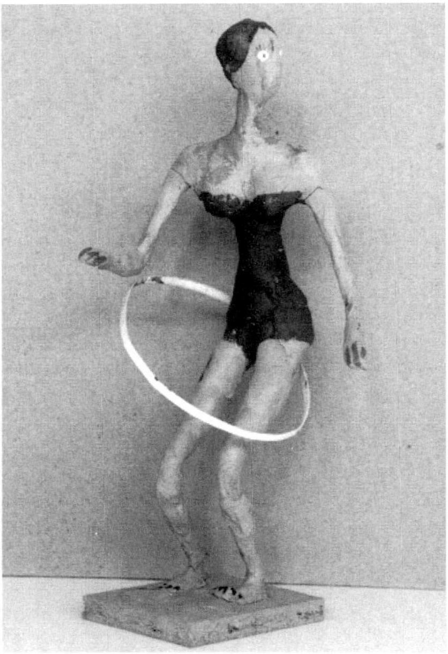

Strandspiel: Hoola Hoop

Rockgitarrist

größer, kleiner, dicker, leichter, massiger, gespannter, verschränkter usw. gestaltet werden. Im Thema und der vorgeschlagenen Herangehensweise liegt die Möglichkeit eines intensiven Empfindens plastischer Äußerungen und die notwendige intrinsische Motivationsgrundlage für das verinnerlichte, ernsthafte ästhetische Spiel mit sinnlich fassbarem Datenmaterial.

Satt und verschlafen

Klassen 7–10

Als Anregung eine Geschichte (Version für Klasse 7):
Einige Menschen haben sich auf einer Wanderung ins Schlaraffenland verirrt. Dort haben sie sich voll gegessen mit den leckersten Köstlichkeiten. Nun sind sie müde geworden und müssen ausruhen. Sie sind ganz träge und dick geworden und sacken möglicherweise in sich zusammen. Einige schlafen richtig, andere wälzen sich, drehen sich auf die Seite, manche haben sich vielleicht auf den Rücken gelegt und die Beine übereinander geschlagen. Andere kauern sich ins Gras und haben die Beine angezogen. Manche hatten vielleicht eine Decke dabei, die sie sich untergelegt haben. Vielleicht „kippen sie sich auch noch eine letzte Cola rein", schieben sich die letzte Praline in den Mund oder kratzen sich faul den Bauch ... Je deutlicher und einprägsamer die bildhaften Beschreibungen sind, umso reichhaltiger wird die Vorstellung später umgesetzt.

Bevor diese Menschen nun dargestellt werden, können die Schüler ihre Vorstellung auf die Umsetzung hin präzisieren, wenn sie sich fragen: Wie sehen solche Menschen aus? Mit welchen Maßnahmen können sie besonders deutlich dargestellt werden? Welche Möglichkeiten bietet vielleicht das Material? Sie sind durch die Schwerkraft am Boden gehalten, das Aufrichten fällt ihnen schwer, wie kann dies am besten gezeigt werden? Die Figuren sollten z. B. mächtig, dick und wenig bewegt dargestellt werden, damit ihnen anzusehen ist, wie sie sich fühlen usw.
Die Darstellung voll gefressener Menschen bietet die Möglichkeit der massigen blockartigen Darstellung von Figuren. Im Sinne eines dreiviertelplastischen Reliefs kann der Schwerpunkt auf Erhöhungen und Einbuchtungen, Höhlungen und Hervorhebungen gelegt werden. Durch das Motiv kann dem Schüler Körpersprachlichkeit bewusst werden.
Zunächst soll der Reliefgrund gestaltet werden. Auf einem entsprechenden Brett oder einer kräftigen Pappe (Vorsicht bei Pappen: Sie können u. U. zu stark durchweichen.) können ein Tuch bzw. eine Decke, eine Matratze, ein sanfter oder steiniger Untergrund dargestellt werden. Er soll die Figuren tragen.

Variante: Figur auf ein Sofa oder einen Fernsehsessel setzen. Die Geschichte müsste dann entsprechend umgeändert werden. Es könnte sich z. B. um sog. *Coachpotatoes* handeln, Leute, die voll gegessen ganz erschöpft vor dem Fernseher eingeschlafen sind. Der Untergrund kann aus Holzresten, Styropor und Pappe in Verbindung mit Modelliermasse hergestellt werden (Vorsicht, Styropor klebt nicht mit Uhu).

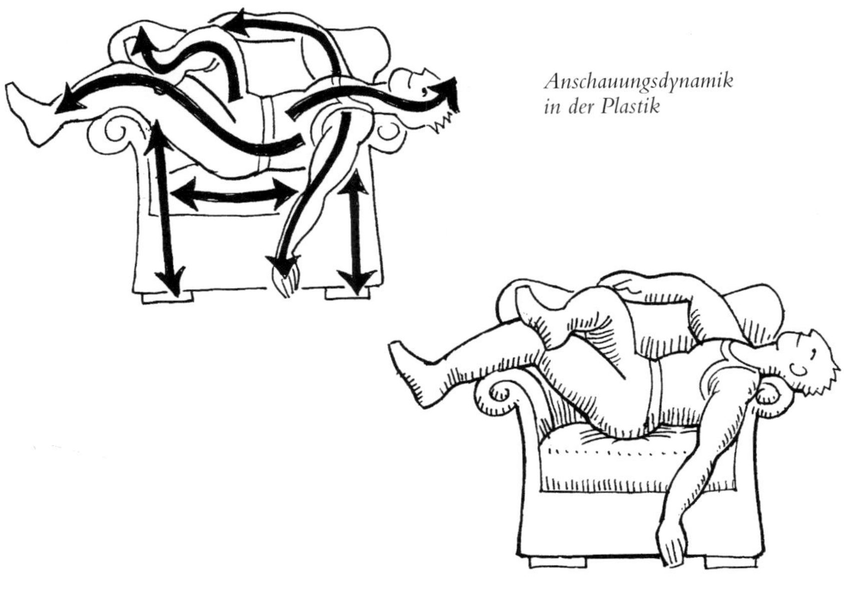

Anschauungsdynamik in der Plastik

Als nächster Schritt wird die Figur aus Keramiplastwürsten zusammengefügt. Dicke Rollen für Rumpf und Hüften, dünnere für Beine und Arme. Die einzelnen Teile müssen fest aneinander geknetet werden, damit sie später nicht abfallen.
Diese *Vorfigur* wird nun auf dem Untergrund durch Andrücken befestigt. Dabei müssen die Schüler das Feld (die Figur) und das Umfeld (Boden, Couch oder Sessel) aufeinander beziehen so wie ein Maler die Bildgrenzen des Bildformates mitsieht. Die Zwischenräume, die Abstände zum Rand, Höhungen und Vertiefungen und die Massenverteilung sollen in Bezug zueinander gesehen werden. An den Berührungspunkten werden Untergrund und Figur fest geknetet, indem das Material ineinander verrieben wird. Dabei ist darauf zu achten, dass die Figur dem Untergrund angepasst wird. Die Figur ist feucht zu halten. Dazu kann ein Tuch befeuchtet und über das Objekt gelegt werden. Das Ganze kann dann in eine Plastiktüte eingewickelt werden.

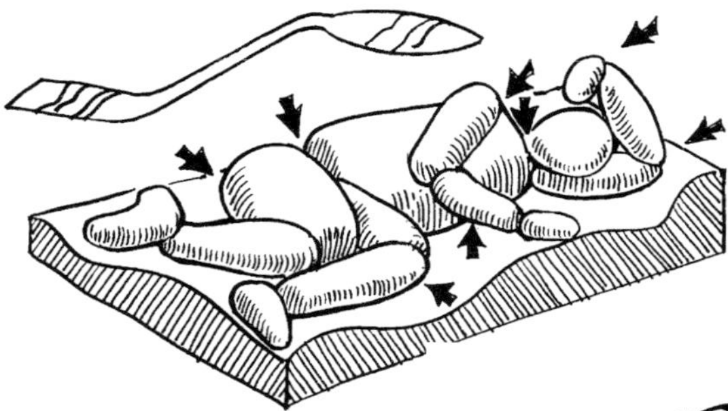

Knetrollen aneinander fügen, eindrücken, hervorheben, wegnehmen fest verkitten!

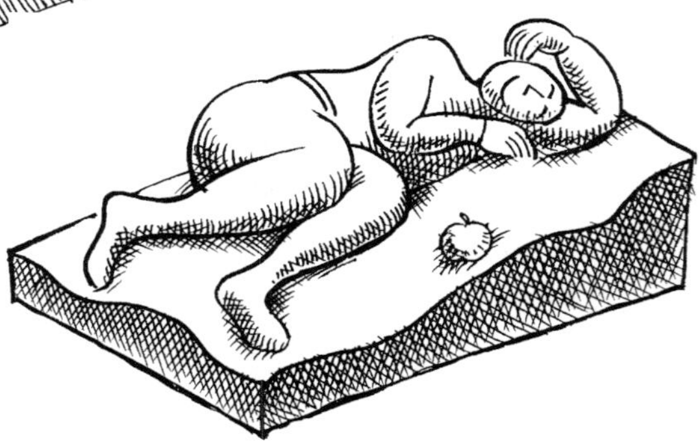

Nun beginnt die genaue Formung des Körpervolumens. Kopf, Arme, Schenkel usw. werden genauer ausgedeutet. Dieser formklärende Schritt geschieht nun größtenteils durch das Wegnehmen von Modelliermaterial (subtraktiv). Jedoch kann sich später der Prozess des Anfügens (additiv) und Wegnehmens mehrmals wiederholen, bis es zur endgültigen Formklärung gekommen ist.
Zum Schluss kann auch bei dieser Aufgabe gefeilt und geschmirgelt bzw. geglättet werden. Hier lässt sich gut mit dem abgeschliffenen Materialstaub arbeiten. Er kann, mit etwas Wasser angemischt, als Glättungsmittel verwendet werden. Durch die Glättung kann z. B. die Bauchigkeit der Figuren betont werden. Ausdruckssteigernd besteht die Möglichkeit, den Untergrund konterkarierend in einen raueren Zustand zu versetzen. Ästhetische Schwerpunkte der Aufgabe liegen in der sensiblen Verteilung einer plastischen Masse auf einem

vorbereiteten Feld, Ausnutzen des Gegensatzes von rauem Untergrund und glatter Figurenoberfläche zur Verdeutlichung der plastischen Bestände, Aufeinanderbeziehen von Höhungen und Vertiefungen zur Verdeutlichung von Körpervorlumen.
Ein besonderer Reiz liegt in der sensiblen Ausarbeitung der Zwischenräume. Es ergeben sich korrespondierende kurvige Formen, welche leere Räume umschließen, diese werden dadurch mit Leben erfüllt. Auch die Hohlformen können in die Gestaltung miteinbezogen werden. Interessant ist die Annäherung der Figuren an die Reliefgrenzen. Teilweise eng an diese angebunden, teils mehr in die Mitte gezogen ergibt sich ein Spiel zwischen Innen und Außen. Das Objekt besitzt Reliefcharakter, die einzelne Figur ist jedoch als Vollplastik gedacht, weswegen sie immer wieder gedreht werden sollte. Der Wechsel des Auf und Ab in der Oberfläche ist auf diese Art intensiv erfahrbar.

Freakshow

Robert Hötzel

Klassen 5–8
Zeitaufwand: ca. sechs Doppelstunden

Material: Plastiform, Plastiktüten/-dosen, Draht, Messer, Spachtel, Feilen, Schmirgelpapier, Klebstoff, feste Unterlagen, Farben, Pinsel, Zeitungspapier, Reservematerial, Farbstifte

Plastiform ist ein Pulver, dass durch die Vermischung mit Wasser zu einer weichen Knetmasse wird. Nach einer kurzen Trockenzeit an der Luft (ca. ein bis zwei Tage) kann das nun harte Material geschnitzt, geschliffen und angemalt werden. Ist die Knetmasse im richtigen Mengenverhältnis angemischt worden, lässt sie sich gut formen und mit anderen Materialien verbinden. In getrocknetem Zustand kann man die Plastik vielseitig weiterbearbeiten, zudem sind Bruchstellen einfach zu reparieren.
Eine Packung (200 g) kostet ca. 4 €, die in der Regel kostengünstigere Schulpackung ca. 38 € (25 x 200 g). Die Menge einer Packung langt für zwei Schüler, falls die Figuren nicht größer als 8 bis 10 cm werden sollen.
Das Mischen des Pulvers mit Wasser ist eine sehr staubige Angelegenheit, deshalb sollte das Material von den Schülern zu Hause vorbereitet und luftdicht (Plastiktüte/Dose/Marmeladenglas) zur nächsten Stunde mitgebracht werden, sodass dann gleich mit dem Formen begonnen werden kann. Zwei Schüler teilen sich einen Materialvorrat und sind dafür verantwortlich. Das Mischungsverhältnis und weitere Informationen zum Herstellen der Knetmasse sind auf der Packung angegeben. In der Regel mischt man ¼ l Wasser zu 200 g Pulver (die Knetmasse danach zwölf Stunden stehen lassen). Der Lehrer sollte auf alle

Fälle ein bis zwei Reservepakete zur Hand haben: eine selbst vorgefertigte Knetmasse, um Korrektur- bzw. Ersatzmaterial für die Schüler zu haben und Restpulver, um zu wässrige Knetmasse zu verbessern.
Das Thema *Freakshow* bietet den Schülern relativ freie gestalterische Möglichkeiten. Hier können „verrückte Lebensformen" oder „unmögliche Objektwesen" dargestellt werden, die besondere Merkmale bzw. Fähigkeiten besitzen. Weitere Themenvorschläge bieten die Abbildungen.
Plastiform ermöglicht ein Arbeiten in unterschiedlichen Arbeitsgängen (Aufbereitung des Materials, Formgestaltung, Feinarbeit, Korrektur, Farbgebung ...), die im Unterrichtsverlauf überschaubar bleiben. Den Schülern sollte in der praktischen Arbeitsphase genügend Zeit gegeben werden. Da handwerkliche Geschicklichkeit, Geduld und Ausdauer gefragt sind, werden sich sehr unterschiedliche Arbeitsrhythmen entwickeln. Anregungen zur Gestaltung und Hilfestellungen können in allen Arbeitsphasen gegeben werden.

- Zu Beginn der gestalterischen Phase können Probleme mit der Materialbeschaffenheit auftreten. Manche Knetmassen werden mit zu viel Wasser zubereitet, sodass sie breiig sind. Hier kann Pulver hinzugeschüttet werden. Die Masse daraufhin erneut gut durchkneten. Die Knetmasse darf auf keinen Fall zu wässrig sein, sonst ist sie nicht formbar!

- Besitzt die Masse die richtige Konsistenz, kann mit dem Kneten begonnen werden. Leicht angefeuchtete Hände erleichtern das Formen.
  Angefertigte Skizzen können die Gestaltung unterstützen. Größere Figuren lassen sich durch ein Drahtgerüst stabilisieren. Mehrere Beine oder ein größerer Unterbau (große Füße, sitzende Stellung) geben den Werken ebenfalls mehr Standfestigkeit. Nach Vereinbarung können die Figuren mit anderen Gegenständen oder Materialien (z. B. Kleinspielzeug, Holz, Draht u. Ä.) kombiniert werden.

- Zum Abschluss besteht die Möglichkeit, die Figur mit angefeuchteten Fingern zu glätten. Wichtig ist vor allem, dass unbeabsichtigte Lücken geschlossen werden, um Bruchstellen vorzubeugen. Feuchtes Restmaterial auf jeden Fall in einer Tüte zur Wiederverwertung aufbewahren. Bis zur nächsten Stunde sind die Figuren an der Luft getrocknet. Dabei sollten sie auf einer festen, nicht zu saugfähigen Unterlage (z. B. Holzbrett) stehen. Figuren, die festkleben, vorsichtig mit einem Spachtel lösen.

- In der nächsten Phase werden Reparaturarbeiten vorgenommen. Hierfür die vorbereitete Knetmasse und das Restmaterial bereithalten. Abgebrochene Teile können mit feuchten Ersatzstücken verbunden werden. Ersatzweise kann man die trockenen Teile mit Klebstoff zusammenfügen. Durch die Verdunstung des Wassers werden die Formen gelegentlich verzogen, was den Figuren einen zusätzlichen Reiz geben kann. Gleichwohl kann auch dies durch Überziehen frischer Knetmasse korrigiert werden.

In jedem Fall sollten die Figuren nach erneutem Bearbeiten mit frischem Material wieder zum Trocknen beiseite gestellt werden.

- Die ausgebesserten, getrockneten Figuren können nun glatt geschliffen, beschnitten oder geritzt werden. Das Material ist in trockenem Zustand sehr widerstandsfähig. Zum Ausbessern sollte Zeitungspapier untergelegt werden. Arbeitskleidung ist sinnvoll, obwohl der Staub und das Knetmaterial auswaschbar sind.
- Im Anschluss daran sollten die Figuren mit Dispersionsweiß grundiert werden, damit die Farben besser zur Wirkung kommen. Die Grundierung trocknet innerhalb weniger Minuten.
- Mit Vollton- oder Plakafarben werden die Figuren nun angemalt. Die Farbauswahl lässt sich auf die drei Grundfarben, Schwarz und Weiß begrenzen, sodass die Schüler zusätzlich das Mischen der Farben lernen können. Nach allen Arbeitsphasen die Werkzeuge und Geräte säubern bzw. auswaschen.

Für eine Präsentation der Werke fertigen die Schüler einen Steckbrief an, in dem sie ihre Figur porträtieren und durch weitere Informationen deren Wesen veranschaulichen.
Hingewiesen sei in diesem Zusammenhang auf Schreib- und Grafikprogramme (z. B. WordPerfect, CorelDraw u. Ä.). Der vorliegende Steckbrief zum Thema *Freakshow* ist natürlich bei Bedarf veränderbar. Man kann ihm einen größeren Rahmen geben, der so ausgeschmückt wird, dass er die Figur zusätzlich unterstützt (z. B. Totenkopfrahmen, Sternenrahmen, Tierrahmen). Ebenso kann die Form des Rahmens verändert werden. Ein Rahmen muss nicht immer eckig sein. Vorstellbar wäre auch, dass die Figuren aus dem Rahmen ausbrechen, um auf ihre Extravaganz aufmerksam zu machen.
Der Steckbrief wird neben die jeweilige Figur gehängt oder gelegt. Kopierte Steckbriefe lassen sich gut als Katalog zusammenfassen.
Bei der Ausstellungseröffnung könnten sich die Schüler Sticker oder Buttons, die ihre Figur oder deren Namen zeigen, anheften, sodass der Besucher erkennen kann, wer welches Werk gestaltet hat.

Literatur: ALS-Werkmappe. Gestalten mit lufttrocknenden Modelliermassen. ALS-Verlag, Dietzenbach. (Der Verlag verschickt auch Plastiform). CLERIN, PHILIPPE: Das große Buch des Modellierens und Bildhauens. Haupt, Bern 1990. LUIDL, PHILIPP/HUBER, HELMUT: Ornamente. Bruckmann, München 1983 (Novum press). STIEBENER, ERHARDT D./HUBER, HELMUT: Alphabete. Bruckmann, München 1989 (Novum press). STIEBENER, ERHARDT D./URBAN, DIETER: Zeichen + Signets. Bruckmann, München 1982 (Novum press). DIES.: Illustrationsvorlage. Bruckmann, München 1994.

-FREAKSHOW-

Name:

Alter:

Nationalität:

Adresse:

Hobbys:

besondere Kennzeichen:

ATLANTIS

Camelot

CHAMPIONS

DISCO

galaxis

INKAS

Monsters

WANTED

Die Wikinger

ZIRKUS

Titelumrahmung, Albert Knab, 1903

Titelumrahmung, Daniel Hopfer, Anfang 16. Jh.

Diese historischen Rahmen sind auch für andere Themen vielfältig einsetzbar; sie können z. B. Motivik und Formensprache einer Zeichnung nachhaltig bestimmen, die man speziell für diesen Rahmen gestaltet.

Fossilien

Ulrich Krumsieg

Klassen 5–6
Zeitaufwand: zwei bis drei Doppelstunden

Material: Ton, feiner (Alabaster-)Gips, viele kleine Gegenstände wie Schrauben, alte Bleistiftanspitzer, kaputte Uhrwerke, Schlüssel usw.

In jeder Schule dürften sich Abgüsse von Fossilien befinden oder zumindest Bilder von ihnen. Am spektakulärsten ist dabei der Urvogel Archäopterix. Derartige Anschauungsbeispiele bereiten z. B. den erzählerischen Impuls vor, dass im Zuge von Bauarbeiten auf dem Schulgelände seltsame Funde gemacht worden seien. Oder sie regen dazu an, den Zeichensaal in eine Fälscherwerkstatt für spektakuläre wissenschaftliche Sensationen zu verwandeln.
Mit allen verfügbaren Utensilien – Nägeln, Schrauben, Steinen, Schlüsseln usw. – wird nun die Gestalt eines Fossils in die Tonplatte „gestempelt", die sich auf einer Holzbrettunterlage befindet. Man wird ein wenig probieren müssen, bis der Abdruck sauber und deutlich zu sehen ist. Mit einem Modellierholz kann man misslungene Stellen wieder glätten.
Eine deutliche Trennung von Kopf, Körper und Gliedmaßen ist wichtig, sonst ist das Ergebnis danach unbefriedigend für den Betrachter. Außerdem muss ein ausreichender Rand gelassen werden, damit am Ende der Arbeit ein etwa 3 cm hoher Damm aus einer Tonwulst, die fest mit der Tonplatte verbunden wird, angebracht werden kann. Nun wird der angerührte flüssige Gipsbrei hineingeschüttet. Mehrmals kräftig auf die Holzbrettunterlage klopfen, damit die eingeschlossenen Luftbläschen aufsteigen. Nach 45 Min. kann dann der noch lederharte Ton sehr vorsichtig von der Gipsplatte genommen werden, eventuell unter Wasser (nicht im Waschbecken, sonst verstopft der Siphon) auflösen. Meist vergeht zwischen dem Drucken und dem Ausgießen eine Woche, dann muss der Ton mit Holzunterlage in ein bis zwei gut verschlossene Plastiktüten verpackt werden. Bunter Ton färbt den eingegossenen Gips, dann sieht der Abguss fast wie der berühmte Solnhofener Schiefer aus.
Für eine etwaige Ausstellung können sich die Schüler Fantasienamen ausdenken und möglichst wissenschaftlich klingende Informationen über Fundort und Lebensweise ihrer „Fundobjekte" dazuschreiben.

Schneegesicht

ab Klasse 9

Heft 191 der Zeitschrift *Kunst + Unterricht* (April 1995) bietet unter anderem vielfältiges Material zum Thema *Selbstdarstellungen*. Am Beispiel von Lovis Corinths „Selbstbildnis mit Skelett“ von 1896 wird die Bedeutung hervorgehoben, die der Gedanke der eigenen Endlichkeit in der bildenden Kunst seit jeher innegehabt hat. Jugendliche erfahren den Tod in sich: Rausch, Isolation, Krankheit, Trennung – existentielle Grenzsituationen, fern der Normalität von Schule und Unterricht. Doch diese Normalität hat Löcher, durch die hindurch Unvermutetes eindringen kann.

Gesichtsmasken mit Gipsbinden herzustellen, gehört zum Repertoire des Kunstunterrichts. Nicht ohne Beklemmung unterziehen sich Kinder und auch Jugendliche der zeitaufwändigen Manipulation, der sie hilflos ausgeliefert sind: Blicklos, sprechunfähig, mit Mühe atmend liegen sie unter der Gipsschicht, die sich trocknend erhitzt … Die Gesichter, die endlich wieder auftauchen, wenn die Maske entfernt wird, spiegeln sehr oft tiefe Verstörung. Das Maskengegenüber ist fremd und doch vertraut; die geschlossenen Augen und die weiße Blässe erinnern an Schlaf, doch hat man sich nie schlafend gesehen. Kinder werden sehr rasch die Befangenheit abschütteln; bald sind die Masken bunt belebt. Ältere Schüler sind oft von dem Todesausdruck ihrer Maske fasziniert und bestrebt, ihn symbolisch auszustellen. Aus dieser Intention entstanden Positivabdrucke in

vergänglichem Material: in Schnee, der dahinschmilzt, in feuchtem Sand, der getrocknet zerbröselt, in Lehm, der unter der Sonne zerfurcht ... Das Humusgesicht bietet, mit Senfsaat bestreut, die aufkeimt, einen neuen und anderen Vanitasaspekt.
Die Prozesse der Veränderung werden fotografisch dokumentiert und bieten zahlreiche Anregungen zu zeichnerischer und malerischer Gestaltung.

(Quelle und Bildmaterial: Ingeborg Komendera)

Recycling-Objekte

Renate Mann

Vogelscheuchen

Klassen 5–8
Zeitaufwand: drei bis vier Doppelstunden

Material: Dachlatten, Schrauben, Kordel, Luftballons, Kleister, Zeitungs- und Seidenpapier, Dispersionsfarben, farbloser Lack, Stroh, alte Kleidungsstücke; Hohlblocksteine als Sockel, wenn die Figuren in Innenräumen aufgestellt werden.

Im Zeitalter von Monokulturen und dem Einsatz großer landwirtschaftlicher Maschinen sind sie ganz aus der Mode gekommen, die Vogelscheuchen, die manch ein handtuchschmales Weizenfeld zierten oder die Spatzen von den frisch angesäten Erbsen im Nutzgarten fernhalten sollten. Nutzgärten gibt es immer weniger, die Ausdehnung der Felder ist immer größer und die Spatzen sind immer unerschrockener geworden. Vogelscheuchen waren eine Art (auch eine Kunst?) des Recyclings von Großvaters Klamotten – weibliche Vogelscheuchen waren eher selten – und blieben vom Frühling bis zum Herbst jeglicher Witterung ausgesetzt. Herstellen musste man sie im Winter, damit sie auch rechtzeitig zur Aussaat zur Verfügung standen.
An diese ländliche Tradition soll hier angeknüpft werden. Vielleicht stellt ein Landwirt sein Feld für eine Wachstumsphase bis zur Ernte zur Verfügung oder die Verantwortlichen für den Schulgarten unterstützen dieses Projekt.
Da das Bauen und Aufstellen der Vogelscheuchen Ereignischarakter gewinnen soll, werden die Aktionen (im Sinne von Aktionskunst) bildhaft dokumentiert (Skizzen, Dokumente, Fotografien, Videos). Es wird zunächst davon ausgegangen, dass die Vogelscheuchen ihre traditionelle Funktion des Schützens wahrnehmen sollen und nicht nur zur Dekoration aufgestellt werden. Bei der Gestaltung der Figuren sollen sich die Schüler jedoch von der traditionellen Form emanzipieren und eigene abschreckende Gestalten herstellen.
Eine andere Möglichkeit besteht darin, Vogelscheuchen nur als Beispiel in der

Einstiegsphase aufzuführen, diese weiterzuentwickeln, um dann mit der Klasse ein eigenes *Figurenpanoptikum* zu entwerfen. Denkbar sind Pathos-Scheuchen, Schulfrust-Scheuchen, Raucher-Scheuchen, Lehrer-Scheuchen, Auto-Scheuchen, Wetter-Scheuchen, Klausur-Scheuchen usw. Diese Figuren erfüllen dann nicht mehr ihre ursprüngliche Aufgabe, sondern haben Symbolcharakter.
Diese Variante eignet sich gut als *In-door-Installation* z. B. im Eingangsbereich oder den Fluren des Schulgeländes.
Und nun zum Bau der Vogelscheuchen: Als Unterkonstruktion eignen sich Rundhölzer (Besenstiele, Bohnenstangen, Holzpfähle) oder Dachlatten, ebenso gefundene Äste aus dem Wald. (Bitte mit dem zuständigen Förster reden, wenn es sich um größere Mengen handelt.)

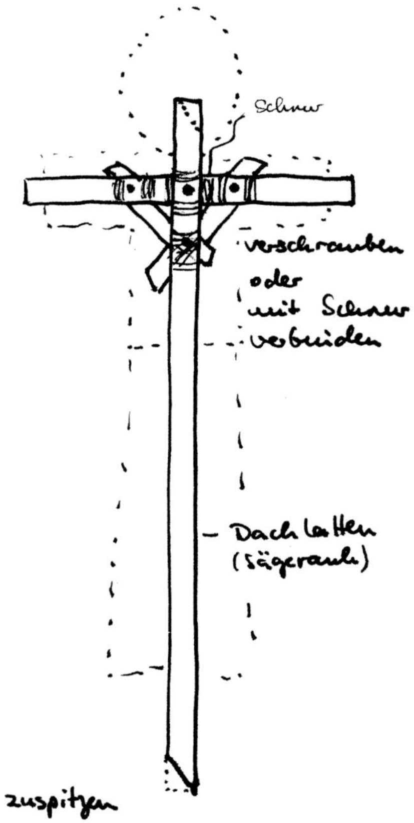

Zunächst wird die Größe für die Unterkonstruktion festgelegt. Diese richtet sich wohl meistens nach den mitgebrachten Altkleidern. Dann werden Querverbindungen genagelt oder geschraubt oder aber mit Schnurverbindungen befestigt (s. Konstruktionszeichnung). Nachdem die Kleidungsstücke übergestreift worden sind, werden diese mit Schaumstoffabfällen oder Resttextilien ausgestopft. (Papier eignet sich nur, wenn es sich um eine einmalige Outdoor-Aktion für einen Tag handelt und die Figuren sonst im Raum aufbewahrt werden.) Nun geht es um die Gestaltung eines Kopfes. Man kann Stroh fest zusammenschnüren oder einen alten Sack, oder aber die Schüler erhalten die Aufgabe, einen passenden Kopf zu modellieren. Eine bewähre Methode ist es, Pappmaché über einem aufgeblasenen Luftballon zu einem Gesicht oder einer Fratze zu formen. Halt bekommt der Luftballon, wenn man ihn auf eine Schüssel oder einen kleinen Eimer setzt. Ist die Pappmachémasse getrocknet (je nach Dicke der aufgetragenen Schicht dauert das etwa vier Tage bis eine Woche), kann entweder noch einmal mit weißem Seidenpapier kaschiert oder gleich mit weißer Dispersionsfarbe grundiert werden. Erst dann erfolgt die eigentliche Bemalung. Wetterfest wird der Kopf durch eine transparente Lackschicht. Der Kopfputz kann aus Hobelspänen, Sisalschnüren oder Topfkratzern aus Nylon oder Metall oder aus einem Hut bestehen. Befestigt wird er mit einer Heißklebe-Pistole (erhältlich für ca. 5 bis 20 € im Baumarkt), damit alles hält. Bevor der Kopf auf dem vorbereiteten Körper aufgesetzt und befestigt wird, muss der vertikale Stab unten angespitzt werden. So lassen sich die Figuren leichter aufstellen.

Variante: Schal-Bretter aus dem Baumarkt oder aus einer Zimmerei mit Figuren bemalen und in Holzklötze einpassen.

Literatur: PAWLIK/STRASSNER: Bildende Kunst: Begriffe und Reallexikon Malerei, Plastik, Architektur, Gebrauchsform. DuMont, Köln 1979[9]. EUCKER, JOHANNES: Kunstlexikon. Kompaktwissen für Schüler und junge Erwachsene. Cornelsen Scriptor, Frankfurt/Main 1995. DARMSTAEDTER, ROBERT: Reclams Künstlerlexikon. Stuttgart 1978.

Diese allgemeinen Hinweise sollen den Schülern Orientierungsmöglichkeiten und Hinweise zu verschiedenen künstlerischen Vorgehensweisen und Aktionen geben. Weitere Anregungen bieten z. B. Videos zu Arbeiten von Beuys, vgl. im Hamburger Bahnhof in Berlin.

Buchobjekt

Renate Mann

Zeitaufwand: ca. vier Doppelstunden

Material: Dicke Tapetenbücher, Teppich- oder Passepartoutschneidemesser, Kleister und verschiedene Papiere zum Kaschieren, Gegenstände, die sich auf die ausgewählten Sentenzen beziehen, Naturmaterialien, Farben, Stifte, Kreiden, Tusche

Deckblatt

Eine Sprache wird nicht zuletzt lebendig durch ihre Weisheiten und Sprichwörter, die Erfahrungen übermitteln. Nur der Eingeweihte weiß, dass Vordergründiges oft hintergründig gemeint ist und sich hinter manchem Sprichwort auch eine leise Ironie verbirgt. Aufgabe ist nun, das Buch als Medium der Übermittlung mit einer Erfahrung zu verbinden, die ein *geflügeltes Wort* geworden ist.
Das Beispiel *Liebe geht durch den Magen* soll hier beschrieben werden:
Der Umriss eines Tellers (es könnte ein besonderer Teller sein oder ein antikes Modell vom Flohmarkt, das wiederum eine Geschichte hat) wird aufgezeichnet. Das Tapetenbuch wird bis zur letzten Buchseite ausgeschnitten, dann wird der entstandene Hohlraum mit Papier kaschiert und der Teller in ihm versenkt und befestigt. Das *Menü* könnte aus

einem Plastik- oder Pappmaché-Herz bestehen, umrahmt von Messer und Gabel. Die weitere Ausgestaltung erfolgt kalligrafisch, zeichnerisch oder mit Farbe.
Eine einfachere Variante wäre, einen viereckigen Hohlraum zu schneiden und diesen dann mit passenden Materialien auszugestalten. Wichtig ist jedoch, die äußere Form des Buches zu erhalten. Das heißt konkret, das Buch muss sich schließen und wegstellen lassen und einen Titel erhalten.

Innenteil

Glasskulpturen

Zeitaufwand: ein Vormittag (Herstellen von Glut, Schmelzvorgang)

Material: Dünnwandige Gläser (Sekt-, Wein- und Wassergläser), kein Pressglas; Glut, lange Stöcke, Zangen für Grillgut, Topfhandschuhe; evtl. farbige Glassteine

Besonderheit: Offenes Feuer im Freien, entsprechende Vorschriften müssen beachtet werden. Evtl. könnte man eine offizielle Feuerstelle (z. B. Grillhütte) nutzen.
Schon im 4. Jh. v. Chr. war die Herstellung von Glas in Ägypten bekannt. In Assyrien fand man in der Bibliothek des Königs Assurbanipal (669–626 v. Chr.) ein Rezept zur Glasherstellung. Die Römer waren bereits in der Lage, Glas industriell zu fertigen, was schon damals zu einer enormen Umweltbelastung in der Stadt Rom führte. Die Folge war, dass man die Glasherstellung zu Beginn des 3. Jhs. v. Chr. in bestimmte Bezirke auslagerte. Eine bekannte Glasmanufaktur der Römer befand sich in Köln. Auch – damals noch undurchsichtige – Glasplatten in Fenster einzusetzen, war die Erfindung der Römer. Dennoch

blieben verglaste Fenster für lange Zeit ein Luxus. In Europa entstanden im 16. und 17. Jh. bedeutende Zentren der Glaskunst in Venedig (Kristallglas) und Böhmen (Bleikristall).
Glas ist ein Gemisch aus 65–75 % Kieselsäure, 10–20 % Alkalien und 10–20 % gebranntem Kalk. Die Kieselsäure (Quarzsand) bildet das eigentliche Glas, die Alkalien (Kalkstein, Dolomit u. a.) machen die Haltbarkeit aus. Soda spielt als Flussmittel eine Rolle, d. h., es leitet und fördert die Schmelze. Das Gemenge der Rohstoffe (teils staubfein, teils körnig gemahlen) wird zum Schmelzen auf 1 400–1 600 °C gebracht und bei 900–1 200 °C verarbeitet.
Weder gibt es die technischen Möglichkeiten, noch kann es Ziel des Kunstunterrichts sein, Glas herzustellen. Wohl aber lässt sich vorhandenes Glas umschmelzen. Eine gute Gelegenheit bietet sich an Wandertagen oder während einer Wanderwoche in einem Schullandheim, wenn dieses Schmelzereignis noch mit einer Grillparty verknüpft wird.
Nachdem ein Feuer entfacht und genügend Brennstoff für eine anhaltende Glut vorhanden ist, werden die Gläser in ihrem ursprünglichen Zustand fotografiert; einzeln oder in einem Arrangement.

Ist das Feuer in Glut übergegangen, wird diese etwas auseinander gezogen und das Material vorsichtig hineingelegt und wieder mit Glut bedeckt. Hat sich das Glas erhitzt und ist glühend geworden, verformt es sich sehr schnell und muss sofort vorsichtig mit einem Stock aus der Glut zum Abkühlen an den Rand der Feuerstelle gezogen werden. Mit einer Grillzange kann man das verformte Glas auch in kaltem Wasser abkühlen (Craquéeffekt). Das Glas ist teilweise mit Ascheteilchen verunreinigt und hat seine ursprüngliche Form verändert. Möchte man farbige Einschlüsse, so kann man das Glas mit bunten Glassteinchen ins Feuer legen.

Variante: Hat man mehr Zeit zur Verfügung, kann man die „Glaskunst" in einen Grafik- oder Designkurs einbetten und die Gläser mit verschiedenen grafischen Mitteln vorher und nachher zeichnen lassen. Auch eine Dokumentation per Foto oder Video ist denkbar.
Als Vorlage können Kataloge über Glaskunst und die Entstehung verschiedener Gläser mit unterschiedlicher Funktion dienen.
Einen Keramikbrennofen sollte man nicht für solche Experimente benutzen, da nicht zu behebende Verunreinigungen auf den Schamottsteinen entstehen können.

Literatur: WINZER, FRITZ (Hrsg.): Kulturgeschichte Europas von der Antike bis zur Gegenwart. Naumann und Göbel, Köln o. J. SÜSSMUTH-MITARBEITER-STIFTUNG (Hrsg.): Glaskunst 81. Internationale Ausstellung zur Studioglasbewegung der Gegenwart, 3.9. bis 18.10.81 in der Orangerie in Kassel, Werkstatt Verlag, Kassel 1981. WEISS, GUSTAV: Ullstein Gläserbuch. Eine Kultur- und Technikgeschichte des Glases, Ullstein, Frankfurt/Berlin/Wien 1979. GRIMM, CLAUS (Hrsg.): Glück und Glas. Zur Kulturgeschichte des Spessartglases, Verlag Kunst und Antiquitäten, München 1984.

Was ist in meinem Kopf?

Christine Biehler

Klasse 9

Ein Kopfmodell entsteht: In die Lichtkegel mehrerer Overheadprojektoren und Diageräte stellen sich einzelne Schüler so, dass ihre Köpfe lebensgroß als Schatten an die Wand geworfen werden. Projektionsflächen bilden ca. 5 mm starke Architektenpappen mit Styrodurfüllung.

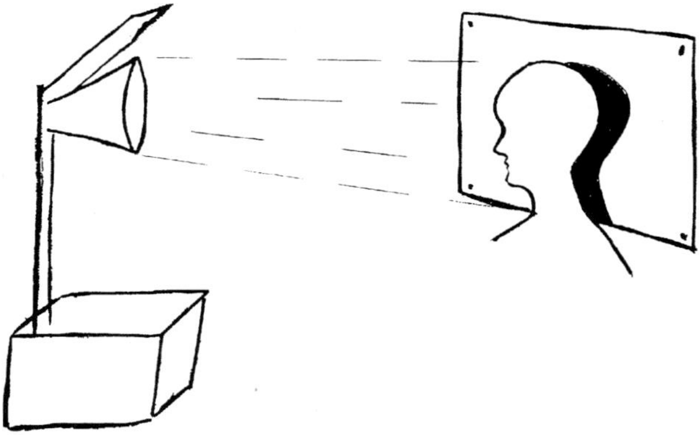

Von jedem Schüler werden auf dem Karton zwei Kopfumrisse mit Halsansatz umzeichnet. Die Schüler helfen sich dabei gegenseitig. Mit dem Cutter werden die Kopfschablonen ausgeschnitten. Durch zwei Einschnitte, die jeweils bis zur Mitte reichen, an einem Kopf von der Unterseite, bei dem anderen vom Scheitel ausgehend, können nun die beiden Pappen ineinandergesteckt werden und es bildet sich ein durch zwei Achsen angedeuteter Raum, ein Kopfmodell. In der gewonnenen Form sind nun vier Abteilungen entstanden, deren Ausstattung im Weiteren erarbeitet werden muss.

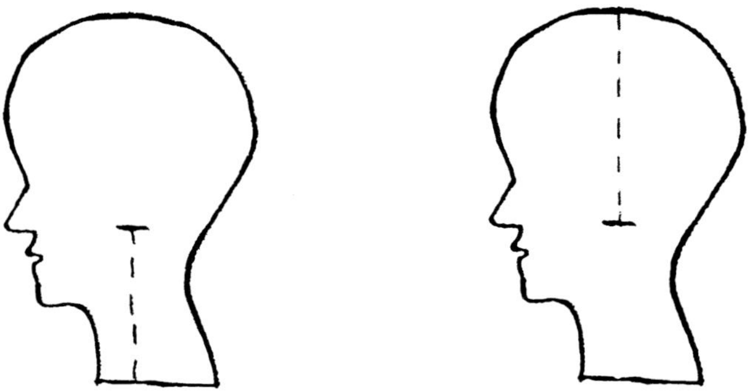

Was ist in meinem Kopf? … Stimmungen, Träume, Vorlieben und Abneigungen, Erinnerungen …
Zur Vorklärung, was diese Abteilungen inhaltlich repräsentieren und vorzeigen sollen, werden auf einem in vier Teile geteilten Arbeitsblatt Ideen vornotiert (z. B. „Hass"-Abteilung im Hinterkopf ….
Die Schattenrisspappen können zunächst rundum angestrichen, bemalt oder beklebt werden mit Papier, Tapete, Folie und Texten. „Wähle dabei Farben und Materialien, die dir gefallen und etwas von dir erzählen."

Erinnerungsgegenstände, Fotos, Alltagsobjekte, Selbstgebasteltes, Lieblingsbücher, -musik und vieles andere mehr sollen dann in den Abteilungen mit Draht oder Schnüren usw. montiert und arrangiert werden.

Design(en)

Dinge für den (eigenen) Gebrauch gestalten

Christine Waßmann-Wirth

Bei *Design* denkt mancher an außergewöhnlich gestaltete, teure Gegenstände aus Künstlerhand. Aber nicht nur der Parfümflakon, auch die Einheitsflasche für Mineralwasser hat ein Design. Man muss dabei bedenken, dass beides eine Art sprechende Gestalt hat, die dem Betrachter neben dem unterschiedlichen Schönheitswert auch etwas über den Inhalt des Gefäßes, das Funktionieren der Verpackung, ja sogar seine Benutzer vermittelt. Design ist eben Kunst, die sich nützlich macht, immer hat es eine praktische, ästhetische und symbolische Funktion (wenngleich in unterschiedlichen Anteilen).

Fällt das Zauberwort Design im Unterricht, ist das Interesse der Schüler oft groß – gelten doch teure Markenartikel und innovative Formfindungen häufig als wesentliche Identifikationselemente der Jugendlichen. Immer mehr Verbraucher erwarten heute vom Design Identität, Individualität, ja Lebenssinn und sind bereit, für exklusive Produkte viel Geld auszugeben. Die Schüler werden also nicht nur ständig von Dingen des täglichen Gebrauchs begleitet, sondern sind z. T. auch von außergewöhnlichen Designobjekten umgeben. Sie bewundern die Expertenkompetenz mit all ihrer glitzernden Aura, doch da ist auch das Bedürfnis nach einem differenzierteren Urteilsvermögen und kritischer Orientierung.

Schüler haben oft vielfältige Wünsche, wenn es darum geht, etwas zu bauen, was sie selbst benutzen und nach Hause nehmen können. Aus der Vielfalt der Ideen soll deshalb auch ein Thema ausgewählt werden, das eine möglichst große Schnittmenge dieser oft konträren Bedürfnisse berücksichtigt. Für das Gelingen der Unterrichtsaktivitäten ist es dabei notwendig, einen Inhalt zu aktualisieren, der überschaubar ist, und in den die individuellen Vorstellungen so weit wie möglich eingebracht werden können. Dabei müssen nicht immer alle Schüler den genau gleichen Gegenstand bauen („... alle formen eine Schale ..."). Doch die Problemstellung muss klar und deutlich definiert sein, um zu verdeutlichen, dass anwendungsbezogenes Entwerfen anstatt klischeehafter Bastelei die Ar-

beitsprozesse bestimmt („... alle formen ein Gefäß, aus dem ein älterer Mensch beim Fernsehen besonders gut Erdnüsse essen kann ...").
Bei der Besprechung eines ausgewählten Gestaltungsgegenstandes sollten z. B. seine spezifischen Funktionszonen Handlungsspielräume für Problemlösungen eröffnen („Wie sitzt das Ei im Eierbecher fest und bleibt doch herausnehmbar? Wie wird weiches Eigelb aufgefangen, klebt beim Abspülen aber nicht am Gefäß fest?"). Der Lehrer sollte bei der Aufgabenstellung schwerpunktmäßig eine Designfunktion (Funktionalität, Ästhetik oder Symbolfunktion) hervorheben (z. B. „Wie wird eine Schale besonders schön? Wie überrascht ein Geschenkpäckchen den Beschenkten am meisten?"). Dennoch muss darauf geachtet werden, dass z. B. bei der Entwicklung eines vorwiegend funktionalen Objekts die ästhetischen Gesichtspunkte desselben nicht als „wesensfremdes Dekor" hinzuaddiert werden. Die unterschiedlichen Designfunktionen müssen also im integrativen Zusammenwirken vorgestellt werden.
Auch die Rolle der Zielgruppe, für die der Gegenstand geplant wird, darf bei der Vorstellungsbildung nicht unterschätzt werden: die eigene Altersgruppe, Familienmitglieder als Repräsentanten anderer Zielgruppen, augenzwinkernd vielleicht die Gruppe der Yuppies o. Ä. schärfen den Blick für spezifische Anforderungen an den geplanten Gegenstand.
Insofern ist auch beim Sachbereich Design die bündelnde Kraft der Vorstellungsbildung wirksam. Werden diese Faktoren vom Lehrer bei allen Besprechungen ernst genommen, ermöglicht dies den Schülern die konsequente Umsetzung ihrer Ideen und die Vollendung ihres Werkes sowie das Werkerlebnis.
Bei der Aufgabenstellung muss der Lehrer neben den organisatorischen Voraussetzungen (Fachraumbenutzung, Werkzeugbestand, Zeitumfang der einzelnen Arbeitsschritte, Zwischenbeschäftigungen) vor allem die relevanten Fähigkeiten/Fertigkeiten der Schüler einschätzen:

- *Zeichnerische Fähigkeiten:* Formunterscheidungsvermögen, Proportionen und Konturverläufe richtig wahrnehmen und beurteilen können; Grundlagen des technischen Zeichnens (Grundriss/Aufriss), Grundlagen perspektivischen Zeichnens sollten möglichst vorhanden sein.
- *Räumliches Vorstellungsvermögen:* Körper in unterschiedlichen Ansichten denken (von vorn, hinten, seitlich, Querschnitt, Längsschnitt).
- *Materialkenntnisse:* materialgerechte Verarbeitung, Chancen und Grenzen einzelner Materialien sowie Materialkombinationen müssen erlernt werden.
- *Konstruktive Probleme:* Materialverbindungen („Was kann man kleben, was stecken, was muss geschraubt werden?") stellen ein besonderes Lernfeld dar.

Der Gestaltungsprozess ist zwar ein komplexes, planvolles Handeln, gliedert sich aber in folgende Schritte:

- Vorstellungsbildung, Schnellskizzen zur Ideenfindung, Planskizze mit Materialliste, Bau.

- Bei der Erstellung der Planskizze stellt die naturgetreue Abbildung des Gegenstandes oft eine große Schwierigkeit dar. Der Lehrer sollte darauf achten, dass der gemeinte Gegenstand mit möglichst zwei einfachen Schauseiten darzustellen ist. Ungelöste Planungsprobleme sollten nicht in die Bauphase verschleppt werden. Andererseits muss bei jüngeren Schülern darauf geachtet werden, dass der Materialanreiz nicht durch zu lange Planungsphasen abflaut.

Schon im Verlauf des zeichnerischen Entwurfs ergeben sich vielfältige Möglichkeiten der Differenzierung: Die Schüler treffen Formentscheidungen, spielen Variationen durch, beschreiben Konturverläufe, erproben Proportionierungen; auch die (späteren Ober-)Flächen werden betrachtet: Farbentscheidungen, Dekors, Oberflächenstrukturen durchgespielt. Bautechnische Umsetzungen wie auch konstruktive Besonderheiten sollten unbedingt (z. B. durch das Verfassen einer kurzen Bauanleitung) antizipiert werden.
Bei der konkreten Verwirklichung der Vorstellung ergibt sich aus den neu hinzutretenden Materialreizen erneut eine Fülle von individuellen Zugängen und Differenzierungsmöglichkeiten, beginnend bei der Auswahl und Komposition unterschiedlicher Materialien, über die reale technische Konstruktion, die handwerkliche Verarbeitung bis hin zur endgültigen Ausgestaltung. Die angestrebten, individuellen Problemlösungen werden bei zu großer Materialfülle/Aufgabenweite jedoch kaum noch erreicht.
Gemeinsame vorstellungsbildende Absprachen mit begrenzten Inhalten und Materialien verschaffen dem einzelnen Schüler letztlich größere individuelle Freiräume und ein stärkeres Werkerlebnis.

Tierische Verpackungen

Klassen 5–7

> Weihnachten, Muttertag, Ostern, Geschenke werden vorbereitet, schöne Geschenke. Nur, wie soll man die verpacken? Sehen Verpackungen nicht immer gleich aus? Diese nicht! Ein schriller Vogel unter den Verpackungen, der dem Beschenkten zufliegt …

Erfahrungsgemäß stößt das Thema auf großes Interesse bei den Schülern – gerade, wenn es z. B. in der Vorweihnachtszeit behandelt wird. Das selbst gebastelte Produkt können die Schüler mit nach Hause nehmen und Varianten selbstständig immer wieder ausprobieren.
Die *typischen Merkmale eines Vogels* sind leicht zu erfassen (s. Folienvorlage), lassen aber genügend Raum für individuelle Ideen. Dieses Unterrichtsvorhaben ist auch mit leistungsschwächeren, jüngeren Kindern durchführbar und kann je nach Schulform, Altersgruppe, Leistungsvermögen erweitert werden (allgemeinere Tierformen, Pflanzenformen, abstrakte oder architektonische Formen). Die Vorstellungskraft der Kinder muss ausgediente, „normale“, nichtssagende

Feuervogel

Schachteln, die sie von zu Hause mitgebracht haben, in fantastische Vogeltiere verwandeln. Form und Lage der kubischen Gebilde wecken Assoziationen von bestimmten Vogelarten, deren Gestaltungsmerkmale so anschaulich beschrieben werden, dass sie Ausdrucksqualität gewinnen können und zu fantasievoller, originell-witziger Ausformung anregen. *Zeichnerische Skizzen* halten erste Einfälle fest. Der Lehrer führt (wenn nötig) die parallelperspektivische Darstellungsform von Quadern ein.
Bevor nun die Verwandlung der Schachtel aus einer banalen in eine ganz besondere Verpackung beginnen kann, sollte den Kindern der Zusammenhang zwischen der jeweiligen Form der Schachtel, die ein Vogel werden soll, und der Form des Geschenks, das in ihr verpackt werden wird, klar sein. Daraus kann sich dann u. U. ein semantischer Kontext ergeben: Die modisch-elegante Krawatte für den Vater ist in einem zylindrischen Päckchen, das als vornehmer Pinguin gestaltet ist, gewiss gut aufgehoben. Das Bezugsfeld *Funktion – Ästhetik – Symbolik* könnte an einem derartigen Beispiel verdeutlicht werden.

Werkzeuge und Materialien: Uhu, „Ökocol" (Gerstäcker) o. a. transparent trocknender Kleber; Papierschere; Tesafilm; Bleistifte und Zeichenpapier; Karton, in den nach der Ausgestaltung das Geschenk geschoben werden soll. Der Karton muss also oben oder seitlich eine Öffnung aufweisen; wenigstens je drei Geschenkpapiere oder Tonpapiere/Buntpapiere/Bastelfolien; etwas Alufolie, Packpapier; Schleifen- oder Geschenkband oder Tüllreste, Kordeln, Paketschnur; Styroporkugeln, Wattekugeln oder Wattebäusche; Federn oder Pfeifenreiniger oder Zahnstocher; Filzstift oder Edding, evtl. Lackstifte; alles, was sonst noch der fantasievollen Ausschmückung dienen kann!

Arbeitsschritte
Die Kinder müssen rechtzeitig (d. h. wenigstens 14 Tage vor Arbeitsbeginn) aufgefordert – und immer wieder erinnert! – werden, vor allem das schmückende Material zu sammeln und mitzubringen, sodass eine umfangreiche und anregende Sammlung entsteht, die auch zum Tauschen und Weiterschenken veranlasst.

1. Schritt: Für einen möglichst attraktiven Gesamteindruck ist die exakte, sorgfältige Kaschierung des Kartons sehr wichtig. Der Lehrer demonstriert oder erklärt die Wickeltechnik für das Bekleben des Geschenkkartons. Folgende Aspekte sollten dabei angesprochen werden:

- Auswahl der Papierfarbe (Motivbezug) und Papierqualität (rau, glänzend),
- Vorzeichnen (Schnittmuster) des Papiers *mit Falzkanten,*
- Einwickeln durch Abrollen und Falzen,
- *gerade* Schnitte und *sauberes* Flächen-, Kantenkleben.

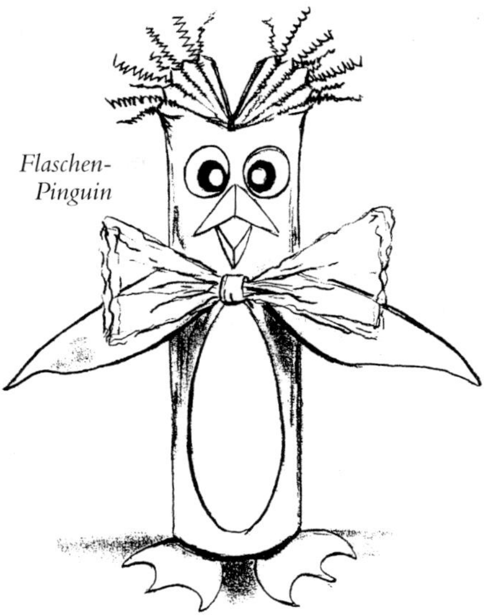

Flaschen-Pinguin

2. Schritt: Arrangement der schmückenden Attribute. Die unterschiedlichen Gestaltungsmöglichkeiten mittels vielfältiger Materialien werden besprochen; besonders auch die diversen Ausprägungen der Vogelarten (Adler – Zaunkönig) sowie die spezifischen Erscheinungsformen von Vogelindividuen (verschrecktes Huhn, edler Schwan) werden hervorgehoben.
Die Schüler erstellen Schnabel, Augen, Flügel, Schwanz und Krallenfüße ihres Vogelwesens. Das „Schachtelwesen" sollte zunächst auf einem beweglichen Untergrund arrangiert werden, um Wirkungen vielfältig überprüfen zu können, bevor das Zusammenkleben beginnt.

3. Schritt: Befestigen/Kleben des endgültigen Arrangements. Das Arrangieren der Bestandteile zu einem Vogelwesen und das endgültige Fixieren werden als getrennte Arbeitsschritte klar herausgehoben, um für beide Anteile jeweils die volle Konzentration zu gewährleisten. Eine Hilfe für die selbstständige Kontrolle des bislang erarbeiteten Objektes kann eine Checkliste sein, die bereits bei der Vorbesprechung an der Tafel entwickelt wurde.

Checkliste zur Beurteilung ...
- Besonderheit (Individualität, Originalität), persönliche Note,
- ausdrucksstarke Zusammenstellung der gewählten Materialien (Papiere, Schnüre, Beiwerk),
- Bezug zur Form des Paketes (z. B. Hochformat = Pinguin, Querformat = Ente),
- saubere Verarbeitung, genaue Verklebung, saubere Schnittkanten, exakte Knicke und Falzen.

Das Wechselspiel von statischen und dynamischen Formanteilen sowie vielfältige Materialanreize bieten Anregungen zum Entwickeln eines ästhetisch reizvollen Spannungsgefüges. Schon das Auswählen der Materialien ermöglicht ästhetisches Kalkulieren: Man vergleicht, begreift unterschiedliche Qualitäten und stellt diese zusammen.
Das Wechselverhältnis von der statischen kompakten Grundform der Schachtel und den dynamisch-bewegten Elementen der Wesensmerkmale (besonders für

den Gesichtsausdruck) bilden ansprechende Belebungen des Kartons – ebenso wie Farbkompositionen, individuelle Proportionierungen und reizvolle Materialzusammenstellungen.
Je nach Temperament und Vorstellungsvermögen des jungen „Verpackungsdesigners" sind sehr unterschiedliche Deutungen des Themas möglich, denkbar und wünschenswert. Durch die Umdeutung der Schachtel können bestimmte Aspekte einer figürlichen Darstellung unbefangen „durchgespielt" werden: steife Pinguine, staksige Störche, kompakte Enten, edle Schwäne, grimmige Raubvögel, verschreckte Hühner oder allgemeiner: Fantasievögel.
Immer wieder muss überlegt werden, ob ein Zusammenhang besteht zwischen Art und Ausdruck des „Kastenvogels", dem Geschenkinhalt und dem Empfänger des Geschenkes. Dieses mögliche Zusammenspiel bewusst zu halten, hilft den Kindern, sich den Unterschied einer freien Werkarbeit zu einem „Design-Verpackungsobjekt" zu vergegenwärtigen.

Beispiel eines Schnittmusters durch Abrollen

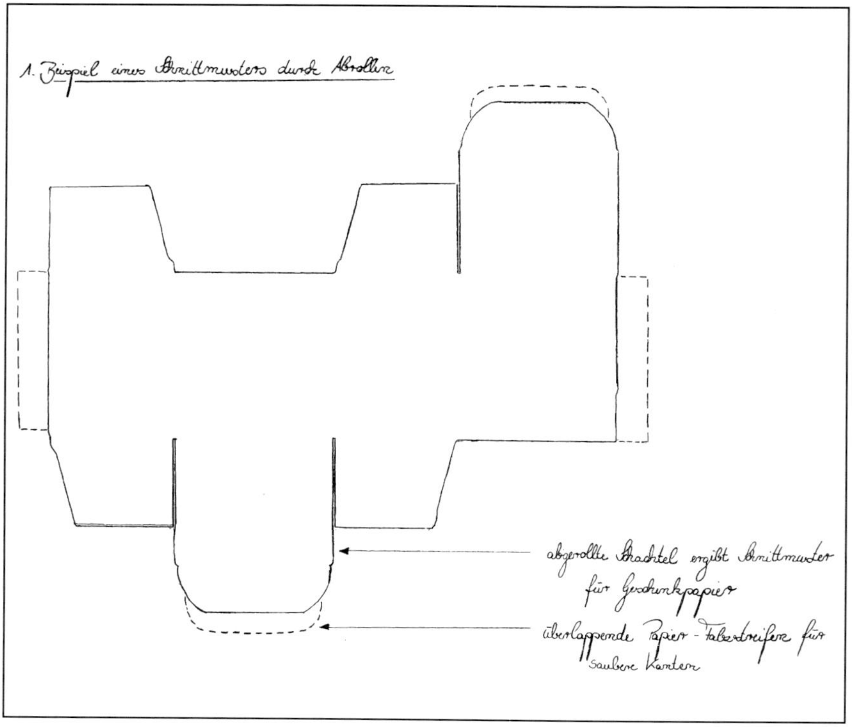

Folienvorlage

Wesensmerkmal (Woran erkenne ich einen Vogel?)	**Material** (Womit mache ich aus dem Karton einen Vogel?)	**Form/Herstellung** (Was forme ich und wie tue ich das?)
1 Schnabel	– Papier – Pfeifenreiniger …	– Papierdreiecke – Papierröhrchen – 2 Enden Pfeifenreiniger verbiegen 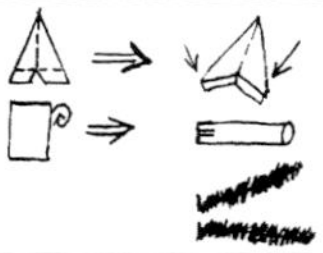
2 Flügel	– echte Federn – Papier – steifer Stoff/Tüll …	– nur ankleben – Flügelformen ausschneiden, einritzen – Papier/Stoff wellig falten 
2 Krallenfüße	– Papier – Pfeifenreiniger – Streichholzschachteln …	– gezacktes Papierdreieck – 3 Enden Pfeifenreiniger zusammenbiegen – Streichholzschachteln bekleben und anbringen 
2 Augen	– Papier – Wattekugeln …	– 2 große und 2 kleine Papierkreise ausschneiden – Wattekugeln mit schwarzen Augenpunkten bemalen 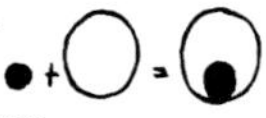
Gefieder (Zierfedern, Schwanzfedern)	– echte Federn – Papier – Geschenkbänder …	– viele Federn ankleben – viele Papierstreifen anbringen – Geschenkbänder kringeln

Einwickeln der Schachtel

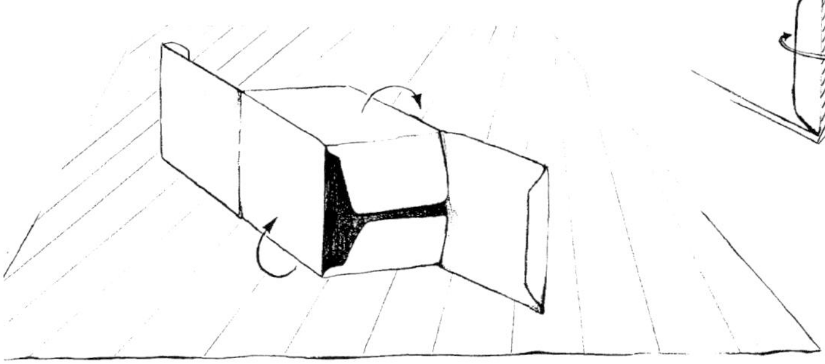

Falzen an wichtigen Kanten

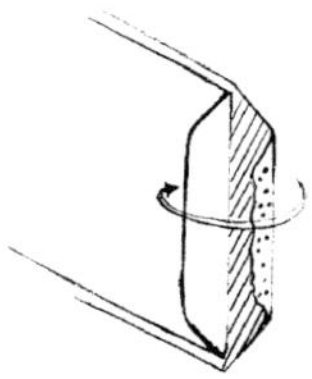

Eierbecher für das besondere Frühstück zu zweit

Klassen 9–10

Endlich ist es da! – Das erste gemeinsame Frühstück mit Verwöhnaroma ... Man tankt Schwung für einen erlebnisreichen, neuen Tag mit heißem Kaffee, gutem Schinken und leckerer Marmelade an einem besonders schön gedeckten Tisch. – Und als Krönung gibt's ein genau getimtes Frühstücksei! – Nein, es gab ... Das Ei rollt nämlich vom Tisch, oder soll es etwa in einer verkratzten Plastikschale serviert werden? Worin präsentiert sich der Gipfel der Frühstückstafel origineller, edler, frecher aber auch so sicher, dass es genüsslich und ohne Kleckerei verzehrt werden kann?

Es sollen also zu einem *festlichen Anlass* (Genießerfrühstück für zwei Personen z. B. in den Ferien, zu Ostern) *zwei Eierbecher als Set* entworfen und hergestellt werden. Dabei sollen die Eierbecher so gestaltet werden, dass das Ei *sicheren Halt* findet und in origineller Weise die *Frühstückstafel verschönert* und bereichert. Auf gar keinen Fall darf *verlaufendes Eigelb* die angestrebte Harmonie stören! Und eine Antwort auf die Frage: „... wohin mit den Eierschalen ...?" sollte auch gefunden werden.
Bei der Besprechung des Themas soll die oben skizzierte Situation hinsichtlich des Gebrauchszusammenhangs (besonderes Frühstück), der Zielgruppe (junges, modernes, verliebtes Paar mit Sinn für schöne Dinge und Genussfreude) und der vorherrschenden Atmosphäre (frisch, dynamisch, gut gelaunt, Neugier auf den freien Tag) ausgemalt werden.

Abb. 1

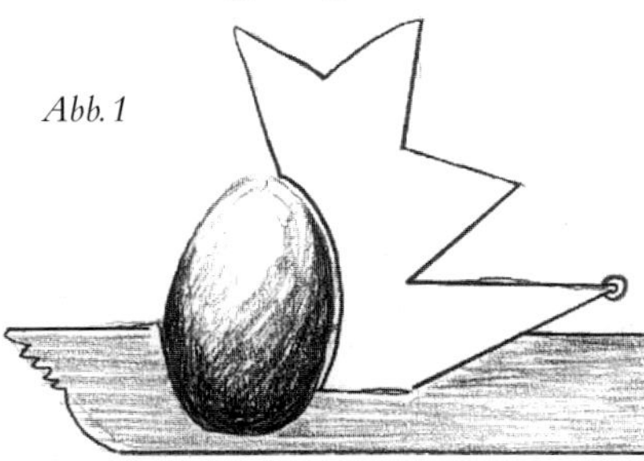

Der geplante Eierbecher wird durch die üblichen Funktionsbereiche geprägt: Mulde, Sockel, Teller. Die Gestaltungsvielfalt hinsichtlich Form, Größe, Proportion, Farbe/Dekor, Material, Oberfläche bietet eine Fülle individueller Ansätze. Allein die Proportionierung des Sockels führt zu völlig verschiedenen Ausdrucksqualitäten (Sockel kurz, dick und gedrungen = rustikales Erscheinungsbild, überlängte, spitze Sockelfigur = exaltierter Eindruck). Es sollte darauf hingewiesen werden, dass die Gestaltung eine Integration von funktionalen und ästhetischen Gesichtspunkten besonders berücksichtigen muss. Wenn die Funktionszonen besprochen werden, können ästhetische Gesichtspunkte an funktionale Überlegungen geknüpft werden. So werden unreflektierte Formübernahmen und Reproduktionen von süßlichem Kitsch vermieden.
Die weitgehend abstrakte Formensprache des Eierbechers wird auf ihren Eindruck beim Betrachter/Benutzer hin genauer überprüft: (z. B. rund = bergend, Kontrast von zackig und oval, vgl. Abb. 1 und 2). Dekors (und evtl.

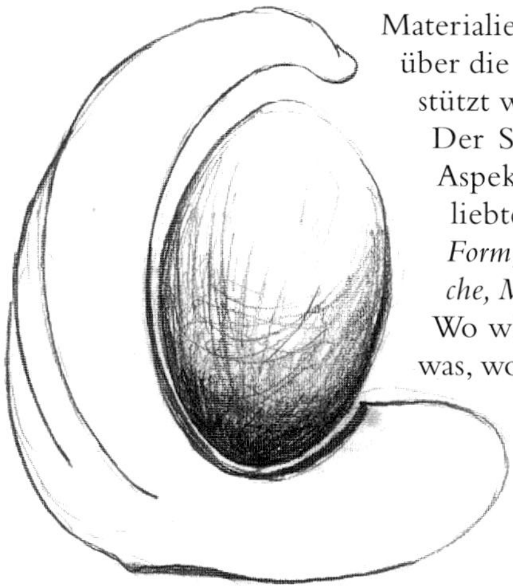

Abb. 2

Materialien) sollten so eingesetzt werden, dass der über die Form gegebene Ausdruck weiter unterstützt wird (vgl. Abb. 3).

Der Set-Charakter verstärkt kompositorische Aspekte: Wie fügen sich zwei Becher von Verliebten zusammen? Wie und wo antworten *Form, Größe, Proportion, Farbe/Dekor, Oberfläche, Material* aufeinander? Wo wiederholt sich etwas, wo gibt es Gegensätze, wo Abwandlungen?

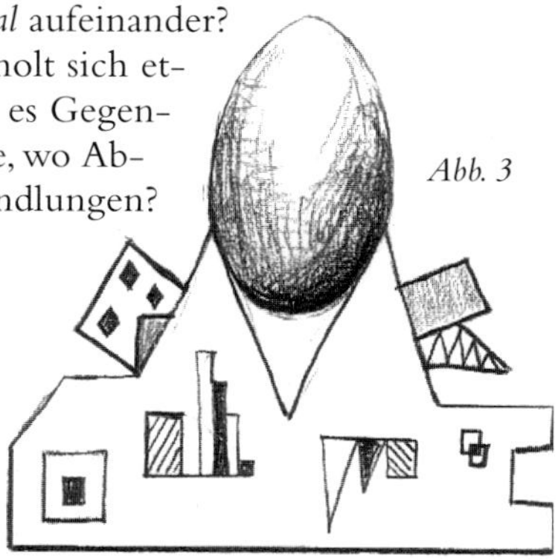

Abb. 3

Möglicher Tafelanschrieb:

Beurteilungskriterien

- Idee (Individualität, Originalität), persönliche Note
- funktionale Form: Halt, Herausnehmbarkeit des Eies/der Eierschalen, Auffangmöglichkeit für weiches Eigelb/Eiweiß; benutzerfreundlich beim Spülen?
- ausdrucksstarke Formgebung der gewählten Materialien (positive Wirkung auf die Gefühle des Benutzers, zeitgemäß oder ästhetisch veraltet, Art der Präsentation (edle Krönung, heiteres i-Tüpferl)
- Grad der Ausgestaltung (Form, Größe, Proportion, Farbe/Dekor, Oberfläche), saubere Verarbeitung

Arbeitsschritte

Mit der Gruppe werden je nach Entwicklungsstand und Unterrichtsbedingungen ein oder mehrere geeignete Materialien abgesprochen (Fimo, Ton, Speckstein, Acrylplatten, Holz ...). Die jeweilige Materialentscheidung beeinflusst stark die spätere Konstruktion des Werkstückes. Nach einigen Skizzen entscheiden sich die Schüler für eine Idee, prüfen die technische Umsetzbarkeit und fertigen dann eine Entwurfszeichnung.

Entwurfszeichnung: Die ovale Form des Eies soll in Originalgröße abgezeichnet werden, die formalästhetischen Entscheidungen zur Gestaltung der Eierbecher werden dazu ebenfalls in Originalgröße erprobt (Formen/Farben/Proportionen/Größe/Kompositionsmöglichkeiten).

Material und Bau: Für kleine kompakte Formen ist Fimo recht gut geeignet, weil es leicht zu verarbeiten ist, nahezu schrumpfungsfrei trocknet und in vielen Farben überall erhältlich ist. Dünne hohe Aufbauten sollten mit Drahtgerüstkern und Plastiform (Modelliermasse, z. B. bei Gerstäcker) bewerkstelligt werden. Diese Objekte trocknen an der Luft und können von Hand bemalt werden. Zum Schluss erhalten sie einen Schutzlack.
Als Bearbeitungswerkzeuge bei der Formung dienen diverse Messer oder auch eine kleine, feste Drahtschlinge; Fimo kann gut mit einem runden Stift ausgerollt werden. Ein mit einer Plastikfolie/glattem Stoff überzogenes Brettchen vermeidet das Festpappen des weichen Materials. Fimoverbindungen können durch vorheriges Aufrauen der Oberfläche (Zahnstocher) verstärkt werden.

Dekor: Man sollte darauf achten, dass bei der Entwicklung dieses funktionalen Objekts die ästhetischen Gesichtspunkte nicht als *wesensfremdes* Dekor hinzuaddiert werden. Mulde, Sockel und Teller sollen ja harmonisch miteinander verbunden sein, Formelemente können sich also wiederholen, in Größe und Proportion aufeinander antworten oder sich punktuell kontrastiv verhalten. Entsprechend sollten also Oberflächen, Farbakzente oder Muster diese Grundidee unterstützen: Ein formal auffälliges Element wird farblich betont, ein Muster greift Formentscheidungen aus der Gestalt wieder auf usw. Die unterschiedlichen Farben des Fimo werden gleich dekorativ verwendet, eine zusätzliche Bemalung erübrigt sich hier. Bei der Verwendung von Plastiform können neben der Handbemalung auch Sprühlack-Effekte (besonders metallischer Glanz) eingesetzt werden.
Je nach Temperament und Vorstellungsvermögen des jungen „Industrie-Designers“ sind sehr unterschiedliche Deutungen des Themas möglich, denkbar und wünschenswert. Durch die Bestimmung der Funktionszonen werden Aspekte einer naiv-figürlichen Darstellung (wie z. B. beim *Keramikhuhn mit Mulde fürs Frühstücksei*) zu Gunsten einer sachlich angemesseneren Betrachtung weichen.

Individuelle Deutungsmöglichkeiten entstehen bei der Schwerpunktsetzung im funktionalen Bereich sowie bei der Auswahl, Kombination und Bearbeitung der vielfältigen Gestaltungselemente. Wird die Bauphase als Modellentwicklung deklariert, können die Schüler das Thema hinsichtlich der verwendeten Materialien gedanklich noch einmal erweitern.
Die Unterrichtsidee ist unter Abschwächung des theoretischen Anspruchs auch mit leistungsschwächeren, jüngeren Schülern durchführbar. Sie kann aber auch je nach Schulform, Altersgruppe, Leistungsvermögen variiert werden in Bezug auf komplexere Gegenstände, auf anspruchsvollere Materialen (Holz, Metall) und hinsichtlich des theoretischen Anspruchs (Theorie der guten Form, geschichtliche Zusammenhänge, Berufsbild Designer usw.).

Mode – Kleider machen Leute

Renate Mann

Klassen 9–13
Zeitaufwand: mind. drei Doppelstunden

Material: Historische Modefotos, Modezeitschriften, Modezeichnungen, verschiedene Gewänder/Kleidungsstücke, figürliche Zeichnungen als Basis für eigene Modezeichnungen (Arbeitsblatt); Stoffmuster, Garne, Spitze; Pinsel, Stifte, Aquarellfarben, Tusche …

Oskar Wilde soll gesagt haben, dass „Mode ist, was man selber trägt. Altmodisch ist, was andere tragen." Dies ist eindeutig eine individuelle Wahrnehmung, die eine Abgrenzung vortäuscht, die von außen gesehen nicht vorhanden ist. Modetrends wurden schon immer gemacht und besonders weibliche Kunden ließen sich schon immer verlocken. Von Partnerlook sprach man in den Sechzigern, heute tragen Jugendliche, ob männlich oder weiblich, „Unisex". Nur der Rock hat sich bei den Herren noch nicht als Kleidungsstück – in unserer Kultur jedenfalls – durchgesetzt.
Um sich dem Thema anzunähern, können zunächst Analysen der eigenen Kleiderkultur erfolgen. Dazu können aus Prospekten, Katalogen und Modezeitschriften aktuelle Modetrends ermittelt, gezeichnet oder collagiert werden. Ein anderer Zugang sind Gemälde aus der Kunstgeschichte oder Entwürfe zu Bühnenaufführungen (z. B. von Schlemmer). Diese können aus Kunstbüchern farbig kopiert und vergrößert werden oder auf Folien für den Overheadprojektor gezogen werden. Dann ist man nicht auf einen verdunkelbaren Raum angewiesen.
Theater und städtische Bühnen versteigern von Zeit zu Zeit Kleider aus ihrem Fundus. Ein so erstandenes Kleidungsstück wird im Klassenraum aufgehängt oder über eine Kleiderpuppe gestülpt und bietet genügend Anreiz, frei über die

Trägerin oder den Träger zu assoziieren, über deren oder dessen Lebenssituation zu sinnieren, ihr oder ihm Charaktereigenschaften zuzuordnen und dies alles in einem Skizzenheft festzuhalten. Ebenso sollte über den Verwendungszweck, die Funktionalität, den Materialreiz und die ästhetische Qualität des Gewands nachgedacht werden – Voraussetzung für eine kreativ-kritische Behandlung des Themas Modedesign.

Um ein befriedigendes Ergebnis zu erreichen, sollten den Schülern auf einem Arbeitsblatt Figurinen angeboten werden, die sie überformen, also quasi „anziehen“ können. Gezeichnet wird zunächst mit Bleistift, nach den Korrekturen mit Filzstift oder Tusche auf Transparentpapier. Das erlaubt die mehrmalige Benutzung einer vorgegebenen Figur. Die so entstandenen Modezeichnungen werden dann mit Aquarellfarben laviert.

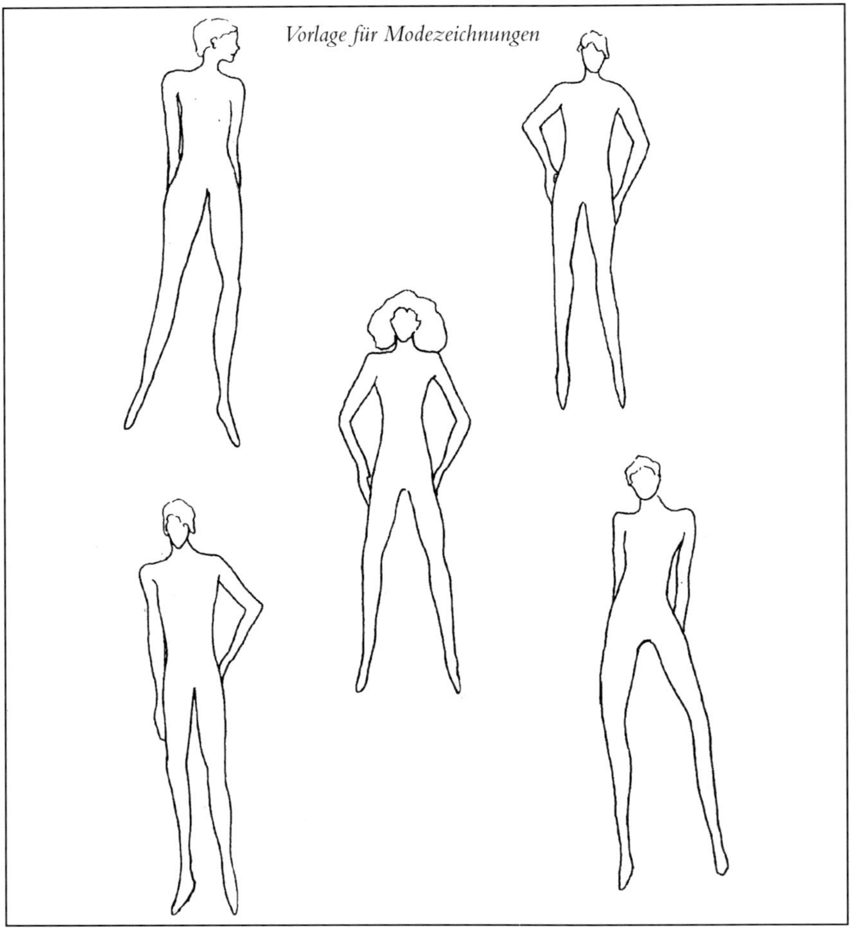

Vorlage für Modezeichnungen

Ungewöhnliche Strukturen wie Vergrößerungen von Pflanzenteilen, Frottagen von Spitzen, Kopien von geknittertem oder aufgerautem Papier sind Vorgaben, die viel Raum für eigene Kreationen lassen (siehe Abbildungen S. 140).

Diejenigen Entwürfe, die von den Schülern handwerklich umgesetzt, also zugeschnitten und genäht werden können, sollten auch realisiert werden. Dabei kann auch auf Konfektionsware als Basis zurückgegriffen werden, die dann den Entwürfen entsprechend verändert wird. Eine andere Möglichkeit ist eine Modellanfertigung en miniature für eine im Handel erhältliche Gliederpuppe. Es gibt aber auch andere Möglichkeiten, um sich mit Mode bildnerisch auseinanderzusetzen. Man könnte Teile von Kleidung verschiedener Epochen kopieren und collageartig zu neuen Kreationen zusammensetzen. Oder: Aktdarstellungen werden aus ihrer Umgebung herausgelöst, auf dünnen Karton geklebt, mit leicht zu verarbeitenden Stoffen wie Seide und Batist und verschiedenen Garnen verhüllt und wieder in das Gemälde eingesetzt.

Literatur: ROTHSTEIN, NATHALIE (Hrsg.): A Lady of Fashion. Barbara Johnson's Album of Styles and Fabrics. Thames and Hudson Inc., 500 Fifth Avenue, New York, New York 10110, 1987. KRAATZ, ANNE: Lace, History and Fashion, Rizzioli, International Publications, 597 Fifth Avenue, New York, NY 10017, 1989. SPIEGEL SPEZIAL, Das Magazin zum Thema, Die zweite Haut, Heft Nr. 9/1996. WINZER, FRITZ (Hrsg.): Kulturgeschichte Europas. Von der Antike bis zur Gegenwart, Naumann & Göbel, Köln o. J. URSPRUNG, MICHAEL-RENÉ/KUJER, SUSANNE: Vom schönen Schein – Mode in Städelbildern, in: Betrachtung, Bd. 4, Städtische Galerie im Städelschen Kunstinstitut, Frankfurt/Main 1991.

Yves Saint Laurent: Cocktailkleid, 1970

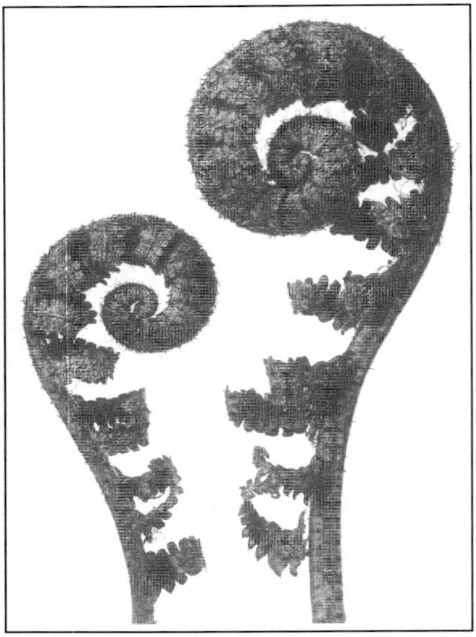

Karl Blossfeldt: Wurmfarn

Silberringe

Ulrich Krumsieg

Material: Hartwachs-Profilstangen für Ringe (zu beziehen beim Versandhandel für Juweliere, z. B. Fischer GmbH, Berliner Str. 18, 75172 Pforzheim)

Wachs ist ein weiches Material, das leicht zu bearbeiten ist, wenn in der Schule auch nicht so fein und professionell wie beim Juwelier. Es hat sich als günstig erwiesen, der Ringgestaltung ein Thema zu Grunde zu legen, z. B. lassen sich Motive aus der Pflanzenwelt gut umsetzen. Hinweise auf symbolische und magische Bedeutungen des Rings können die Formfantasie intensivieren.
Als Vorübung sind großformatige Kreidezeichnungen auf Packpapier gut geeignet, ausgewogene Proportionen und klare Formen zu finden. Diese sollten erst

in einem weiteren Schritt der Ringform angepasst werden. So ist es leichter, unrealisierbare Kleinformen zu vermeiden. Variationen und Alternativen verhelfen zur gestalterischen Sicherheit bei der endgültigen Lösung.
Von der Hartwachs-Profilstange werden Scheiben abgesägt, die der Schüler dann mit allen möglichen Werkzeugen vom Taschenmesser über Manikürebestecke bis hin zu ausrangierten Zahnarztmaschinen bearbeiten kann. Eine große Schwierigkeit ist das gelegentlich notwendige Einspannen des empfindlichen Werkstücks. Wattegefütterte Konstruktionen aus Wellpappe erwiesen sich als erfolgreich, die hohe Motivation ließ individuelle Problemlösungen entstehen. Die fertigen Modelle werden zur Gießanstalt (z. B. Firma Reischauer GmbH, Postfach 011260, 55743 Idar-Oberstein) geschickt, die im verlorenen Gussverfahren mit Formsand die Ringe in Sterlingsilber gießt. Die Gießkosten belaufen sich einschließlich Material je nach Größe zwischen 5 und 10 € pro Ring. Mit einer Metallsäge werden nach der Rücksendung die Gießkanalreste abgesägt, dann werden die zunächst recht unscheinbaren Rohlinge mit immer feinerem Schmirgelpapier geschliffen. Schließlich kann man Stahlwolle, am Ende gar Polierpaste aus dem Autozubehörhandel verwenden.

Literatur: KRUMSIEG, ULRICH: Ringe, in: Kunst + Unterricht 148/1990, S. 28 f.

Geräte im Einsatz

Overheadprojektion

Bernhard Meyer

Mit dem Overheadprojektor (OHP) steht dem Kunstlehrer ein Hilfsmittel zur Seite, welches für die vielfältigsten Unterrichtsabsichten nutzbar gemacht werden kann. Oftmals fehlen aber Informationen über technische Möglichkeiten oder konkrete Anregungen aus der Praxis, um die Overheadprojektion wirksam einsetzen zu können.

In diesem Kapitel wird zunächst der didaktische Rahmen abgesteckt, den die Folie dieses apperativen Mediums bietet. Anschließend werden konkrete Unterrichtsbeispiele vorgestellt, unterschieden nach einem mehr rezeptiven und einem mehr produktiven Umgang des Schülers mit der Folie.

Gerade im Kunstunterricht, welcher genuin der Förderung des ästhetischen Verhaltens des Schülers bei der Rezeption und Produktion visueller Erscheinungen dient, steht eine handlungsorientierte Didaktik im Vordergrund. Hierbei spielt die Auswahl eines unterstützenden Mediums eine entscheidende Rolle (s. Meyer 1995). Die OHP-Folie zeichnet sich als das universellste optische Medium unter den Gesichtspunkten Einsatzmöglichkeit, Vielfalt und Qualität aus. Ein entscheidender Aspekt für einen handlungsorientierten Unterricht ist die Dimensionierung der Folie. Sowohl in ihren Abmessungen als auch in den zugehörigen Bearbeitungswerkzeugen entspricht die Folie den von den Schülern verwendeten Schreibutensilien. Damit ist der Umgang mit der Folie für die Schüler an jedem beliebigen didaktischen Ort möglich. So kann beispielsweise eine praktische Arbeit individuell auf der Folie erstellt und anschließend der Gruppe gleichermaßen gut sichtbar präsentiert werden. Oder eine Ausarbeitung kann auch über mehrere Stunden in Gruppenarbeit geschehen oder z. T. als Hausaufgabe erbracht werden. Darüber hinaus bietet die Folie für den Lehrer eine einfache Lagerungsmöglichkeit zusammen mit Arbeitsblättern oder sonstigen Informationen zu einem Themenbereich. Diese Vorteile der Folie werden durch die Präsenz eines Oberheadprojektors in fast jedem Unterrichtsraum ergänzt.

Um seinen Unterricht zügig vorzubereiten oder spontan auf die Bedürfnisse der Schüler eingehen zu können, ist es notwendig, Abbildungen sowohl von Kunstwerken aber auch von trivialen Bildern wie z. B. Werbung, Comic-Seiten oder von Schülerarbeiten einfach und schnell beschaffen zu können. Gerade in dieser Hinsicht bietet die Folie universelle Möglichkeiten, die leider viel zu selten genutzt werden. Neben dem ausreichend sortierten Angebot an vorgefertigten Folien von Kunstwerken (z. B. vom Friedrich-Verlag, Velber oder Wolf Pädagogischer Verlag, Regensburg) kann jede Abbildung über Farbkopierer in Sekundenschnelle auf Folie gezogen werden. Verfügt man über einen Computer mit einem modernen Farbtintenstrahldrucker und Flachbettscanner, so können auf diesem Wege qualitativ durchaus akzeptable Folien gedruckt werden. Gerade als Präsentationsmedium hat die Folie auf Grund moderner Herstellungstechniken einen ähnlich hohen Standard erreicht, wie man ihn von Dias kennt.

Die Folie bei der Bildbetrachtung

Gegenüber anderen Präsentationsmedien erlaubt die Folie eine handlungsorientiertere Methodik bei der Bildbetrachtung: Durch *partielles Abdecken* der Folie kann die Aufmerksamkeit der Schüler auf einzelne Bildelemente gelenkt werden, wobei dennoch der ganzheitliche Charakter des Bildes gewahrt bleibt. Bei der *Sandwichtechnik* werden mehrere Folien übereinandergelegt projiziert. Hierdurch lassen sich beispielsweise kompositorische Strukturen erarbeiten. Die übereinander liegenden Folien werden bei der *Verschiebetechnik* gegeneinander bewegt, um so beispielsweise Größenverhältnisse zu ermitteln. In der *Zerschneidetechnik* werden ausgeschnittene Folienteile in filmischen Szenen zueinander bewegt oder in unterschiedlichen Anordnungen gegeneinander gestellt.

Partielles Abdecken – z. B. wo ist Bruegels Ikarus?

Klassen 5–7

Die Werke von Pieter Bruegel dem Älteren (ca. 1525–1569) sind sowohl dafür bekannt, hinter vorgehaltener Hand moralisch zu belehren, als auch eine ungeheure Vielzahl an Personen in weiträumigen Landschaften zu beherbergen. Häufig rückt Bruegel das Titelmotiv in den Hintergrund und lenkt das Augenmerk auf zunächst unbedeutend scheinende Personen und Handlungen. In seinem Werk *Landschaft mit dem Sturz des Ikarus* (um 1558) z. B. ist die Hauptfigur des Ikarus kaum wahrnehmbar zur Bedeutungslosigkeit verdammt. Im Vordergrund pflügt ein Bauer sein Feld, ein Hirte bewacht seine Schafe und ein Fischer wirft seine Angelschnur aus. Ganz klein, kaum erkennbar, ragen die Beine des gerade versinkenden Ikarus aus den Fluten. Hier wird die moralisierende Absicht von Bruegel deutlich: Der Schwärmer, der dem Unmöglichen nachjagt, ist ein Nichts gegenüber dem Realisten, der brav seinem Beruf nachgeht.
Um den Schülern diesen Sinn nahe zu bringen, ist es hilfreich, das Werk nicht einfach nur in seiner Gesamtheit zu präsentieren. Vier Pappstücke, welche bei

der Projektion über die Folie gelegt werden, erlauben zunächst nur den Blick auf Ikarus. Die Schüler denken über die Ursache für den Sturz des Mannes in das Wasser nach. Die Geschichte des Ikarus liefert die Aufklärung. Nach und nach wird der Bildausschnitt durch Verschieben der Pappstücke vergrößert. Die Schüler entdecken und beschreiben immer mehr Personen und Handlungen, die größer, deutlicher und somit bedeutsamer für das Bildgeschehen sind als der Sturz des Ikarus. Eine Reflexion über die Absicht, die Bruegel mit einer derartigen Bildgestaltung verfolgt, ist dann für die Schüler leichter zu erbringen (s. auch Thomas a.a.O.).
Das partielle Abdecken lässt sich unter ähnlicher Zielsetzung leicht auf andere Werke übertragen, z. B. auf Altdorfers *Alexanderschlacht*, Grünewalds *Maria mit Kind*, Boschs *Jüngstes Gericht* oder Kandinskys *Komposition IV*. Allgemein ist das partielle Abdecken hilfreich, wenn die Aufmerksamkeit auf Bilddetails gelenkt werden soll: z. B. Bild im Bild, Symbolcharakter der Gegenstände eines Still-Lebens oder maltechnische Textur-/Fakturdetails (s. hierzu auch Collins; Welchman; Chandler; Anfam a.a.O.).

Sandwichtechnik – z. B. Bewegungsdarstellung im Futurismus

Klassen 8–13

Der Futurismus hat als eine der ersten Kunstrichtungen versucht, Bewegung im zweidimensionalen Bild darzustellen. Motiviert durch die rasante Entwicklung der Technik und die Dynamik der wachsenden Großstädte um 1910 einerseits und angeregt durch die Phasenfotografien (beispielsweise eines Eadweard Muybridge) andererseits, hat diese Ausdrucksform ihre eigene Sprache entwickelt. Die Phasenfotografie bannt – z. B. als wissenschaftliches Hilfsmittel – mehrere Bewegungsmomente mit einer Belichtungszeit von nur 1/6000 Sek. kurz nacheinander auf einen Negativstreifen, um so einen bestimmten zeitlichen Ablauf in einzelnen Phasenzuständen festzuhalten. Werden die Bewegungsmomente auf ein einziges Negativ gebannt, so spricht man von Simultanfotos. An ein derartiges Foto erinnert das Bild *Dynamismus eines Hundes an der Leine* (1912) des Futuristen Giacomo Balla (weitere Bildbeispiele s. Calvesi, M.: Futurismus Taschen-Verlag, Köln 1987). Aus dem Blickwinkel eines vorbeieilenden Passanten sieht man auf dem Straßenasphalt einen an der Leine geführten Dackel und den langen Rock einer Dame, unter dem die Schuhe herausschauen. Doch die Beine des Hundes und die Füße der Dame bilden eher wirbelnde Kreisformen. Die Umrisse des einzelnen Beines werden vielfältig wiederholt. Hervorgerufen durch diese Echoformen scheint das gesamte Bild in einer dynamischen Vorwärtsbewegung zu vibrieren.
Dieses Bild kann am Anfang einer Reihe zum Futurismus oder zur Darstellung von Bewegung stehen, da eine Segmentierung der einzelnen Bewegungsphasen hier leicht durchzuführen ist: Zunächst wird den Schülern das Gesamtbild mittels einer Folie präsentiert. Darauf wird eine Leerfolie gelegt und ein Schüler

umreißt die Konturen des Hundes mit einem Folienstift. Hierbei muss er lediglich darauf achten, stets am Umriss derselben Bewegungsform zu bleiben und die weiteren Echoformen zu übergehen. Da die Konturierung aber vor allen sichtbar geschieht, sind gegenseitige Hilfen leicht möglich. Auf weiteren Leerfolien kann so jede einzelne Phase der Hundebewegung gesondert erfasst werden. Die verschiedenen Folien können durch Übereinanderlegen wieder zu dem komplexen Bildgefüge des futuristischen Bildes zusammengesetzt werden. So entdecken die Schüler selbstständig handelnd die Methode der Bewegungssimulation im Futurismus und können sie in eigener praktischer Arbeit anwenden (s. auch Schneider a.a.O.).

Verschiebetechnik – z. B. der goldene Schnitt

Klassen 5–13

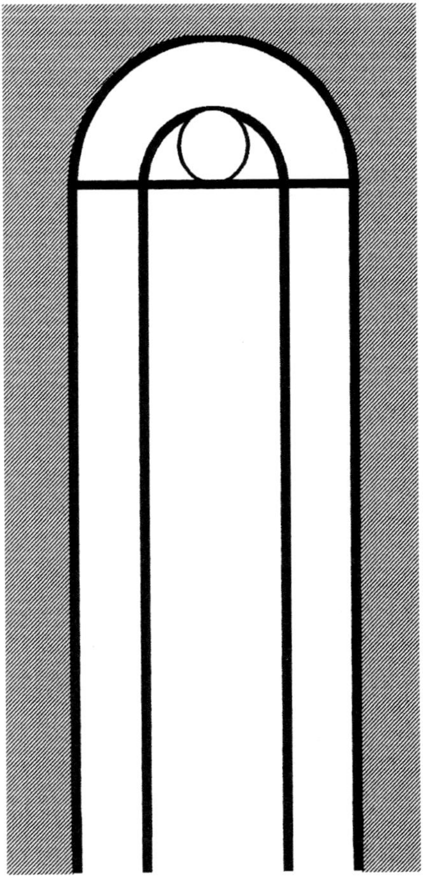

Der goldene Schnitt teilt eine Strecke so, dass das Verhältnis der Gesamtstrecke zum größeren Teilstück ebenso groß ist wie das Verhältnis des größeren zum kleineren Teilstück – so die mathematische Definition. In der Kunst bedeutet jedoch der goldene Schnitt ein als ideal empfundenes Maß, das ebenso ausgewogen wie die Symmetrie, aber zugleich als harmonisch, weil spannungsvoll empfunden wird. „Dass zwei Dinge sich auf eine schöne Art vereinigen, ohne ein drittes, ist unmöglich. Denn es muss ein Band zwischen ihnen entstehen, das sie vereinigt. Das kann die Proportion am besten vollbringen. Denn wenn von irgend drei Zahlen die mittlere sich zu der kleinsten verhält, wie die größere zu der mittleren selbst und umgekehrt, die kleinste zu der mittleren wie die mittlere zur größten, dann wird das Erste das Mittlere und das Mittlere Erstes und Letztes, alles wird also mit Notwendigkeit dasselbe, und da es dasselbe wird, bildet es ein Einziges“ (Platon: Timaios, in: Kunst + Unterricht, Heft 198/1995, S. 17). Gerade die Folie bietet hier die Möglichkeit, dieses Verhältnis erprobend, schauend, empfindend nachzuvollziehen. Die Abbildung gibt einen Fensterflügel in einer schwarzen Wand wieder. Die untere Begrenzung des Fensters wird durch eine Papierabdeckung gebildet. Indem nun ein Schüler diese Abdeckung langsam nach oben verschiebt, ergeben sich die verschiedensten Teilungsverhältnisse zwischen Gesamthöhe des Fensters, Oberlicht und unterem Fensterflügel. Mit dem Ziel, durch Abstimmung eine besonders harmonische Gesamtfensterform zu finden, ermitteln die Schüler verblüffenderweise immer wieder genau oder zumindest annähernd das Teilungsverhältnis des goldenen Schnittes. Eine anschließende mathematische Formalisierung kann zu einer Messfolie führen, auf der der goldene Schnitt in verschieden langen, der Größe nach geordneten Strecken eingezeichnet ist. Dieses Werkzeug können die Schüler nun nutzen, um Bilder nach einer Aufteilung im Verhältnis des goldenen Schnittes zu überprüfen.

Zerschneidetechnik – z. B. Bildkomposition der Sixtinischen Madonna

Klassen 5–10

In Raffaels Werk *Sixtinische Madonna* (1512/13) wird die Beziehung der Personen zueinander vor allem durch ihre Blickrichtung hergestellt; dieses Richtungsgefüge prägt die Bildkomposition ganz wesentlich. So schaut der Märtyrerpapst Sixtus II zu Maria auf, die gemeinsam mit dem Jesuskind in ihrem Arm den Betrachter fixiert. Die heilige Barbara betrachtet die beiden Putten am unteren Bildrand, welche träumend gen Himmel blicken. Diese Personen werden überschneidungsfrei voneinander getrennt in einer Art Bühnensituation mit aufgezogenem Vorhang vor hellem Wolkenhintergrund gezeigt; sie können also ohne weiteres aus dem Gesamtzusammenhang herausgelöst, in diesem Fall sauber an ihrer Kontur aus der Folie ausgeschnitten werden. Sie lassen sich dann von den Schülern auf dem Overheadprojektor nach Belieben anordnen. Hierbei besteht sogar die Möglichkeit, einzelne Folienstücke umzudrehen oder ganz wegzulassen. Insgesamt entstehen die unterschiedlichsten Bildkompositionen. Nach einer Phase des spielerischen Anordnens lassen sich Kompositionen unter bestimmten Maßgaben entwickeln: Alle Personen stehen isoliert, sind gleich wichtig, bilden Paare, Dreiergruppierungen, Gegenparts usw. In einer nächsten Stufe werden Informationen über die Personen und deren religiöse Bedeutung vermittelt und hieraus spielerisch Konstellationen entwickelt, die dem Werk Raffaels vielleicht nahe kommen.
Wenn die Schüler ihre eigenen Bildlösungen auf Bedeutung und Wirkung hin zu lesen verstanden haben, werden sie die Gestaltungsabsicht Raffaels aus seiner kompositorischen Entscheidung leichter erschließen können.

Die Folie bei der praktischen Arbeit

Die handlungsorientierten Möglichkeiten, die das Medium Folie gerade bei der Auslegung von Bildern bietet, lassen sich fließend erweitern. Sie können ebenso

für das praktisch-ästhetische Verhalten genutzt werden. Die Folie ist ein universelles Werkzeug. Hierfür stehen drei Faktoren: die *Transparenz* der Folie, die *Größenvariabilität* der Folienabbildung und die Nutzung der Folie als *gestaltbare Lichtquelle*.
Auch der Bearbeitung der Folie sind kaum Grenzen gesetzt. Neben den handelsüblichen Folienstiften sind transparente Lacke, lavierend aufgetragene Ölfarben oder auch farbige Tuschen verwendbar. Die Folie kann mit allen mehr oder minder transparenten und mehr oder minder zweidimensionalen Gegenständen beklebt oder einfach belegt werden. Hierbei ist zu beachten, dass deren Oberfläche nicht matt ist, da sich ansonsten auf Grund der Streuung lediglich ein Schattenriss bildet. Ein Herauskratzen oder Schmirgeln opak aufgetragener Farben hat ebenfalls einen besonderen Reiz. Auch das Zufallsverfahren der Décalcomanie sei hier angeführt, bei dem die Farbe zwischen Folien mit unterschiedlichem Druck verquetscht wird, bevor diese wieder auseinander gezogen werden.

Porträtkarikatur

Klassen 8–13

Karikatur ist darauf angelegt, allgemein-menschliche, gesellschaftliche und politische Missstände durch Überzeichnung zu verdeutlichen, indem sie „kompliziert-abstrakte Sachverhalte auf die konkrete Ebene der Anschauung" bringt (s. Grünewald a.a.O.).
Trotz dieser psychologischen und sozial-politischen Aspekte, die eine Unterrichtsreihe zum Thema Karikatur nicht unterschlagen darf, ist es sinnvoll, zunächst die Konzentration auf deren spezifische visuelle Sprachelemente zu legen, die in der Porträtkarikatur besonders ausgeprägt sind. Das Antlitz eines Menschen steht hier stellvertretend für seine gesamte Persönlichkeit und gesellschaftliche Stellung. Das Gesicht einer Person des öffentlichen Lebens kann sogar zum Symbol für komplexe überindividuelle Tatbestände werden. So versinnbildlicht beispielsweise das Gesicht von Che Guevara eine Revolution, das Gesicht von Bob Marley die Reggae-Musik oder das Gesicht von Helmut Kohl eine herrschende politische Konzeption. Die karikaturhafte Veränderung eines solchen Gesichts betrifft daher immer das, wofür es symbolhaft steht. Che Guevara mit Falten verweist beispielsweise auf eine Revolution ohne wirkliche Spitze.
Bei einer derartigen Manipulation ist die Wiedererkennbarkeit der Person jedoch unerlässlich. Gerade hierbei ist die Folie ein unersetzbares Hilfsmittel: Von einem Foto oder Zeitungsausschnitt können die wesentlichen Elemente des Gesichts mit Folienstift auf die Folie durchgepaust werden. Anschließend können die Schüler ausprobieren, welche Wirkung durch die Veränderung einzelner Teile entsteht. Beispielsweise kann auf einer weiteren Folie die Nase kartoffelförmig aufgebläht, der Abstand der Augen zueinander verringert und

der Mund durch einen gedrehten Bart verziert werden, während der Rest des Gesichts übernommen wird. Die Ausgangsfolie kann aber auch auf einen großen Bogen Papier projiziert werden. Durch Veränderung des Abstandes zwischen Projektor und Papier lassen sich nun auch markante Teile des Gesichtes in ihrer Größe variieren. So kann die Mundpartie vergrößert und die Stirn auf Haselnussgröße reduziert werden. Die Erkennbarkeit der Person bleibt dennoch stets gewährleistet. Ebenso lassen sich stereometrische Projektionen erzielen, indem der Bogen Papier z. B. zylindrisch gewölbt, gefaltet oder über eine geometrische Grundform gespannt wird. In einer anschließenden Besprechung können die Wirkungsmöglichkeiten der Veränderungen herauskristallisiert und deren zielgerichteter Einsatz an Karikaturbeispielen aus Zeitungen und Zeitschriften – auch an geschichtlichen Beispielen – analysiert werden.

Graffiti

Klassen 5–13

Graffiti, ursprünglich in den Ghettos von New York entstanden, symbolisieren die Auflehnung jugendlicher Randgruppen gegen bestehende gesellschaftliche Strukturen. Sie leben von der Illegalität, in der sie entstehen, und sind eng verbunden mit der Hip-Hop-Bewegung. Die Sprayer haben eine eigene Sprache, in der sie sich verständigen. Sie nennen z. B. sich selbst *writer*, die Schriftzüge je nach Qualität *piece* oder *tag* und das Anbringen der Schriftzüge *taggen* oder *bomben*. Das Graffito selbst zielt jedoch stets auf die Verschriftlichung der eigenen Existenz.

Wie jede aktuelle Jugendkultur so ist auch das Graffito einer kontroversen gesellschaftlichen Diskussion ausgesetzt. Die Einschätzungen schwanken zwischen böswilliger Sachbeschädigung und Kunst (s. Meyer a.a.O.). Gerade der kontrastreiche Einsatz leuchtender bunter Farben, oft verbunden mit Comicelementen, hat ästhetische Qualitäten, die der Kunstunterricht berücksichtigen sollte. Das Graffito verfügt über eine spezifische Typografie, die nicht auf Lesbarkeit, sondern auf Individualität angelegt ist. Es gibt verschiedenste Buchstabenformen, welche in den New Yorker U-Bahnschächten entstanden sind. Allen gemeinsam ist die enge Verzahnung der Buchstaben miteinander und ihre variable Dimensionierung.

In einem ersten Zugriff versuchen die Schüler für ihren Namen eine eigene individuelle Typografie auf Folie zu entwerfen. Gewöhnt an den kulturell üblichen Buchstabenabstand und die durch Schreiblernhefte normierte Buchstabenhöhe entstehen auf der Folie so zwar persönliche, aber nicht die typischen Schriftzüge der Graffiti. Mittels dieser Ausgangsfolie kann das Problem jedoch anschließend gelöst werden:

Den Schülern wird aufgetragen, einen Bogen Papier mit den entwickelten Buchstaben zu füllen, sodass die Buchstaben sich überschneiden und das gesamte Blatt ausfüllen. Der leere Bogen wird an der Wand befestigt. Die Buchstaben

der Ausgangsfolie werden auf das Blatt projiziert. Durch Verschiebung des Projektors kann jede Buchstabengröße und jeder Buchstabenabstand auf dem Bogen erreicht werden. Der so entstandene Schriftzug hat bereits deutlichen Graffiti-Charakter, der durch die anschließende Bemalung mit grellen bunten Farben gesteigert wird.
Die Ergänzung des Graffito um eines der typischen figurativen Elemente (genannt *Character*) lässt sich ebenfalls mit Hilfe einer Folienprojektion erreichen: Beispielsweise kann eine Comicfigur auf Folie durchgepaust und entsprechend vergrößert eingefügt werden.

Bühnenbild und Schattenspiel

Klassen 5–13

Für das Bühnenbild eines Theaterstückes sind nicht unbedingt aufwändig gestaltete Stellwände nötig. Ein Bühnenbild kann leicht von den Schülern auf Folie entwickelt und während der Aufführung projiziert werden. Der Tageslichtprojektor ist auf Grund seiner Lichtstärke bereits bei einem leicht abgedunkelten Raum in der Lage, eine kontrastreiche Bühnensituation entstehen zu lassen. Ebenso einfach lassen sich die für ein Stück erforderlichen Bühnenbilder austauschen. Selbst bewegte Hintergrundbilder sind leicht zu erzeugen. So kann eine wallende See beispielsweise durch eine in Sandwichtechnik aufgelegte zweite Folie entstehen, die von einem Schüler während des Stücks über der Grundfolie bewegt wird.
Das Bühnenbild kann einmal von hinten auf ein Transparent (dünner Stoff, Papier) projiziert werden, wobei die Leuchtkraft der Farben nachlässt und die Schauspieler nur als dunkle Silhouetten wie im Schattenspiel zu sehen sind. Diese können jedoch zusätzlich von der Seite beleuchtet werden, wobei darauf zu achten ist, dass kein Streiflicht auf den Hintergrund fällt. Hierzu leistet z. B. ein Diaprojektor gute Dienste.
Das Bühnenbild kann zum anderen aus der Richtung der Zuschauer projiziert werden. Hierdurch bleibt das Folienbild hell und leuchtstark, die Schauspieler werden jedoch ebenfalls angestrahlt. Dieser Effekt ist wünschenswert, wenn es darum geht, eine einheitliche Bühnenstimmung zu erzeugen. Eine seitliche Beleuchtung kann diesen Effekt dämpfen, ein Schatten der Akteure auf der Bühnenprojektion ist jedoch nicht zu vermeiden.

Die Schattenspielfigur

Die Folie kann als Bühnenbild für ein echtes Schattenspiel genutzt werden. Die an dünnen Stäben oder Drähten befestigten Figuren werden bei rückwärtiger Beleuchtung zwischen Projektor und Bettlaken bewegt, bei frontaler Beleuchtung direkt über der auf dem Projektor liegenden Folie.
Eine derartige Schattenspielfigur lässt sich von den Schülern leicht aus Folien herstellen. Statt mühselig aus Pappe oder Sperrholz die Konturen und Binnen-

strukturen der Figur auszuschneiden, arbeitet der Schüler auf einer dickeren Folie oder einer dünnen Plexiglasscheibe. Hierdurch können leicht filigrane und sogar farbige Gliederfiguren entstehen. Alle Teile der Figur werden direkt auf Folie gezeichnet oder durchgepaust und dann an ihren Umrissen ausgeschnitten. An den Gelenken werden die Körperteile mit Musterklammern an dem Rumpf befestigt und sind so frei beweglich. Je nach Alter und Geschick der Schüler können Figuren unterschiedlicher Beweglichkeit angefertigt werden. Eine Figur mit mehr als zwei Führungsstäben muss jedoch von zwei Schülern bewegt werden und sollte aus Stabilitätsgründen aus einer Plexiglasscheibe gearbeitet sein.

Körperprojektion

Klassen 5–13

Die ästhetische Veränderung des eigenen Körpers ist für Heranwachsende eine äußerst zwiespältige Erfahrung, können sie doch Tendenz und Ausmaß beginnender Entwicklungen noch nicht recht einschätzen. Die Folie kann hier Erwartungen, Wünsche, auch Befürchtungen veranschaulichen helfen: Die Veränderungen, die am eigenen Körper stattfinden sollen oder können, werden vom Schüler zunächst auf Folie gestaltet. Anschließend wird diese auf den weiß gekleideten Körper des Schülers projiziert. Über einen großen Spiegel ist der Schüler in der Lage, die Veränderungen an sich selbst zu entdecken, einzuschätzen und gegebenenfalls weiterzubearbeiten. Die Mitschüler können in diesen Prozess einbezogen werden, indem sie die notwendige Bestätigung oder Nachfrage formulieren oder mit ihrem Körper auch die Projektion anderer erproben.

Modeentwürfe

Kinder und Jugendliche legen heute gesteigerten Wert auf eine modische Erscheinung. Eine schon erschreckende „Markengläubigkeit" breitet sich aus, da der Zugang zu einer bestimmten Gruppe oft nur über eine entsprechende, in der Regel überteuerte Kleidung möglich ist.

Im Unterricht gilt es, derartige Entwicklungen kreativ zu stören. Bei dem Entwerfen individueller Kleidung auf Folie erlebt sich der Schüler als Couturier, als freier Mensch, der mit seiner Kleidung nur der eigenen Fantasie folgt.

Damit ihm die entworfene Kleidung auch passt, ist es hilfreich, zunächst die eigenen Proportionen auf Folie zu übernehmen: Der Schüler stellt sich in den Strahlengang des Projektors und ein Mitschüler umfährt seine Konturen auf der Leerfolie, indem er die Umrisslinie in ihrer Projektion kontrolliert.

Bodypainting

Der größte Reiz des Bodypainting besteht sowohl für den Maler wie auch für das Modell in der direkten Arbeit auf der Haut. Der Pinsel oder die Hand des Malers folgt der Oberfläche des Körpers oder arbeitet gegen die Konturen an.

Ein solches Bodypainting kann in der Schule wohl kaum verwirklicht werden. Dennoch müssen die Schüler nicht auf die archaische Wirkung verzichten, die ein Körper erweckt, wenn er über und über mit geometrischen Grundformen, Wellen, Streifen oder Symbolen überzogen ist. Die Schüler entwerfen ihre Ornamente auf Folie und stellen sich anschließend in das Projektionsfenster. Unterstützt von einer Trommel können die Schüler nun versuchen, den Rhythmus der „Bemalung“ aufzugreifen und in Bewegung umzusetzen. Eine Videodokumentation unterstreicht den experimentellen Charakter dieser exotischen Erfahrung und bietet vor allem dem Akteur Gelegenheit, sich selbst zu beobachten.

Tattoo

Vor einigen Jahren noch galt ein tätowierter Mensch als Außenseiter, als gewalttätig und geschmacklos. Seit jedoch Schauspieler und Prominente ihren Körper mit Tätowierungen schmücken, um ein exzentrisches Image zu erlangen, wird das Tattoo gerade von Jugendlichen als „cool“ empfunden. Hierbei bedenken sie jedoch oft nicht, dass eine Tätowierung, wenn überhaupt, nur operativ entfernt werden kann.
Über die Körperprojektion eines auf Folie entworfenen Tattoos können derartige Schmuckformen spielerisch ausprobiert und im Spiegel bewundert werden. Hieran anschließend sollten jedoch Tätowierungen aus ethnologischer und gesellschaftlicher Sicht besprochen werden, um das modische Bild des Tattoos zu relativieren.

Texturen

Klassen 5–6

Im Zusammenhang grafischer Flächengestaltung lassen sich mit der Folie die unterschiedlichsten Texturen erarbeiten. Als Einstieg wird den Schülern die Abb. 1 präsentiert, die aus zwei übereinander gelegten Folien (Sandwichtechnik) besteht. Die untere Folie zeigt ein Zebra, während die obere Folie ähnlich rhythmisierende Schwarz-Weiß-Streifen aufweist, die das Zebra umspielen und verstecken.
Die Schüler werden nun zunächst das Tier auf der Projektionsfläche suchen, entdecken und mit dem Zeigestock umfahren. Ist das Zebra gefunden, wird die obere Folie abgenommen und das zuvor versteckte Zebra ist für alle leicht zu erkennen (Abb. 2). Jeder Schüler erhält jetzt eine auf Folie kopierte Zeichnung eines Tieres jeweils unterschiedlicher Textur. Auf der aufgelegten Leerfolie soll nun versucht werden, dieses Tier in ähnlicher Weise zu verstecken. Hierbei lernen die Schüler spielerisch, Texturen zu erkennen und in grafische Kürzel umzusetzen. Anschließend wird das Ergebnis den Mitschülern präsentiert, die nun erneut das Tier suchen müssen. Hier bieten sich Anknüpfungspunkte für den Biologieunterricht zu dem Thema Mimese der Tiere.

Abb. 1: Variation

Abb. 2: Aus Richard Pape: „Vieles über Tiere“, Pestalozzi Verlag, Erlangen 1992

Farblinolschnitt und additive Farbmischung

Klassen 8–13

Der Dreifarbenlinoldruck ist unter den Mehrfarbendrucken einer der wenigen, der auch mit geringer Ausstattung zu realisieren ist. Sein kalkulativ-technisches Anspruchsniveau schreckt dennoch oft ab. Es bereitet den Schülern große Probleme, die drei Farbauszüge festzulegen, die übereinander gedruckt einen bestimmten Farbkanon ergeben sollen. Außerdem ist es technisch schwierig, die drei Druckplatten passgenau anzufertigen und ebenso passgenau zu drucken.
Um die Passgenauigkeit zu gewährleisten, ist es hilfreich, mit lediglich einer Linolplatte zu arbeiten, aus der nacheinander die drei Druckzustände herausgearbeitet werden. Für das Papier und die Druckplatte muss so nur ein starrer Anschlag angefertigt werden.
Die Bestimmung der farblichen Veränderung von einem Druckzustand zum nächsten wird durch das Übereinanderlegen verschiedenfarbiger Folien optimal verdeutlicht: Jeder Plattenzustand entspricht einem auf Folie festgehaltenen Farbauszug. Damit kann sowohl die Reduktion der druckenden Fläche in der Gegenüberstellung zweier Folien demonstriert als auch die additive Mischung der einzelnen Farben getestet werden. Die Schüler erkennen auch die drucktechnische Notwendigkeit, mit den hellen Flächen zu beginnen und die jeweils dunkleren folgen zu lassen.
Die Schüler können die Farbwirkung ihres Druckes selbstständig mit Hilfe monochromer Folien prüfen, die den drei Druckfarben entsprechen, indem sie diese teilweise überlappend projizieren. Diese monochromen Folien können in entsprechender Variation leicht über einen Farbkopierer erstellt werden.

Trickfilm

Klassen 8–13

Bei jedem Film besteht eine einzelne Sekunde aus 24 Einzelbildern, um für das menschliche Auge eine kontinuierliche Bewegung zu simulieren. Der konventionelle Trickfilm erfordert demzufolge einen ungeheuren Aufwand bei der Produktion der einzelnen Bilder. Um den Aufwand dennoch in Grenzen zu halten, wird der zumeist malerisch aufwändig gestaltete Hintergrund nur einmal angefertigt. Die beweglichen Elemente für jedes Einzelbild werden auf einer Folie zunächst nur als Strichzeichnung angelegt. Hierdurch ist ein Durchpausen unter geringen Veränderungen von einem Bild zum nächsten leicht möglich. Anschließend werden die umrissenen Flächen auf der Rückseite der Folie mit opaker Farbe (z. B. Lackfarbe) gefüllt. Hierdurch bleibt die Strichzeichnung auf der Vorderseite der Folie unberührt. In einem letzten Arbeitsgang werden die Folien nacheinander auf den Hintergrund aufgelegt und Bild für Bild abgefilmt.
In gemeinschaftlicher Arbeit lässt sich auch im Kunstunterricht auf ähnliche Weise ein kurzer Trickfilm (ca. zwei Min.) gestalten. Zunächst wird die Gesamt-

handlung des Film festgelegt. Diese wird anschließend in einzelne Bewegungsabläufe und entsprechende Hintergründe zerlegt (z. B. eine Person geht durch einen Raum). Mit der Stoppuhr wird die Länge dieses Bewegungsablaufs gemessen und versucht, die Bewegung grob in einzelnen Phasen festzuhalten (z. B. in drei Sek. hat die Person fünf Schritte gemacht und dabei ihren Arm gehoben). Eine solche Phase wird anschließend in einzelne Extrempunkte der Bewegung aufgeschlüsselt (z. B. wird bei einem Schritt der linke Fuß mit nach vorn gestrecktem Bein auf dem Boden aufgesetzt, während der rechte Fuß mit nach hinten gestrecktem Bein immer noch den Boden berührt). Hierbei können Gliederpuppen hilfreich sein, um diese Extrempunkte einzufrieren. Die Veränderung zwischen diesen Extrempunkten im Sinne der Bewegung kann so leicht zeichnerisch ergänzt werden.
Die Dauer der Gesamthandlung des Films wird entsprechend der Anzahl der Schüler aufgeteilt und die exakten Verknüpfungsstellen werden festgelegt (z. B. Schüler A: „Person steht in der Tür" bis „Person öffnet die Wagentür"; Schüler B: „Person öffnet die Wagentür" bis „Person sitzt im Auto"). Jeder Schüler hat nun die Aufgabe, seinen Anteil an der Bewegung in Einzelbildern auf Folie zwischen vorgegebenem Anfangs- und Endpunkt auszuarbeiten. Will man den Aufwand minimieren, reichen bereits zehn Bilder pro Sek., um eine – wenn auch ruckhafte – Bewegung im Film zu erreichen. (Da der Film meist mit einer Videokamera aufgenommen wird, sollte jedoch vorweg die technische Ausstattung der verwendeten Kamera geklärt werden; die meisten nehmen bei Einzelbildschaltung mehrere identische Bilder auf.) Während die Gruppe auf der Rückseite der Folie die Flächen mit Lackfarbe füllt, erstellen ein oder zwei Schüler das gemeinsam beschlossene Hintergrundbild auf Papier. Abschließend werden die Einzelbilder nacheinander auf diesen Hintergrund gelegt und mit der Videokamera aufgenommen. Eine nachträgliche Vertonung gibt dem Video den letzten Schliff.

Neon

Neon, die klassische Leuchtreklame der 50er Jahre, hat in den letzten Jahren einen neuen Aufschwung erlebt. In Jugendcafés, Diskotheken oder Modeboutiquen, selbst eingearbeitet in Poster finden sich die leuchtenden Neonschlangen. Nicht zuletzt liegt der besondere Reiz der Neonreklame in der auf Umrisse reduzierten Linearisierung einzelner Flächen. Da Glasröhren aber nur begrenzt formbar sind, ist Abstraktion gefordert. Die Neon-Objekte nehmen damit den Charakter einfacher grafischer Zeichen an; sie ähneln z. B. oftmals Piktogrammen.
Eine derartige Reduktion komplexer visueller Sachverhalte auf das Wesentliche fällt Schülern nicht leicht. Äußere (Material-)Widerstände erweisen sich da als recht hilfreich: Jeder Schüler gestaltet sein Objektzeichen aus Pappe. Mit einem Cuttermesser werden die Linien dünn ausgeschnitten. Eine Folie wird auf diese Pappe aufgelegt und entlang der Linien farbig bemalt. Bei der Projektion der

Pappe mit der aufliegenden Folie entsteht so der Eindruck eines Neons. Hierbei ist darauf zu achten, dass der Projektor leicht unscharf gestellt wird.

Literatur: COLLINS, J./WELCHMAN, J./CHANDLER, D./ANFAM, D. A.: Maltechniken moderner Kunst, Christian Verlag, München 1985. GRÜNEWALD, DIETRICH: Karikatur im Unterricht. Beltz, Weinheim/Basel 1979. MEYER, BERNHARD: Tribunal Graffiti, in: Kunst + Unterricht, Friedrich Verlag, Velber, Heft 172/1993, S. 46. DERS.: Folien im Kunstunterricht – Plädoyer für ein verkanntes Medium, in: Kunst + Unterricht, Friedrich Verlag, Velber, Heft 195/1995, S. 17–22. SCHNEIDER, DIRK: Segmentierung eines Bewegungsablaufes, in: Kunst + Unterricht, Friedrich Verlag, Velber, Heft 195/1995, S. 28–31. THOMAS, SIMONE: Zeitreise in ein Kunstwerk, in: Kunst + Unterricht, Friedrich Verlag, Velber, Heft 195/1995, S. 36, 37.

All-Over(head)

Christine Biehler

Klassen 5–6

Hat der Zeichensaal helle Wandflächen, die dazu verführen, sie zu bezeichnen und zu bekritzeln? Das ist verboten? Gewiss! Wenn aber die Versuchung zu groß wird, hilft der Overheadprojektor weiter, dessen Licht die Decke oder eine Wand oder den Fußboden ausleuchtet.
Mit abwaschbaren Stiften auf Overheadfolien Markierungen setzen; Hindernisse wie Lichtschalter, Garderobenleiste, Neonröhren ... spielerisch umkurven, rahmen, ausschraffieren; labyrinthische Verwirrungen stiften, Schattenspiele überblenden ... Mit Farbe, Folienüberlagerungen, Figürchen und Schnipseln lassen sich Hindernisse aufbauen und überwinden, verwandelt sich der Raum in ein tanzendes Firmament, in ein sich immer wieder neu zusammenfügendes Kaleidoskop. Je umfassender der Raum gestaltet werden kann, um so faszinierender die Wirkung, die sich einstellt. Optimal wäre es deshalb, wenn mehrere Geräte gleichzeitig von Kleingruppen bedient werden könnten.

Fotokopierer

Kreatives Kopieren

Christine Biehler

Klassen 9–13

Dass der Kopierer auch ein Instrument zur Gestaltung, ein Werkzeug zur Verfremdung von Bildern ist, wird von Künstlern der Copy-art schon seit Jahren genutzt. Der Kurs könnte dazu anregen, aus Apparaten des täglichen Umgangs kreatives Potential herauszukitzeln. Die „blinkende, sich bewegende, papierausspeiende Kiste" eignet sich zudem als zentrierendes Interaktionsmedium in einer Gruppe.

Immer größer, immer kleiner

Wer erkennt im Blow-Up noch das Ausgangsbild? In jedem Bild stecken viele Bilder! Ausgangspunkt ist ein aus dem privaten Fotoalbum oder der Zeitung entnommenes Foto. Dieses wird kopiert – vollständig oder in Ausschnitten – und immer und immer wieder weiter vergrößert. Wenn ein gerastertes Zeitungsbild stark vergrößert wird, löst es sich in Bildpunkte auf. Gesichtszüge werden zu geisterhaften Fratzen, eine Menschengruppe zu einem schwarzen Fleck.

Die einzelnen DIN-A4-Kopien können zum Großbild zusammengeklebt werden; eine im Original kleine Hand wird z. B. zu einer großen schattenhaften Erscheinung an der Wand.

War das wirklich so?

Die Schüler erhalten alle das gleiche Ausgangsbild, z. B. ein Werk aus der Kunstgeschichte, ein Foto einer Szene in der Schule oder ein Familienfoto.

Die Schüler sollen sich nun als Korrektoren oder Verwandlungskünstler betätigen: Das Bildmaterial soll mit Ergänzungen, Übermalungen oder Kommentaren so verändert werden, dass die Szene entweder „auswuchert" (Einzelteile wachsen, sodass z. B. ein lachender Mund zum „Großmaul" wird) oder so fein retuschiert wird, dass die „Verfälschung" der Situation in der Ergebniskopie unsichtbar ist.

Eins übers andere

Es muss nicht immer Papier sein! Der Einsatz von transparenten kopierbaren Folien eröffnet durch die Möglichkeit der Überlagerung eine große Palette kreativer Möglichkeiten.

- Die Schüler haben zu ihren Arbeiten getippte oder handschriftliche Texte angefertigt, die auf Folien kopiert werden. Die *Interpretationsfolie* wird nun auf die Copy-Collage gelegt und geht mit ihr an den hellen Stellen eine Einheit ein: Teile des Textes bleiben sichtbar, andere verschwinden im Schwarz.
- Verschiedene Schüler haben zu einem Thema Material gesammelt und begonnen, kleine Collagen davon zu machen. Die Arbeit stockt. Als Anregung zur Gruppenarbeit und gegenseitigen Hilfe werden nun ihre Bildteile verschieden groß auf Folie kopiert. Die Kleingruppe kann nun durch Verschieben und Schichten der Versatzstücke versuchen, zu einem interessanten Gruppenergebnis zu kommen.

Sammeln, stellen, legen

Zum Erstellen eines Daumenkinos oder eines kleinen Trickfilms wird das Vorlagenglas des Kopierers zum Montagetisch für plastische Arrangements oder zur Bühne von Inszenierungen.

Ein Gegenstand oder mehrere kleine Objekte und ausgeschnittene Figuren werden auf dem Glas arrangiert und stückchenweise bewegt. Von ihrer jeweils neuen Position wird eine Kopie gemacht. Durch die Aufeinanderfolge der Einzelbilder entstehen Sequenzen, die Bewegungsabläufe suggerieren (vgl. Muybridge, Marey).

Von sich ein Bild machen
Im Rahmen des Themas *Selbstkopie* stellen die Schüler aus Fotokopien Collagen zu ihrer Person und ihrem Körper her, ohne dazu bereits existierende Fotos oder Zeichnungen zu verwenden.
Im hautnahen Kontakt mit dem Apparat können zunächst der eigene Kopf, Arme, Beine, Füße usw. und Objekte, die für einen selbst Wert besitzen, in verschiedenen Größen kopiert werden.
Futuristisch anmutende Bewegungsstrukturen, die durch das Verschieben der Körperteile während des Kopiervorgangs entstehen, bilden weiteres Material für eine große Collage, die im Zusammenfügen der zerschnittenen Einzelergebnisse eine *Ichlandschaft* ganz besonderer Art entstehen lässt.

Empfehlung: Wenn irgend möglich, sollte das Kopieren in einem Copy-shop stattfinden, vorausgesetzt, der Besitzer ist für ein derartiges Unternehmen zu gewinnen. Die Gruppe wird dort professionell in den Gebrauch und die Funktionsweise des Kopierers eingeführt. Günstig ist es, schon bei der Vorabsprache mit dem Ladenbesitzer abzuklären, ob es für die Schüler Freikopien, Mengenrabatt oder andere Preisvergünstigungen gibt.

Literatur: DUMONT: copy-art. Kunst + Unterricht, Heft 117. BENJAMIN, WALTER: Das Kunstwerk im Zeitalter seiner technischen Reproduzierbarkeit. WARHOL, ANDY: Die Philosophie des Andy Warhol von A bis B und zurück.

Aus aller Welt

Renate Mann

ab Klasse 7
Zeitaufwand: ein bis zwei Doppelstunden

Material: Vergrößerungen oder Ausschnittsvergrößerungen von Fotos verschiedener Ressorts aus Tageszeitungen; Farben und Stifte

Zur Vorbereitung des Themas wählen die Schülerinnen und Schüler Fotografien aus Tageszeitungen aus, die ihrer Interessenlage entsprechen. Diese werden auf ein DIN-A4-Blatt geklebt, mit einem kurzen Kommentar zur Bildauswahl und dem Namen versehen.
Das Thema *Aus aller Welt* soll hier allgemein verstanden werden, denn alle Ressorts können vertreten sein. Nun werden diese Rasterbilder mehrfach

vergrößert, bis die Rasterpunkte verfremdet sichtbar werden. Erst auf eine größere Entfernung nimmt das menschliche Auge wieder Gegenstände, Menschen oder Landschaften wahr.
Diese Kopien bilden einen neuen, formalen Ausgangspunkt und können mit Kreiden, Tuschen und Stiften weiterbearbeitet und inhaltlich neu gedeutet werden. Dabei kann die Schwarz-Weiß-Bearbeitung die grafische Wirkung der Rasterpunkte fortsetzen oder aber die Einbettung in Farbe einen reizvollen Kontrast bilden.
Beide Vorschläge können auch als Collage mit zusätzlichen Bildelementen aus Zeitschriften gestaltet oder flächig eingefärbt und mit farblosem Lack oder transparenter Folie zusätzlich verfremdet werden.

Literatur: HONNEF, KLAUS: Kunst der Gegenwart. Benedikt Taschen, Köln 1988. MURKEN-ALTROGGE, CHRISTA/MURKEN, AXEL HINRICH: Prozesse der Freiheit. Vom Expressionismus bis zur Soul and Body Art. Moderne Malerei für Einsteiger. DuMont, Köln 1985.

Motive, Projekte

Einsamkeit

Klaus-Hermann Ewering

Mittelstufe

Unterschiedlich enge und wechselnd stabile Beziehungen zueinander auszuprobieren, gehört für Heranwachsende zum schulischen Alltag. Jugendliche im Pubertätsalter erleben oft wahren Beziehungsstress, der nicht selten durch identitätsstiftende Äußerlichkeiten wie z. B. Wahl der Kleidung, Favorisierung einer bestimmten Musikrichtung oder -gruppe usw. ausgelöst oder beeinflusst wird. An die Stelle eines individuellen Handelns und Erlebens treten dabei oft die durch die Gruppe festgelegten Aktions- und Rezeptionsstrukturen. Zustände des Sich-allein-Fühlens, befreit von den Normen der Gruppe, und solche des tatsächlichen Alleinseins werden vorwiegend im häuslichen Bereich erlebt. Jedoch auch dort, abhängig von Gewohnheiten, familiärer und räumlicher Situation, kompensieren Jugendliche diese ihnen ungewohnten und von ihnen durchaus ambivalent erlebten Augenblicke oft durch massenhaften Konsum von TV-Sendungen, Videospielen oder durch wahre Computersüchtigkeit, die Aktivität, ein Dabeisein oder echte Kommunikation suggerieren.
Das Alleinsein oder die Einsamkeit selbst werden mit Scheu oder Angst erlebt und unter Jugendlichen kaum wirklich thematisiert, es sei denn, ein sensibel geführter Deutsch- oder Religionsunterricht ermöglicht Äußerungen zur individuellen Befindlichkeit jenseits gruppendynamischer Profilierungszwänge. Bekenntnisse zur Einsamkeit und zum leidvollen Umgang mit ihr sind in der Alltagswelt 12- bis 15-Jähriger in den Melodramen und Fotostorys einschlägiger Jugendzeitschriften zu finden, stellen in dieser sentimental-trivialisierten Form aber wohl keine tatsächliche Hilfe dar.
Die im Folgenden aufgeführten Möglichkeiten, Einsamkeit zu thematisieren und dabei spezifische Möglichkeiten des Faches Kunst zu nutzen, nämlich Selbst- und Fremderfahrung aus künstlerisch-bildnerischem Handeln zu gewinnen, basieren auf Unterrichtserfahrungen in der Sekundarstufe I.

Die Schüler bringen nach Aufforderung Schals oder Tücher mit in den Unterricht und verbinden sich (gegenseitig) die Augen. Der Wahrnehmungsauftrag, der diese befremdende Situation begründet, lautet etwa: „Versucht euch an eine Situation zu erinnern, in der ihr euch einsam und allein gelassen gefühlt habt. Stellt diese Situation wieder her, indem ihr euch genau an den jeweiligen Innen- oder Außenraum und seine farbliche Ausgestaltung erinnert; bedenkt dabei Jahres- und Tageszeit, Licht- und Wetterverhältnisse und möglicherweise Geräusche, die ihr in diesen Momenten gehört habt. Lasst also vor eurem geistigen Auge ein Bild entstehen, das der damaligen Situation möglichst genau entspricht."

Nach einer Zeitspanne von 10 bis 15 Min., in der die Schüler von visuellen Außenkontakten abgeschirmt bleiben, versuchen sie nun, mit Hilfe von Skizzen ihre Erinnerung festzuhalten. An dieser Stelle sei allerdings angemerkt, dass Fähigkeiten zur räumlichen Darstellung vorausgesetzt werden müssen, geht es doch in diesem Unterrichtsbeispiel nicht zuletzt um die Wiedergabe konkreter, d. h. auch dreidimensionaler Wirklichkeit.

Im weiteren Verlauf – möglicherweise nach gemeinsamer Betrachtung der Skizzen – setzen die Schüler nun ihre Bleistift- oder Kreidezeichnungen großformatig (Zeichenblock, Karton) und farbig (Deckfarbenkasten, Kreide) so um, dass die Bildergebnisse den vorher entworfenen *geistigen* Bildern entsprechen. Diese Arbeitsphase darf nicht zeitlich terminiert werden, vielmehr müssen alle wissen, dass sie den inhaltlichen und zeitlichen Anspruch ihrer bildnerischen Arbeit selber bestimmen und auch mit dem Unterrichtenden absprechen können.

Ebenso wichtig ist es, dass jeder Einzelne die Wahl der bildnerisch-technischen Mittel mit Blick auf seine besonderen Gestaltungsmittel zu treffen versteht.

Hier bietet sich die Chance, sehr private Erfahrungen mitzuteilen, ohne sie direkt auszusprechen: Fachliche Fragen verschlüsseln die tieferen Beweggründe. Es finden gewiss auch Gespräche statt, die die Einsamkeitserfahrung selbst thematisieren, häufiger aber dem Problem der individuellen künstlerischen Verwirklichung einer Idee gelten. Unterschiedliche Farbaufträge, Mal-, Zeichen- bzw. Mischtechniken werden im Hinblick auf ihre Wirkungen und ihre Aussagekraft überprüft. Es entstehen Arbeiten völlig unterschiedlichen Charakters: Während sich einige Schüler mit einer naturalistischen Bildfindung auseinander setzen, gestalten andere visionäre, schwerelose und überzeitliche Räume, die ihre Empfindungen ausdrücken.

Es hat sich gezeigt, dass möglichst frühzeitig geklärt werden muss, ob die einsame Person im Bild erscheinen oder ob sich die Darstellung auf den Raum, sei er konkret oder surreal, beschränken soll. Aus vielerlei Gründen scheint es ratsam, auf die gestalthafte Anwesenheit im Bild zu verzichten. Sollte dennoch mit Nachdruck gewünscht werden, eine zentrale Person abzubilden, könnte sie als einfache Rückenfigur quasi als symbolische Vermittlerin des Einsamkeit-Ambientes den Vordergrund akzentuieren.

Mädchen, 8. Klasse

Wenn der entworfene Raum Einsamkeit eingefangen hat und ausstrahlt, wächst – so hat die Erfahrung gezeigt – die Bereitschaft der Schüler zu sprachlichem Kommentar. Sie möchten „zu Wort kommen“; Sinn macht also ein Text zum Bild, der in die künstlerische Arbeit eingebracht und Teil von ihr wird. Dieser Text beschreibt nicht die bereits in Farbe oder Zeichnung wiedergegebene räumliche Situation oder kompensiert zeichnerische und malerische Mängel durch sprachliche Präzisierung; er ermöglicht vielmehr dem Schüler, seine individuelle Befindlichkeit, vielleicht seine Fragen, Klagen und Wünsche, zu formulieren: Er ist – wenn auch in redlicher Bescheidenheit – poetisch.

Zu einem Bild, das einen schmalen, langen Flur darstellt, an dessen Ende, über einige Treppenstufen erreichbar, sich das obere Drittel eines fremden Planeten zeigt, schreibt eine Schülerin beispielsweise: „Den ganzen Tag warte ich auf P., aber ich kann ihm nicht entgegengehen. Ich verlasse mein Zimmer nicht, doch die fremden Strahlen können mich erreichen.“

Eine andere Schülerarbeit, die dem Betrachter einen Einblick in die Tiefe einer leer stehenden, verkommenen Fabrikhalle verschafft, begleitet folgender Text: „Keiner hat mich abgeholt, ich stehe frierend herum und starre auf die bunten Ölflecken in den Pfützen.“

Der Text kann (und sollte) in das Bild so eingefügt werden, dass er als Teil des Gesamten nicht nur Sinn-, sondern auch Ausdrucksträger wird. Das Bild kann beispielsweise mit einem Passepartout gerahmt und durch ein darauf aufgeklebtes Textband ergänzt werden. Auch ist vorstellbar, im Bild befindliche (Rücken-) Figuren mit Text zu füllen oder ihn an Wänden als Menetekel im Hintergrund aufleuchten zu lassen. Er kann die Räume durchkreiseln und durchschlängeln oder sich zu Zeichen verdichten.

Ob eine Ausstellung der entstandenen Arbeiten im Schulgebäude oder nur im Klassenraum vorgenommen wird, sollte der Entscheidung der Schüler vorbehalten bleiben.

Auf zwei Rädern

Klaus-Hermann Ewering

Als zu Beginn des 19. Jhs. die ersten Fortbewegungsmittel als Laufräder ohne Kraftübertragung auf Pedalarme und Ketten konstruiert und die Anpassung des menschlichen Körpers an eine Maschine zum Zweck der schnelleren Bewegung erprobt wurde, war kaum abzusehen, in welchem Maße das moderne Fahrrad in all seinen unterschiedlichen Erscheinungsformen das Alltags(er)leben junger Menschen prägen würde. Kaum jemand, der nicht schon in frühen Kinderjahren mit altersentsprechenden (kleinen) Rädern übt und eigentlich niemand, der die Faszination der Fortbewegung durch eigene Körperkraft und des anfangs noch mäßigen Geschwindigkeitserlebnisses nicht – im Wortsinne – erfahren hat.

Dabei ist die Fahrt von einem Ort zum anderen mehr als nur Fortbewegung im eigentlichen Sinn; die Wahl des Weges, der individuellen Geschwindigkeit und des Zieles bedeuten Unabhängigkeit: Der Jugendliche entzieht sich der Vorschrift und Beobachtung, wird mobil, knüpft Kontakte und übt sich gleichsam in selbstbestimmtem Handeln und öffentlichem Leben, indem er Regeln akzeptieren, anwenden, aber auch übertreten lernt. Im Vertrauen auf das optimale Zusammenspiel von eigenen körperlichen und vorgegebenen mechanischen Funktionen bewegt sich der Radfahrer vorwärts. Abhängig von seiner Übung, Kraft und von der Beschaffenheit des Weges vollzieht er seine gemäßigte oder beschleunigte Fahrt aus zumeist erhobener Position. Er nimmt seine Umwelt anders als im Gehen wahr: Die Bilder der ihn umgebenden Welt „fliegen" verdichtet an ihm vorbei. Er erfasst nicht mehr Details, sondern orientiert sich an groberen Bildrastern. Körperliche Aktivität und bildliche Wahrnehmung müssen miteinander koordiniert werden, um Geschwindigkeit gefahrlos und positiv zu erleben.

Die vergangenen Jahre haben uns einen wahren Fahrradboom mit enormen Verkaufszahlen vorgeführt. Die Fortbewegung per Pedale ist, auch unabhängig von ökologischen Aspekten, modern und zu einem Massensport geworden. Dabei hat der Markt vor allem auch Jugendliche als potentielle Käufergruppe entdeckt und sie mobilisiert, sich für immer neue Radtypen und Ausstattungsversionen zu interessieren. Besonders seit der Erfindung des Mountainbikes und der Erschließung der (unwegsamen) Landschaft als neuem Bewegungsraum wird deutlich, welche Ausdrucks- und Identifikationsmöglichkeiten das Fahrrad bietet. Der Sozialtypus des *Bikers* (wie auch der des *Skaters*) bestimmt Gruppen und Cliquen und zeigt sich durch eindeutige Kleidung, Rucksäcke oder Zeitschriften, mit denen Gefühle von Sportsgeist, Zusammengehörigkeit, Mobilität und Freiheit vermittelt werden.

Da wir davon ausgehen können, dass jeder Schüler ein Fahrrad besitzt sowie auf eigene – auch ästhetische – Erfahrungen mit dem Gegenstand selbst und seine vielfältigen Abbildungen in den gängigen Medien (Kataloge, Prospekte, Fernsehen) zurückgreifen kann, liegt es nahe, sich gerade im Kunstunterricht mit den diversen Erscheinungsformen des Fahrrads auseinander zu setzen, vor allem aber auch neue Wege ästhetisch-produktiven Umgangs aufzuzeigen. Die im Folgenden vorgestellten Zugriffsmöglichkeiten auf das Thema *Fahrrad* eröffnen ganz unterschiedliche Aspekte: Sie bieten eine intensive Auseinandersetzung mit dem Gegenstand selbst und führen in Probleme künstlerischer Vorgehens- und Darstellungsweisen ein.

Ein Fahrrad zeichnen

Die geradezu klassische Aneignung eines Gegenstands besteht darin, von ihm eine Bleistiftzeichnung anzulegen. Dazu wird das Objekt aus seinem alltäglichen Umfeld isoliert und z. B. auf einem Podest so präsentiert, dass es alle Schüler aus gleichem Abstand betrachten können. Es ist sinnvoll, die Lernenden an der

Herstellung dieser Ateliersituation zu beteiligen und ihnen die unterschiedlichen Sichtweisen auf den Gegenstand von verschiedenen Sitzplätzen aus zu verdeutlichen. Zeichnerische Probleme wie die der Überschneidung und perspektivischen Verkürzung müssen (vor allem zu Ende der Sek. I) geklärt werden. Zusätzlich zu einer Wiedergabe der Gesamtansicht können auf demselben Zeichenblatt auch Detailausschnitte wie Kettenkranz, Naben, Bremsgriffe usw. festgehalten werden. Möglicherweise sind derartige Detailstudien aber auch der *Prolog* zu einer Wiedergabe des ganzen Rads, oder sie verselbstständigen sich zu technischen Inventarlisten, zu skurrilen Still-Leben, fantastischen Figurationen. Die Nähe der zeichnerischen Absichten dieser *Studienblätter* zu den Entwurfsskizzen Leonardos sollte den Schülern bewusst gemacht werden: Aus einfachen Schwarz-Weiß-Kopien kann vergleichend hervorgehen, dass mit präziser Beobachtung und zeichnerischer Detailtreue das Verständnis für mechanisch-technische Gegebenheiten und Abläufe zunimmt, der gezeichnete Gegenstand selbst aber auch sinnlichen Reiz ausübt.

Ein Fahrrad und seinen Besitzer fotografieren

Viele Jugendliche erfüllen sich mit dem Kauf eines neuen Fahrrads einen lang gehegten Traum. Beim Vergleichen von Modellen, Herstellern und Preisen erproben sie sich, oft erstmals, in den Anforderungen an typisches Erwachsenenverhalten; sie sind Leser von Fachzeitschriften, Partner in Beratungsgesprächen und nicht zuletzt die Käufer, auch wenn Eltern oder Verwandte die Zahlung übernehmen. Die Ausmaße des neuen Rads müssen der gerade erreichten und einigermaßen stabilisierten Körperlänge entsprechen, auch deshalb bestätigt der Kauf das Ende der Kindheit. Mit der Entscheidung für ein bestimmtes Modell und sein Design stellt sich der Jugendliche selbst dar; er ist nicht lediglich Besitzer, sondern verkörpert auch sportliche oder modische Tendenzen seiner Generation.
Ein von Mitschülern fotografisch aufgenommenes *Selbstbildnis mit Fahrrad* veranlasst Jugendliche, das für ihr Alter zentrale Thema der *Selbstinszenierung* zu reflektieren und zum Diskussionsgegenstand werden zu lassen. Wenn sie sich selbst, sei es im Innenraum oder außerhalb des Schulgebäudes, in die Rolle des Modells begeben und sich bewusst der Kamera aussetzen, müssen Posen und Haltungen im Hinblick auf die Darstellungsabsicht erprobt und gemeinsam korrigiert werden, geht es doch darum, die individuelle Beziehung zum Gegenstand Fahrrad bildhaft auszudrücken. Körpersprachliche Mittel zu kalkulieren, mit ihnen Auskunft über eine Gegenstandsbeziehung zu geben und sich gleichzeitig der genauen Beobachtung der Mitschüler auszusetzen, das verlangt und fördert einen vertrauensvollen Umgang in Lerngruppen. Um den künstlichen Charakter der inszenierten Situation zu unterstreichen und auch im Bild deutlich werden zu lassen, sei geraten, die Fotoaktion vor neutralem Hintergrund, also z. B. großflächigen Stoff- oder Papierbahnen stattfinden zu lassen. Die fotografischen Ergebnisse (je nach Bedingung vor Ort Schwarz-Weiß-Ab-

(Boccioni, Severini) und französischen Orphisten (Duchamps, Delaunay) in den Jahren 1905–1915 entwickelten: Die formgebende, einen Gegenstand bestimmende, geschlossene Konturlinie wird aufgelöst und der Körper des Mannes wie auch das Fahrrad selbst in Teilflächen und -linien auseinander gezogen und facettenartig verschoben. So wird das Anliegen Gontscharowas, nicht den isolierten Bewegungsausschnitt, sondern einen Bewegungsablauf insgesamt abzubilden und damit auch eine zeitliche Komponente zu erfassen, deutlich. Die Abfolge von Bewegungsphasen auf begrenzter Fläche erinnert den Betrachter an eine Filmsequenz.
Ein Zeitgenosse der Künstlerin, Giacomo Balla, bietet in seinem Bild *Mädchen auf dem Balkon* eine modifizierte Lösung des Problems der Bewegungsdarstellung, indem er seine Bildfigur in divisionistischer Manier in einzelne kleine Farbfelder auflöst und diese sich in Teilen mosaikartig überlagernd mehrfach wiederholt. Der experimentelle Beitrag der beiden Maler, bewegte Wirklichkeit bildhaft zu erfassen, sollte im Unterrichtsgespräch im Hinblick auf die intendierte Wirkung untersucht und als reizvolle Möglichkeit verstanden werden, eigene Ausdrucksformen zu finden, mit denen Aktion und Dynamik bildhaft realisiert werden können. Es hat sich gezeigt, dass dies in den Klassen 8 und 9 recht problemlos geleistet werden kann.

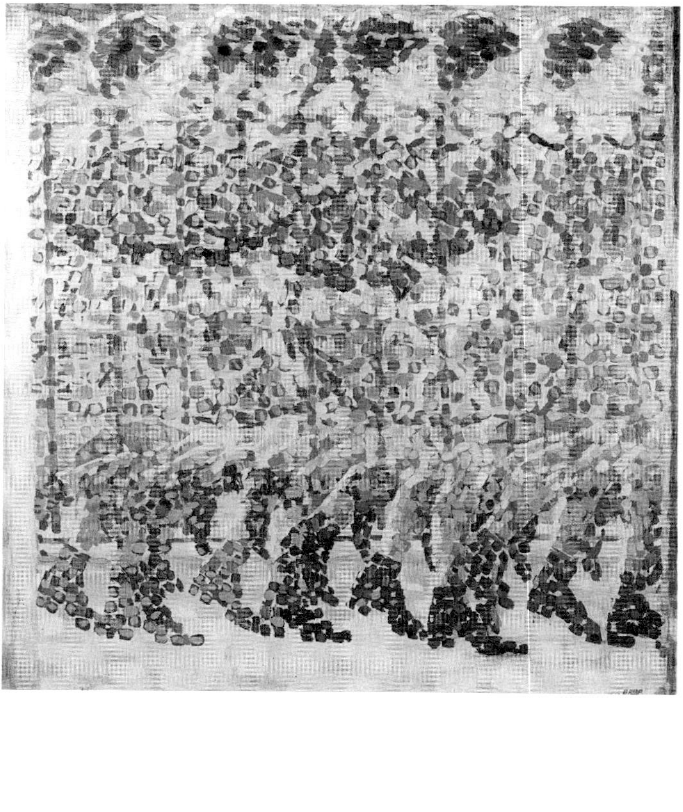

Giacomo Balla: Mädchen auf dem Balkon, 1912, Civia Galleria D'Arte, Moderna Mailand

Zwei bildnerische Möglichkeiten, Bewegung (auch im Zusammenhang des Themas Fahrrad) akzentuiert zu behandeln, seien hier skizziert.

Eine Comicfigur erfinden

In Comics wird Bewegung dadurch signalisiert, dass Konturen vibrieren: Sie werden wiederholt, mehrfach gefächert und beschreiben Bogen- oder Kreisformen. Mit zusätzlichen Schwunglinien versehen, wirken solche Figuren überaus dynamisch. Mit der intensiven Bewegung kann die zeichenhafte Wiedergabe von Geräuschfetzen (Uaaah ..., Boing ...) korrespondieren: auch Schall bewegt sich fort und lässt sich in seiner expansiven Ausdruckskraft veranschaulichen. Zur Realisierung eigener „Buntstifthelden" sollen sich die Schüler also der o. g. comicspezifischen Gestaltungsmittel bedienen und ihre Figuren in größtmögliche Bewegung versetzen.

Daumenkino

Auf mindestens 40 bis 50 gleichgroßen, länglichen Papierstreifen, die zu einem Päckchen gebündelt und an einer äußeren Seite fest mit einem Gummiband umwickelt werden, zeigt sich ein skizzenhaft festgehaltener Radler. Verändert man den Bewegungsablauf von einer Zeichnung zur anderen nur geringfügig, ergibt sich bei zügigem Durchblättern des gesamten Stapels der Eindruck des bewegten Filmausschnitts. Diese Wahrnehmung kann mit Hilfe eines sich ebenfalls verändernden Hintergrunds (Häuserzeile, Baumreihe usw.) verstärkt werden.

Fahrrad als Objekt

Zweifellos ist das Fahrrad vor allem ein zweckdienlicher Gegenstand, der dem Benutzer dazu verhilft, sich im Zusammenspiel von eigener Körperkraft und vorgegebener Mechanik von einem Ort zu einem anderen zu bewegen. Trennt man es aber von seinem Besitzer sowie seinem Gebrauchswert und isoliert es von seinem erprobten Untergrund, erfährt der Betrachter eine veränderte Sichtweise auf denselben Gegenstand. Bereits auf eine Decke oder Plastikfolie gelegt, auf einem Podest präsentiert oder gegen eine Innenwand gelehnt gewinnt es sinnliche Qualität und gibt Anlass, Seherfahrungen auszutauschen. „Befreit" von den Gedanken an seinen Gebrauchswert, gewinnt das Fahrrad Objektcharakter und kann als verfremdeter Gegenstand einen Zugang zur Ästhetik der ready-mades von Marcel Duchamp ermöglichen. Eine Verstärkung des Objekterlebnisses ergibt sich dadurch, dass die spezifischen Funktionen außer Kraft gesetzt und die typischen Erscheinungsformen verändert werden. In einer 9. Klasse wurden beispielsweise Fahrräder in Bettlaken gehüllt und verschnürt, in ein Rahmendreieck spinnennetzartig verlaufende Kordeln geflochten, Felgen und Reifen mit breiten, farbigen Bändern umwickelt, Drahtkleiderbügel zwischen Speichen montiert oder Lenkstangen in Tannengrün verpackt.

In einer anderen Unterrichtsreihe unter dem Titel *Hommage an das Fahrrad* wurden ausgediente, demontierte Einzelteile (Pedalarme, Bremsgriffe, Sättel usw.) auf Podesten (stabile Pappkartons) angebracht und farbig gestaltet.
Die lustvolle Arbeit der Schüler an diesen Arbeitsaufträgen und ihre fantasievollen, auch provokativen Umsetzungen bildeten ein Verständnis für die Arbeiten, Entstehungs- und Wirkungsweisen der Objektkunst heran.

Ein Gedicht illustrieren

Mit dem Gedicht *6 Tage Rennen* des expressionistischen Schriftstellers Walter Mehring bietet sich die Möglichkeit fachübergreifenden Arbeitens . Während im Deutschunterricht die inhaltlichen und formalen Aspekte des Textes und der zeitgeschichtliche Hintergrund thematisiert und bearbeitet werden, eröffnet der Kunstunterricht unter dem Überbegriff Textgestaltung und -illustration Wege spezifisch künstlerischen Umgangs mit dem Gedicht Mehrings.
Eine erneute Niederschrift des Textes, die dem linearen Verlauf der vorgegebenen Verszeilen nicht mehr folgt und z. B. Formen der gedachten Wegstrecke oder des Rades selbst aufnimmt, könnte den Schülern den Zugang zu Gestaltungsprinzipien der konkreten und visuellen Poesie eröffnen.
Darüber hinaus bieten sich Übermalungen vorgegebener Gedichtkopien und auch Collagen, die sich aus Textfragmenten, ergänzt durch Bildmaterial, zusammensetzen, als attraktive künstlerische Umsetzungen an.

6 Tage Rennen
Aneinander
Räder! Räder!
Nur noch Räder!
Feste! Feste!
Zieht vom Leder
Presst die Schenkel
Rund ins Rund um jede Run-
dung
Jede Stunde Jede Windung
Hirn an Hirn
Ins Hirn gerädert!
Und die Stunde
Wird zergliedert
Zur Sekunde
und zerhackt
Im Takt die Runde
Hart
Am Start
Die Hirne brennen
In dem Kreislauf
Freilauf
Endlos
Los
Auf und davon
6
Tage
Rennen!

Literatur: MEHRING, WALTER: Chronik der Lustbarkeiten. Die Gedichte, Lieder und Chansons 1918–1933, Claassen Verlag, Hildesheim o. J. KRAUSE, JOACHIM: Versuch, auf's Fahrrad zu kommen. Zur Technik und Ästhetik der Velo-Evolution, in: Absolut modern sein. Zwischen Fahrrad und Fließband. Culture technique in Frankreich zwischen 1889–1937, hrsg. von der Neuen Gesellschaft für bildende Kunst, Berlin 1986, S. 59–74.

Die Großstadt und ihre Bilder

Klaus-Herrmann Ewering

Befragt man Jugendliche nach ihren Assoziationen zu Großstadt, werden kontroverse Einschätzungen offenbar: Während manche vor dem Hintergrund einladender Einkaufs- und Freizeitgestaltungsmöglichkeiten, differenzierter Bildungsangebote und vielfältiger Kommunikationsformen das pulsierende Leben hoch bewerten, fürchten andere Entfremdung, ständige Bedrohung bewährter Werte und Beziehungen, ein höheres Preisniveau und letztendlich um einen Verlust ihres Bezugs zur Natur. In Diskussionen wird deutlich, dass sowohl die Stadt- als auch die Landschüler sich der Vor- und Nachteile ihres spezifischen Lebensraumes bewusst sind und sich in Mobilität beweisen, um komplementäre Erfahrungen zu sammeln. Dass insgesamt urbanes Leben in seiner Komplexität und Vielfalt als spannend und zumindest zeitweise einladend eingeschätzt wird, spiegelt jugendliche Unternehmungslust und Unbefangenheit im Umgang mit Fremdem. So macht die Großstadt neugierig: Auf eng bemessenem Raum zeigen sich eine Vielfalt von Lebens- und Wohnformen, Flächennutzungen und Verkehrsanbindungen. Schon eine geringe Entfernung vom gerade vertraut gewordenen Ort konfrontiert den Betrachter mit neuen Situationen, überrascht, zieht an und erfordert erneut Orientierung.

Die Wahrnehmung des Großstadtbewohners bzw. -besuchers beschränkt sich dabei selten auf überschaubare, rein visuell-statische Bilderlebnisse; Eindrücke des Sehens und Hörens, des Fühlens und Riechens finden gleichzeitig statt, überlagern sich, wirken verwirrend beliebig und lösen nicht selten Stress aus. Hinzu kommt, dass der Standpunkt des Betrachters, ganz anders als bei der Beobachtung einer Landschaft, als unsicherer Ort empfunden wird. Vorbeifahrende Fahrzeuge oder Menschengruppen versperren oder verändern den Blick. Lärm, schnell wechselnde Lichtverhältnisse oder Gesprächsfetzen von Passanten irritieren die kontinuierliche, konzentrierte Betrachtung. Nur von deutlich erhöhten Standpunkten aus, die dem Betrachter erlauben, Distanz einzunehmen und nicht mehr Teil eines Ganzen zu sein, kann dieser in beschaulicher Haltung verweilen.

Das Entstehen und sprunghafte Wachsen der Städte zu großen urbanen Zentren ist eine der bedeutendsten Folgen der industriellen Revolution im 19. Jh. Zu Tausenden strömen Teile der verarmten Landbevölkerung und angeworbene Fremde in die unaufhaltsam wachsenden Städte auf der Suche nach Arbeitsplätzen und durchleben die ungeahnten Folgen industrieller Zivilisation. Zumeist unter schwierigen Lebens- und Arbeitsbedingungen erleben die neuen und alten Bewohner Identitätsverlust, Entfremdung und Anonymität; sie werden aber auch Zeugen und Teilnehmer einer neuen Form kulturellen Lebens. Vielfältige Vereinsgründungen oder der Bau von Kleinkunst- und Varietébühnen sind um die Jahrhundertwende neue Ausdrucksformen städtischen Lebensgefühls.

Abseits industriebedingter Expansion, aber dennoch im Zuge einer sich verändernden Zivilisation formiert sich ein neuer Künstlertyp. Akademische Vorbilder und thematische Vorgaben ablehnend entdeckt er, oft im Alleingang, den *Erlebnisraum Großstadt* und inspiriert sich am pulsierenden Treiben der neu entstehenden Zentren mit ihren technischen Errungenschaften. Weniger die bürgerliche Gesellschaft und ihre Umgebung als vielmehr die sich rasant entwickelnde Stadt, namenlose Einzelne, Unterweltmilieus oder nächtliche Szenen sind auf den Leinwänden zu finden. Das Flair der Großstadt bringt den modernen, autonom gewordenen Künstler hervor, der, überwältigt und fasziniert, endgültig seine Bindung an die naturalistische Bildwirklichkeit aufgibt. In den Aufzeichnungen Umberto Boccionis, der 1907 nach Mailand kommt, ist dazu Folgendes zu finden: „Die ganze Vergangenheit – so herrlich groß – bedrückt mich, ich will Neues. Aber mir fehlen die Möglichkeiten, zu erfassen, an welchem Punkt man bereits angelangt ist und was jetzt nötig wäre. Womit mache ich das? In Farbe? Als Zeichnung? Als Gemälde? In der Tendenz der Wirklichkeitsabbildung, die mich nicht mehr befriedigt? (...) Was gestern entstanden ist, verliert in unserem fiebernden Zeitalter seine Gültigkeit" (Boccioni, a.a.O.).

Das Problem, die großstädtische Situation mit adäquaten künstlerisch-gestalterischen Mitteln zu erfassen, kann kaum intensiver empfunden und eindeutiger formuliert werden, als dies Boccioni leistet.

Möglicherweise kann dieses Zitat Schülern als ein Ausgangspunkt eigener Reflexionen im Hinblick auf eine gestalterische Aufgabe zum Thema *Großstadt* dienlich sein. Vor allem aber eigenes Erleben, Kenntnisse aus dem Geschichtsunterricht und sicherlich auch folgendes Bildmaterial bieten Impulse für kreative Umsetzungen.

Unter folgenden Kriterien wurden die hier vorgestellten künstlerischen Arbeiten als Basismaterial für den Unterricht ausgewählt: Sie spiegeln einerseits großstädtische, komplexe Szenen und dadurch ansprechenden Detailreichtum und stehen andererseits beispielhaft für künstlerisches Schaffen an der Wende zwischen realistisch-abbildhaften Darstellungen und der Suche nach neuen, tendenziell ungegenständlichen Ausdrucksformen. Nicht zuletzt wurde die Bildauswahl auch durch die Popularität der Werke und ihrer Maler begünstigt. So kann davon ausgegangen werden, dass auch in kleineren Mediensammlungen annehmbare Reproduktionen zu finden sind.

Bildbetrachtung und Bildvergleich

Beide Bilder lassen den Betrachter aus erhobener Position auf eine großstädtische, nächtliche Szene blicken; dunkle und von künstlichem Licht beleuchtete Bildteile grenzen sich deutlich voneinander ab und sind unterschiedlich stark gewichtet. Pissaro führt einen offensichtlich regennassen, typischen Pariser Boulevard mit relativ geschlossenen, gleichförmigen Häuserfronten, Grosz eine Berliner Straßenszene vor; der Blick wird über eine sich turbulent bewegende Menschenmenge im Vordergrund auf die Häuserkante eines monumentalen,

Abb. A: Camille Pissaro: Boulevard des Capucines, 1897, National Gallery, London

Abb. B: George Grosz: Die Stadt, 1916/1917, Collection Thyssen-Bornemisza, Lugano

mehrgeschossigen Gebäudes gelenkt, das den Anfangs- bzw. Endpunkt zweier großer Straßen beschreibt, die von rechts und links oben als Diagonale zum vorderen Mittelgrund verlaufen. Trotz thematischer Gemeinsamkeit unterscheiden sich die Bilder vor allem auf Grund ihrer formalen Ausgestaltung erheblich und erzielen damit unterschiedliche Wirkungen.

Abb. A entspricht im Wesentlichen der erfahrbaren Wirklichkeit des Betrachters; das Zusammenspiel von stimmigen Proportionen, Perspektive und Farbigkeit erlauben eine sichere Orientierung. Der Mangel an Detailgenauigkeit erscheint dem Zuschauer der nächtlichen Szene „legitim", da er den Boulevard aus vergleichsweise beträchtlicher Entfernung wahrnimmt. Dagegen wirkt Abb. B weit weniger realistisch; verzerrte Figuren, instabile, unwirklich verdichtete Gebäude, Verkehrsmittel auf unsicherem Untergrund und schablonenhaft aufliegende Wortbänder verunsichern den Betrachter.

Die hier knapp charakterisierten Abbildungen sind auf sehr klaren, aber unterschiedlichen perspektivischen Grundmustern aufgebaut. Während Abb. A eindeutig zentralperspektivisch organisiert ist und man zum einzigen nahe der senkrechten Mittelachse liegenden Fluchtpunkt hin eine außerordentliche Tiefenwirkung erfährt, sind für die Abb. B zwei Fluchtpunkte jeweils an den seitlichen Bildbegrenzungen auszumachen, auf die die Begrenzungslinien des Gebäudes im Zentrum zulaufen. Basierend auf diesen verschiedenen räumlichen Gegebenheiten einerseits und auf Grund einer unterschiedlichen Konzentration von Menschenmassen andererseits werden entgegengesetzte Bewegungsrichtungen offenbar (s. Schema). Um diese nachzuvollziehen und ihre Wirkung zu erfahren, hat es sich als sinnvoll erwiesen, die Schüler Kompositionsskizzen anlegen zu lassen. Auch ist es möglich, vorgegebene Schwarz-Weiß-Kopien mit einem Liniengeflecht so zu überzeichnen, dass die perspektivische Struktur hervortritt.

Abb. A

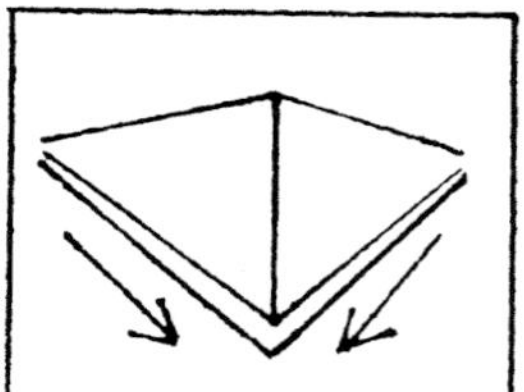
Abb. B

So erlebt der Betrachter eine jeweils andere Sichtweise der Großstadt: Pissaro erlaubt ihm, sich aus erhöhter, sicherer Distanz einen Überblick vom bewegten aber geordneten Treiben auf dem Boulevard zu verschaffen, das kaum hektisch oder lärmend anmutet. Grosz dagegen konstruiert eine ungeheure, dynamische Szene, die auf den Betrachter einstürzt; anscheinend ziellos umherirrende und fratzenhaft reduzierte Figuren vermitteln vor einem instabilen und kulissenhaft wirkenden Hintergrund Panik. Die Großstadt präsentiert sich als auswegloser

Moloch, dessen sogartige Energie jeden Winkel der Stadt zu jeder Zeit zu erfassen vermag.
Die besondere Wirkung der Grosz'schen Großstadtinszenierung sollte nicht lediglich beschrieben, also aus dazu notwendiger Distanz heraus versprachlicht werden. Vielmehr geht es darum, Schülern die Möglichkeit zu bieten, sich mit der Wirkung des Bildes und seiner Atmosphäre auseinander zu setzen und sie „Teilnehmer" der nächtlichen Szene werden zu lassen: Von Mitschülern fahlblass geschminkt (stark verdünnte, einfache Deckfarben) und in dunkle Jackets gehüllt, bewegen sich einige vor einer Diaprojektion, die weit über die Maße des Originals hinausgeht und bis zum Boden reicht, auf und ab. Kurze, vorformulierte, sich überlagernde Dialoge, Selbstgespräche, Rufe und Schreie sowie lautes und hektisches Atmen bilden den akustischen Hintergrund. Die Zuschauer können durch Geräuschnachahmungen und Blinken mit Taschenlampen einbezogen werden, sodass sich die Aktion in den Raum erstreckt.

Bildbetrachtung und gestalterisch-praktische Umsetzung

Umberto Boccioni: Der Lärm der Straße dringt ins Haus, 1911, Kunstmuseum Hannover mit Sammlung Sprengel, Hannover

Über den Rücken einer älteren Dame hinwegschauend (und quasi mit ihr gemeinsam) blickt der Betrachter über die Brüstung eines Balkongitters in die Tiefe einer groß angelegten Baustelle. Eine größere Gruppe von Handwerkern ist dort mit Arbeiten beschäftigt. Viele, mehrere Meter hohe Holzpfosten ragen empor und begrenzen die Baustelle zu allen Seiten. Die rechte und linke Bildbegrenzung wird ausschließlich von mehrgeschossigen Gebäuden eingenommen, die sich scharfkantig zergliedert zur Bildmitte hin neigen. Die Dame im Vordergrund ist nicht die einzige Beobachterin des lärmenden Treibens; zwei weitere Frauen verfolgen ebenfalls von ihren Balkonen aus die Arbeiten. Pferde die vielleicht als Last- oder Zugtiere dienen, scheinen der Situation entfliehen zu wollen. Im hinteren Bilddrittel liegen sie schablonenhaft über dem Bildgeschehen. Dadurch, dass im oberen Teil ebenfalls Gebäude die Bildfläche einnehmen, sind die Baustelle, wie auch ihre Handwerker und Beobachter kesselartig eingeschlossen.
Der auf den ersten Blick unüberschaubare Reichtum an Bildinformationen, der Mangel an stabiler Grundfläche und vor allem die einknickenden, sich neigenden Häuserfassaden wirken auf den Betrachter bedrohlich. Bauklomplexe werden hier nicht mehr als träge, aber stabile Materie, sondern als Energie verstanden, die Gewichte ins Schwanken bringt. Dem Blick des Betrachters bietet sich kein Ausweg mehr: Er hat sich der „verbauten" Situation mit ihrem Lärm und dessen vielfachem Echo zu stellen.
Boccioni hebt die Vorstellung des einheitlichen Zusammenspiels der Baukörper auf; scheinbar geheimnisvolle Kräfte, denen sich der Zuschauer nicht entziehen kann, scheinen sie zu sprengen.
Das folgende unterrichtspraktische Beispiel zeigt verkürzt, wie Schüler der 7. und 8. Klassen die „Baugrube Boccionis" erleben und gestalterisch nachempfinden.

- Im Anschluss an eine ausführliche Bildbetrachtung formulieren sie kausale Zusammenhänge zwischen formalen Gestaltungsmitteln einerseits und ihren Wirkungen andererseits. Dazu zwei Beispiele: „Weil die senkrechten Hausbegrenzungen nicht parallel zu den seitlichen Bildkanten verlaufen, wirken sie auf mich instabil." oder „Weil das Bildzentrum so viele Einzelheiten zeigt, erscheint mir die Baustelle unübersichtlich."
- Die Schüler rekonstruieren anschließend in *Panoramakästen* diese Bildwirkung. Dazu werden die seitlichen Wände eines (Schuh-)Kartons zum Betrachter hin bühnenartig geöffnet und, wie auch die Rückwand, mit stabilem Zeichenkarton überzogen. Dieser zeigt, in Anlehnung an Boccioni, vibrierende und stürzende Baukörper, die mit Deckfarben so gestaltet werden, dass von ihnen eine bedrohliche Wirkung ausgehen kann. Einzelne Fassaden können aus Wellpappe oder verschiedenfarbigen Kartons bestehen und (teilweise) übermalt werden. Im Wechsel zwischen der Bemalung der Kartonteile und ihrer „Einpassung" vor den Hintergründen des Panoramakas-

tens probieren die Schüler unterschiedliche Wirkungen aus. Dabei können Fassaden-, Balkon- oder Dachteile die vorgegebenen Begrenzungen des Kastens überragen und damit den Betrachter unmittelbarer ins Geschehen einbeziehen.

- Um die Illusion einer Baustelle und die Vorstellung eines gestalteten Bühnenraumes zu verstärken, wird der von den Kartonwänden begrenzte Raum auf einem Untergrund aus Pappe mit Hilfe verschiedener Natur- und Abfallmaterialien spielerisch in eine „Baustelle" mit unterschiedlichen Höhenniveaus verwandelt.
- Abschließend wird die zum Betrachter hin noch offene Seite mit einem Gitter aus Draht oder Pappe versehen, über das hinweg sich der Blick des Zuschauers in die Tiefe des Raumes erstreckt.

Schülerskizze zum Panoramakasten

Mit seinem vergleichsweise kleinformatigen Bild wendet sich Severini, der ein Freund Boccionis und mit diesem in der Mailänder Szene der Futuristen eng verbunden ist, gänzlich von einer Wiedergabe bildhafter Wirklichkeit ab (s. Abbildung S. 176). Severinis Großstadtbild zeigt weder Baukomplexe noch Menschenmassen, noch suggeriert es die Illusion, „vor Ort" entstanden zu sein, um wenigstens einen begrenzten Ausschnitt großstädtischen Raumes im Zusammenhang vorzuführen und damit Orientierung zu bieten. Lediglich einige Hinweisschilder, darunter METRO, SORTIE (Ausgang), DIRECTION ST. LAZARE, I CLASSE und PIGALLE konkretisieren das Geschehen auf der Leinwand und geben Aufschluss darüber, dass der Referenzort des Bildes Paris ist. Die zwischen den Schildern liegende Bildfläche ist eher diffus; Raumtiefen, die an U-Bahnschächte erinnern, werden angedeutet, jedoch malerisch nicht durchgehalten. Nur im Zusammenhang von Assoziationen, Sprach- bzw. Ortskenntnis und Bildtitel (*Nord-Sud*) erschließt sich dem Betrachter die Situation: Severinis Werk gibt bruchstückhaft, zusammengesetzt und sich überlagernd Eindrücke des unterirdischen Durchquerens der Stadt wieder. In Bewegung, nämlich im Wechsel zwischen Fahrten im Dunkel und der Ankunft in hell

Gino Severini: Nord-Sud, 1912, Pinacoteca die Breta, Mailand

erleuchteten Metrostationen, nimmt der Betrachter die moderne Metropole wahr. Ihre Wiedergabe beschränkt sich dabei auf Momentaufnahmen, die, dem Erleben entsprechend, auf der Bildfläche synthetisiert werden.
Vor allem auf Grund seines Fragmentcharakters kann Severinis Paris-Bild als Anlass verstanden werden, Schüler zu künstlerischen Auseinandersetzungen anzuleiten, deren Ausgangspunkte ebenfalls Teilbilder sind. Dazu bieten sich vorgefundene Bild- oder Textmaterialien, die Bezüge zu einer großstädtischen Wirklichkeit aufnehmen (Zeitungsausschnitte, Rechnungen, Eintritts- und Fahrkarten, möglicherweise von Klassenausflügen) ebenso an, wie selbst hergestellte, gemalte Bildausschnitte, die momenthafte Erinnerungen wiedergeben. Auf einer Ebene collageartig miteinander in Verbindung gebracht, werden sie zu individuellen, künstlerischen Aussagen städtischen Erlebens. Der inhaltliche Aspekt *Wege und Stationen* regelt die gestalterischen Maßnahmen, gibt ihnen Verlauf, Rhythmus, Richtung und Zentren.
Einen wesentlichen Teil des Bildbestands in Severinis Darstellung machen nicht die Großstadt selbst, sondern ihre lesbaren Verweise auf städtisches Leben aus (*Pigalle, Sortie*). Dieser Gedanke des „Substrats städtischer Wirklichkeit" kann erfahrungsgemäß von älteren Schülern in der Sek. I im Unterrichtsgespräch erarbeitet und verstanden werden. Sie sind in der Lage, auch andere Repräsentationsformen der Stadt zu entdecken, sich zu verschaffen (z. B. in Reisebüros,

Ämtern) und diese künstlerisch so umzugestalten, dass von ihren Arbeiten belebende Irritationen, Um- und Neudeutungen ausgehen. Folgende Beispiele können Grundlage künstlerisch-praktischer Umsetzungen sein:

- Veränderung von Stadt- und Verkehrsplänen durch zeichnerische Zusätze, Auslassungen und Verdichtungen,
- Irritation von Statistiken,
- Übermalen und Überschreiben von Telefonbuchseiten.

Literatur: Boccioni und Mailand, Ausstellungskatalog des Kunstmuseums Hannover mit Sammlung Sprengel (20.5.1983 bis 31.7.1983), Mailand 1983 (Zitat, S. 20).

Das Unbekannte, Fremde

Ulrike Springer

Die Linien umgrenzen quasi in einer durchgehenden zeichnerischen Bewegung eine in sich nachdenklich versunkene Gestalt, von der nur wenige Teile gegenstandsbezogen zu deuten sind.

Die Figur erscheint zugleich zart, zerbrechlich und kompakt verschlossen, unter anderem bedingt durch die ambivalente Beziehung von Figur und Grund, die einen mehrdeutigen Schwebezustand erzeugt. Die Linien und Formen suggerieren ein ängstliches, beschützenswertes aber gleichzeitig auch drohendes, beunruhigendes Wesen. Die Linie prägt und charakterisiert die Figur als ein Fühl- und Ausdruckszeichen. Das Unfassliche, Rätselhafte erzeugt komplementäre Gefühle: Sorge, Zuneigung, Unruhe und Angst. Wie mögen Schüler, für die Gewalt und Angst zur alltäglichen Begleiterscheinung ihres – nicht nur schulischen – Lebens zählen, auf eine Irritation, wie sie Klees Figur sicherlich auslöst, reagieren? Wie wird Unsicherheit gegenüber dem Unbekannten, Fremdartigen, Ungewohnten ihre Wahrnehmungen und Einstellungen bestimmen?

Paul Klee, 337 Durchhalten, 1940, Paul-Klee-Stiftung, Bern, Inv.Nr. Z 2234, Kunstmuseum Bern

Ohne genauere Angaben wird die Klasse mit der Zeichnung konfrontiert. Es wird die Frage gestellt: „Was würdet ihr fühlen, denken und tun, wenn euch dieses Wesen real begegnete?“

SCHÜLERMEINUNGEN EINER 9.KLASSE:
DER TITEL DES BILDES WAR BEI DER BEGRIFFSFINDUNG NICHT BEKANNT.

Paul Klee, Durchhalten, 1940

„BEÄNGSTIGEND GEFÄHRLICH, ABER AUCH IRGENDWIE LIEB, BEHINDERT.“

„GROẞ, MÄCHTIG, HINTER-HÄLTIG.“

„WENN MAN LÄNGER HINGUCKT, WIRKT ES WIE EIN MENSCH, BEI KURZEM DRAUF-SCHAUEN WIE GE-HALTE GEFÜHLE, AUFWÜHLEND.“

„GESCHMIER VON 5-JÄHRIGEN, HÄSSLICH, SCHLANGE, SCHROTT, E.T., NICHTS WERT.“

GRIMMIG, FAUST, STRENG, PROVOZIEREND, LINK, TRAURIG, FREMD, NEUGIERIG.“

„SIEHT AUS WIE EINE SPHINX, TRAURIGER ODER WIE EIN LÖWE.“

„ES DRÜCKT ANGST AUS! WIRKT GEFÄHRLICH!“

ABSTRAKT, MENSCHLICH, GEIZIG, LAUNIG, STRENG, UNGELENK, BITTER, TRAURIG, NACHDENKLICH.“

„ES ERINNERT MICH IRGENDWIE AN UNSERE VERKORKSTE GESELLSCHAFT, RADIOAKTIV, BESTRAHLT, UNFRÖHLICH.“

„KINDERBILD, MARSMENSCH, SCHROTT-FRESSER, GESICHT MIT ZAHLEN AUSGEDRÜCKT, VON VERSCHIE-DENEN PERSPEKTIVEN AN-DERE GESICHTSAUSDRÜCKE.“

„TRAURIG, SKEPTISCH, NICHT AUF-GEKLÄRT, KUNST-KRITIKER, KLEIDERHA-KEN.“

„MERKWÜRDIG, UNWIRKLICH, IN-TERESSANT, AB-STOẞEND, UNMENSCH-LICH, ANZIEHEND.“

„ICH HABE EIN WENIG AB-NEIGUNG, WEIL ES ABSTRAKT UND EINFACH GE-ZEICHNET IST.“

„ICH FINDE DAS BILD AB-SCHRECKEND, ES ERINNERT MICH AN EINEN WÜTENDEN WURM. EKELHAFT.“

Eindrücke und Assoziationen werden zunächst schriftlich festgehalten. Daran schließt sich eine gestalterische Stellungnahme an.
Die Ergebnisse geben zu denken. Aus über 150 Text- und Bildkommentaren der Klassen 5, 6, 7 und 9 lässt sich folgende Tendenz ablesen:

- Mitfühlende Nähe zur Gestalt bzw. Zuneigung zeigte sich nur fünfmal. (Die Abbildung verrät Mitleid mit den eingekerkerten Gestalten.)

- Ein Drittel der Arbeiten veranschaulicht Annäherung aus Distanz, bzw. Verharren in Distanz (z. B. vorsichtiger Händedruck, ängstliche Blumengabe).

- Mehr als die Hälfte der Arbeiten pro Klasse grenzte die Gestalt aus. Sie wird in den Zoo gesperrt, auf ein Podest gehoben, ins Museum verbannt oder als bedrohlich empfunden (vgl. Abb. nächste Seite).

- Einige blutrünstige Arbeiten entstanden erst, als ich versicherte, dass absolut freie Meinungsäußerung erlaubt sei (vgl. Abb. Seite 181).

Können die Urheber dieser Text-Bildkommentare aus ihren Zeichnungen Einsichten gewinnen? Helfen ihnen ihre assoziativen Fantasien allein schon dadurch, dass sie bildhaften Ausdruck gewonnen haben, vorurteilshafte, aggres-

sive Einstellungen gegenüber Fremdartigem zu überwinden? Ohne eine aufmerksam-vorsichtige Anleitung, die Zeichnung Klees empathisch nachzuvollziehen, lässt sich eine nachdenkliche Haltung gegenüber den eigenen Reaktionen gewiss nicht erzielen. Der Titel *Durchhalten* lässt überdies zweideutige Ausdrucksvaleurs in neuem Licht erscheinen: Die grimmige Verbissenheit, ja gefährliche Bitterkeit, die die Gesichtszüge äußern, lassen sich dann auch und vor allem als verzweifelte Entschlossenheit, als „Zähnezusammenbeißen" ver-

stehen, die Massivität als Schutzanstrengung, die Zartheit der Linie als zerbrechliche Schutzbedürftigkeit. Es fällt auf, dass die Figur beinahe schneckenhausartig nach innen gedreht ist, ihr Gesicht aber großflächig und frontal sich uns zuwendet. Biografische Hinweise können dazu beitragen, diese Zeichnung als eine Chiffre existentieller Gewalterfahrung wahrzunehmen: 1940, in seinem Todesjahr, befindet sich Paul Klee in der Schweiz auf der Flucht vor den Nationalsozialisten; seine Werke sind, soweit sie sich in deutschen öffentlichen Sammlungen befanden, von den Nazis beschlagnahmt worden; Krankheit und wirtschaftliche Sorgen steigern sich zu einer bedrohlichen Krise, der Klee diese Zeichnung – und ihren Titel – entgegenstellt: *Durchhalten*!

Wasser

Ilona Dohnicht-Fioravanti

Wasser wird durch seine ökologische Bedeutung immer wichtiger für uns und sollte daher nicht nur in den naturwissenschaftlichen Fächern behandelt werden. Der Kunstunterricht bietet zahlreiche Möglichkeiten, dieses bedeutsame Thema unmittelbar sinnhaft und sinnlich zu erfahren und kreativ zu bearbeiten.
Im Folgenden werden mögliche Annäherungen an das Phänomen skizziert; das Spektrum reicht von Einzelstunden, bis zu – fächerübergreifenden – Projekten.

- Kleingruppen nehmen mit dem Kassettenrekorder Wassergeräusche auf: natürliche und mechanische, innerhalb und außerhalb der Schule. Sie spielen im Unterricht einander ihre Geräusch-Collagen vor und bereichern diese zunächst in ihrer Vorstellung synästhetisch: mit Gerüchen, Tastempfindungen, Farben.

Das Tropfen, Gießen, Rauschen des Wassers versuchen die Schüler anschließend in den empfundenen Farben und Farbverläufen malend auszudrücken. Dieses Malen reagiert unmittelbar auf die akustischen Reize.

- Schüler entwerfen eine Installation aus Wassergeräuschen: Wasser tropft aus einer Vielfalt von Behältern in unterschiedlicher Geschwindigkeit auf unterschiedliche Materialien und erzeugt dabei Töne. Als Behälter können Scheidetrichter und Büretten aus dem Chemielabor, oder einfache durchlöcherte Blechdosen, Plastikeimer u. Ä. dienen, die wiederholt nachgefüllt werden. (Hierbei handelt es sich um eine starke Vereinfachung bzw. Verfremdung von Wasserinstallationen des Künstlers TRIMPIN.)

Als *Resonanzboden* eignet sich grundsätzlich jedes tönende Material: Metallbleche, Holzplatten, gespannte Plastikbahnen, Glasflächen, sowie bereits mit Wasser gefüllte Behältnisse. Das Material sollte auf jeden Fall so gewählt bzw. geformt werden, dass es das tropfende Wasser auffangen kann. Die Töne verändern sich je nach Wassermenge, die sich in den Gefäßen angesammelt hat; auch Tropfhöhe und Materialcharakter spielen in diesem Zusammenhang eine wichtige Rolle.

Denkbar ist folgendes Arrangement: Auf dem Fußboden befinden sich in einer Reihe Gefäße, in denen unterschiedliche Materialien Resonanzflächen oder -körper bilden. Über ihnen ist in ca. 2 m Höhe eine Leine von Wand zu Wand gespannt, an der durchlöcherte Eimer und Dosen hängen, die mit Wasser gefüllt sind, das in unterschiedlicher Geschwindigkeit austropft. Die entstehenden Klänge lassen sich durch gezielte Manipulationen ausdrucksmäßig verändern. Die entstehenden *Wassermusiken* können aufgezeichnet werden. Diese Kompositionen lassen sich zu einem geheimnisvollen Klangereignis steigern, wenn man sie in einem abgedunkelten Raum vom Tonband abspielt und dazu Farbprojektionen veranstaltet.

- Schüler tragen Gegenstände zusammen, die mit Wasser in Verbindung stehen; die Fundstücke werden zu Assemblagen angeordnet oder zu Installationen verbunden. Natürliche Funde wie Pflanzen und Tiere werden konserviert oder fotografisch dokumentiert; es lassen sich Frottagen anfertigen oder Materialdrucke. Sammel- und Schaukästen können entstehen. Wasserrohrteile, Abflussgitter o. ä. werden zu beziehungsreichen Plastiken montiert, wobei man als Verbindungsmittel auch Ton, Gips, Mörtel usw. verwenden kann.

Die Fundstücke können mit Gipsbinden abgeformt werden und als Negativ- oder Positivformen zur Geltung kommen. Aus Wasser geborgene Abfälle können zu einem *Müllmonster* verbunden werden. Eine *Seejungfrau* aus Ton, Knete o. a. Material wird mit Fundstücken dekoriert oder aus ihnen zusammengesetzt. Verschiedene Wasserproben werden in Fläschchen gesammelt und zusammen mit Fundstücken als Environment präsentiert usw. Flusskiesel eignen sich mit anderen *Wasserrelikten* zur Gestaltung von Reliefs, Fliesen und Mosaiken.

In die Assemblagen werden Fließprozesse des Wassers einbezogen. Durch, über, unter die Skulpturen wird Wasser durch Rohre und Schläuche geleitet, dessen Fließen die symbolischen Gegenstände belebt. Ihre Ausdruckskraft kann mit gefärbtem Wasser noch vergrößert werden (vgl. hierzu Kunst + Unterricht 169/1993).

Ein geschlossener Wasserkreislauf mit Pumpe wäre am „wartungsfreiesten"; es ist aber auch möglich das Fließwasser in einem Behälter aufzufangen und „per Hand" dem Kreislauf zurückzugeben.

Kunstmeile

Renate Mann

Klassen 5–13
Zeitaufwand: Arbeiten, die während eines Schuljahres entstanden sind, eine Woche für die Ausstellungsgestaltung

Besonderheit: Ausstellungsgestaltung als Projekt (Wie organisiere ich eine Ausstellung, nach welchen Kriterien werden Ausstellungsstücke ausgesucht, wie werden Standorte festgelegt?)

Die Kunstmeile (1 Meile = 1,524 km), in den Achtzigern auf dem Berliner Kurfürstendamm veranstaltet, konfrontierte die Menschen mit Kunstwerken der vielfältigsten Art auf Gehwegen, Mittelstreifen und Kreuzungen, in Schaufenstern und Kaufhäusern sowie in Restaurants und Cafés.

An diese Idee knüpft der Unterrichtsvorschlag an. Eine Kunstmeile lässt sich außerhalb der Schule nach entsprechenden Absprachen mit Geschäftsleuten eines Stadtteils oder einer Einkaufsstraße (bei größeren Projekten mit dem zuständigen Kulturamt) in einer Stadt, aber auch in den Fluren einer Schule und auf dem Schulhof realisieren. Um genügend Schülerarbeiten auf einer Strecke von fast 1 600 m aus- und aufstellen zu können, empfiehlt es sich, ein Jahr lang in einigen Klassen auf diese Kunstmeile hinzuarbeiten.

Während einer Projektwoche könnte dann die Ausstellung gestaltet und mit einer Vernissage eröffnet werden.

Die folgenden Anregungen beschränken sich auf objekthafte Gebilde und raumgreifende Installationen. Dennoch sollte den traditionellen Techniken und Themen genügend Raum bleiben. Nur so ist gewährleistet, dass sich möglichst alle Kollegen einer Schule angesprochen fühlen und sich beteiligen.

- Kleiderbügel mit Alltagsgegenständen (z. B. Tassen, Besteck) als Mobile;
- innen beleuchtete Objekte aus Maschendraht, kaschiert mit Japan- oder Seidenpapieren, bemalt oder mit Schnüren beklebt;
- Großskulpturen aus Pappmaché über Kartons oder Holzgerüsten;
- Figurengruppe aus Verpackungsmaterial von Möbeln, ausgeschnitten und bemalt;
- Installation mit Schnüren und genähten, ausgestopften Objekten aus Stoff;
- gestaltete Holzpaletten aus Industriebetrieben;
- Stuhlobjekte, verpackt, kaschiert, bemalt;
- Webbilder in Fahrradspeichen;
- Klangskulpturen aus Glas, Metall und Holz;
- Fundstücke aus der Natur, Schrottplätzen und Sperrmüll fantastisch arrangiert;
- alte Türen und Fester zu einem begehbaren Raum zusammengefügt;
- Papphröhren (auf die Teppichböden aufgerollt sind) zu einem *Überlebensfloß* zusammengebunden;
- ein Turm aus Ästen und Zweigen;
- Verschalungsbretter als Graffiti-Zaun;
- ein Labyrinth aus Pappkartons;
- Kleidungsstücke in nur eine Farbe getaucht und auf die Leine gehängt.

Der Fantasie und dem kreativen Umgang mit verschiedenen Materialien sind keine Grenzen gesetzt. Nähere Auskünfte zur Kunstmeile können beim Neuen Berliner Kunstverein eingeholt werden (Tel. 030/2807020/-21/-22).

Literatur: EBERT-SCHIFFERER, SYBILLE (Hrsg.): Fünf stumme Zeugen betrachten ein Tonschwein, 192 Jahre Begegnung im Museum, Hessisches Landesmuseum Darmstadt, Benteli Verlag Bern 1993. Ausstellungskataloge der Bienale in Venedig und Kataloge der documenta Kassel sind sehr nützlich für die Realisierung des Projekts.

Proportion und Harmonie

Joachim Engert

Für manchen Künstler mag es schwer nachvollziehbar sein, dass ein Mathematiklehrer wie ich gerade von den ästhetischen Reizen seiner Wissenschaft besonders angezogen wird. Dabei ist unübersehbar, dass Mathematik nicht nur aus den praktischen Fragen des Lebens entwickelt wurde, sondern auch durch den Wunsch nach Analyse und Erklärung der in vieler Hinsicht als vollkommen erfahrenen Schöpfung wichtige Impulse erhielt. Dies mag einer der Gründe dafür sein, dass die strenge Rationalität der Mathematik wohl doch mehr als nur ein mitunter notwendiges Beiwerk einer eher emotional verstandenen Kunst ist.

Vor allem die Sehnsucht nach Harmonie, häufig als besonders charakteristisch für den Menschen verstanden, hat schon vor langer Zeit Mathematik und Kunst verbunden. Allerdings dachte der griechische Philosoph, Mathematiker und Naturwissenschaftler Pythagoras damals wohl nicht zuerst an die Beziehungen der Menschen untereinander, als er seine Lehre in der Formulierung: „Die ganze Welt der Harmonie und Zahl" zusammenfasste; er und seine Schüler bauten ihr Weltbild auf diesem Satz auf. Vollkommene Harmonie verbürgte nach ihrer Überzeugung die Symmetrie. Deshalb nahmen die Pythagoreer an, dass alle Dinge des Kosmos aus den symmetrischen „regulären Körpern" (auch als platonische Körper bekannt) aufgebaut seien.

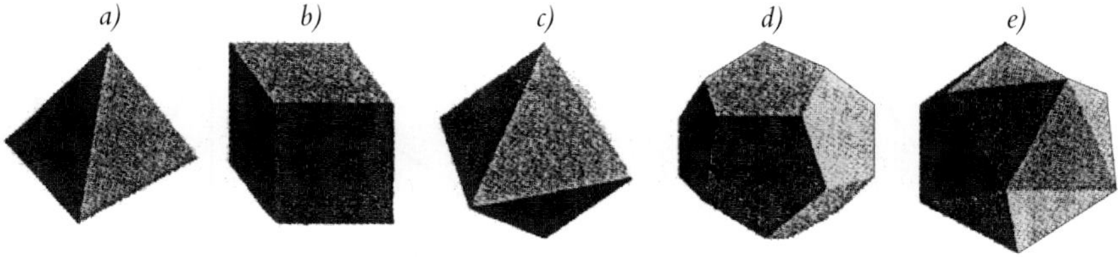

Die fünf regulären Körper: Tetraeder (a), Hexaeder (Würfel) (b), Oktaeder (c), Dodekaeder (d) und Ikosaeder (e)

Diese geometrischen Körper entstehen, wenn man reguläre Dreiecke, Vierecke oder Fünfecke im Raum zusammensetzt. In regulären Vielecken sind alle Seiten gleich lang und alle Winkel gleich groß. Diese Eigenschaft ist mit einem hohen Maß an Symmetrie verbunden: Ein gleichseitiges Dreieck hat drei, das reguläre Viereck (Quadrat) vier, das reguläre Fünfeck (Pentagon) fünf Symmetrieachsen. Verfolgt man diese Entwicklung weiter, so wird deutlich, dass mit jeder weiteren Ecke auch die Zahl der Symmetrieachsen wächst und die entstehenden Vielecke irgendwann für das Auge nicht mehr von einem Kreis zu unterscheiden sind, der vollkommensten Figur mit unendlich vielen Symmetrieachsen. (Der vollkommene Kreis ist übrigens auch eine besonders sparsame Figur, weil er im Vergleich zu anderen Figuren mit gleich langem Umfang die größte Fläche einschließt.) Ebenso, könnte man meinen, nähert man sich über die Komposition von regulären Körpern mit immer höherer Eckenzahl dem vollkommensten Körper, der Kugel. Aber die platonischen Körper kommen über Fünfecke nicht hinaus. Was dahinter steckt, wird schnell deutlich, wenn man sich vorstellt, wie eigentlich beim Zusammensetzen von Vielecken eine räumliche Ecke entsteht: Man muss (mind.) drei Vielecke lückenlos so aneinander fügen, dass sie an einer Ecke aneinanderstoßen. Bei einem regulären Sechseck wird das Gebilde in der Ebene bleiben, also keine räumliche Ecke haben, weil jeder Innenwinkel im Sechseck 120° groß ist, drei zusammen also einen Winkel von 360° ausfüllen.

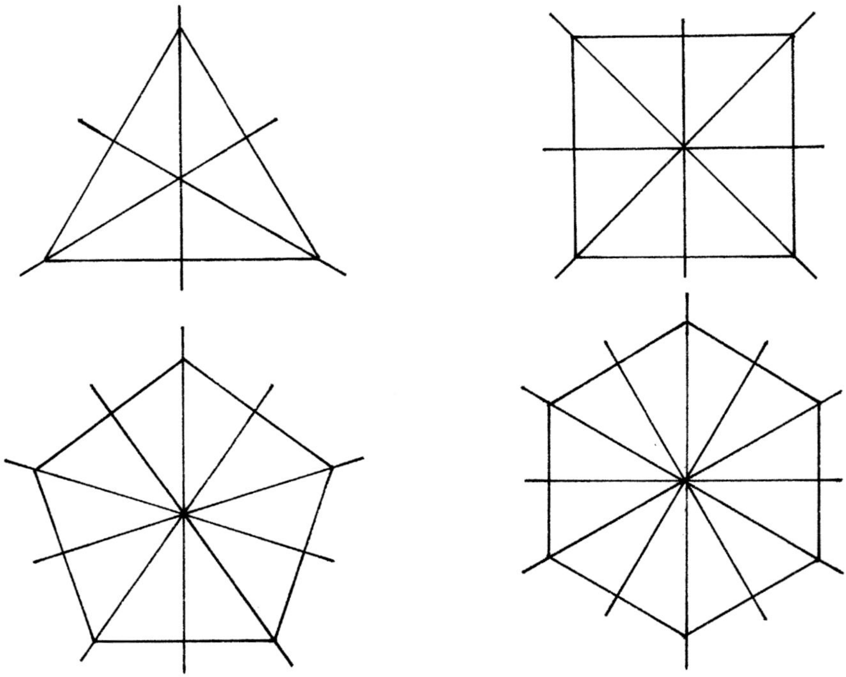

Reguläre Vielecke mit Symmetrieachsen

Die griechischen Mathematiker haben auf anderen Wegen versucht, sich der Kugel anzunähern. Sie haben reguläre Vielecke verschiedener Eckenzahl aneinander gefügt.

Die Faszination, die von symmetrischen Figuren und Körpern ausgeht, hat nach den Griechen und Römern insbesondere Künstler und Architekten des Mittelalters und der beginnenden Renaissance beeindruckt. Sie sahen im Bild des Menschen im Kreis und im Quadrat, dessen berühmteste Darstellung von Leonardo da Vinci stammt, ein Bild der Welt und deuteten so den Satz des Philosophen Protagoras „Aller Dinge Maß ist der Mensch". Auch Künstler des 20. Jhs. wie Max Bill, Vasarely und Escher haben sich mit der Ästhetik von Symmetrie auseinander gesetzt.

In der bildenden Kunst hat Symmetrie allerdings nie die herausragende Bedeutung gewonnen, die ihr in der Architektur zugestanden wurde und wird. Verschiedene Gründe lassen sich vermuten: Symmetrie lässt keine Spannung aufkommen, sie kommt in der sichtbaren Natur selten oder nie in Reinkultur vor, als Gestaltungsprinzip engt sie in hohem Maße ein. Einige dieser Gründe lassen sich im Unterricht leicht überprüfen, indem man „halbe" Bilder – seien es Fotografien, eigene Vorgaben oder auch bekannte Kunstwerke – im Spiegel betrachtet oder symmetrisch gestaltet, das hat Cramer überzeugend nachgewie-

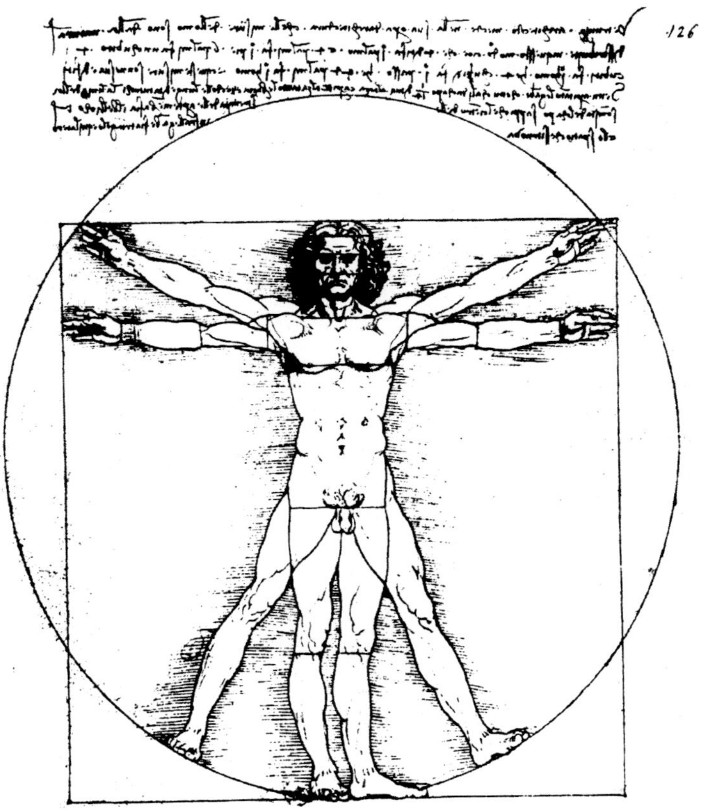

Leonardo da Vinci: Proportionsschema der menschlichen Gestalt nach Vitruv

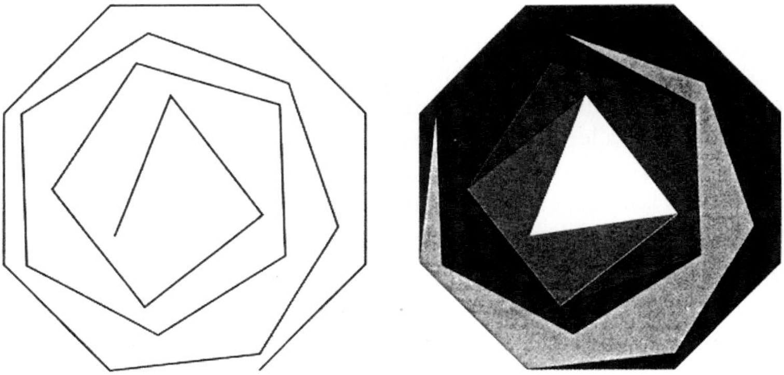

Max Bill: Eine von 16 Versionen einer poygonalen Progression (1938). Daneben eine Computer-Rekonstruktion. Die regulären Vielecke entwickeln sich von innen nach außen aus einem gleichseitigen Dreieck zu einem regulären Achteck.

Albrecht Dürer: Selbstbildnis. Links: normale Wiedergabe, rechts oben: zusammengesetzt aus zwei rechten Gesichtshälften, unten: zusammengesetzt aus zwei linken Gesichtshälften (aus: Cramer, a.a.O.)

sen. Das formale Regelmaß des Bildes entspricht dessen inhaltlichem Anspruch, Vollkommenheit zu repräsentieren. Überraschenderweise irritiert Dürer die Spiegelbildlichkeit, indem er Ungleichheiten der beiden Gesichtshälften durch einen Beleuchtungswechsel hervorhebt. Tilgt man diese Ungleichheiten dadurch, dass man je eine Gesichtshälfte spiegelt und so zu einem Gesichtsganzen verdoppelt, verlieren die so entstandenen Physiognomien jede lebendige Schönheit: Sie wirken bei aller symmetrischen Vollkommenheit auffällig starr. Können wir daraus schließen, dass erst Ungleichheit im Gleichmaß ästhetische Harmonie empfinden lässt? Auch in Dichtung und Musik verlangt ja jedes Metrum nach rhythmischer Belebung.

Der Psychologe Gustav Theodor Fechner hat im Jahre 1876 einen Versuch durchgeführt, der später von anderen Wissenschaftlern ohne wesentlich veränderte Ergebnisse wiederholt wurde und den man leicht auch im Klassenzimmer realisieren kann. Er ließ Testpersonen unter zehn verschiedenen Rechtecken dasjenige auswählen, das sie als das wohlgefälligste empfänden. Das Quadrat (A) – das einzige vollkommen regelmäßige Format – lag mit 2 % abgeschlagen auf

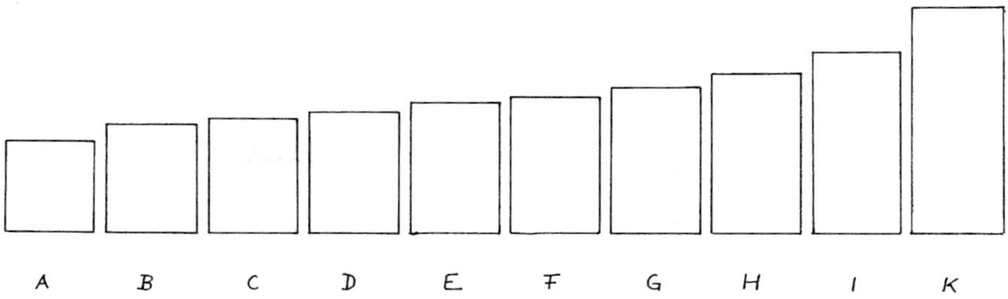

dem vorletzten Platz! Mit Abstand am meisten ausgewählt wurde das Rechteck G, bei dem die Seiten im Verhältnis 21:34 – nicht etwa ein DIN-Maß – zueinander stehen. Zusammen mit dem Rechteck (F) im Verhältnis 2:3 und dem Rechteck (H) im Verhältnis 13:23 wurde es von etwa 80 % der Testpersonen gewählt. Vor einer Versuchsdurchführung im Unterricht empfiehlt es sich, dass jeder zunächst selbst ein Rechteck zeichnet, das er als besonders harmonisch empfindet, um später vergleichen zu können.

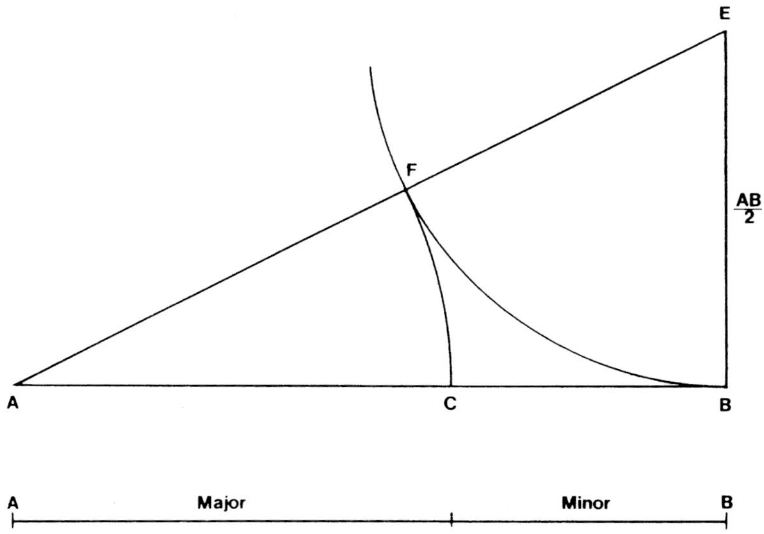

Teilung einer Strecke AB im goldenen Schnitt mit Konstruktion

Es lässt sich ahnen, was hinter diesem bevorzugten Verhältnis steckt. Es ist der berühmte „goldene Schnitt", der in Kunst und Architektur immer wieder – häufiger wahrscheinlich unbewusst als gezielt – die Proportionierung eines Werkes bestimmt. Zwei Strecken stehen dann im Verhältnis des goldenen Schnitts, wenn das Längenverhältnis der kürzeren zur längeren dasselbe ist wie das der längeren zu der Strecke, die aus beiden zusammengesetzt ist. Bezeichnet man die Länge der kürzeren Strecke (Minor) mit m und die der längeren (Major)

mit M, so stehen also beide im Verhältnis des goldenen Schnitts, wenn m : M = M : (m + M) oder auch M : m = (m + M) : M gilt. Aus einer dieser Gleichungen kann man den Faktor, um den M größer als m ist, berechnen. Wir nennen ihn $x = \frac{M}{m}$ und können deshalb M durch x · m zum Beispiel in der zweiten Gleichung ersetzen. Wenn wir sie dann als Bruchgleichung (das heißt, die Divisionszeichen werden durch Bruchstriche ersetzt) aufschreiben, lautet sie:
$\frac{x \cdot m}{m} = \frac{(m + x \cdot m)}{x \cdot m}$ oder nach Ausklammern von m im Zähler der rechten Seite
$\frac{x \cdot m}{m} = \frac{(m \cdot (1 + x)}{x \cdot m}$. In der letzten Gleichung erkennt man – was ja auch zu erwarten ist –, dass die Länge m der kleineren Seite bei der Berechnung von x keine Rolle spielt, weil man es auf beiden Seiten kürzen kann. Unsere Gleichung lautet also in der vereinfachten Form: $\frac{x}{1} = \frac{1 + x}{x}$. Wenn wir nun auf beiden Seiten der Gleichung mit x multiplizieren, erhalten wir aus der Bruchgleichung die quadratische Gleichung $x^2 = 1 + x$ oder nach entsprechender Umformung $x^2 - x - 1 = 0$. Diese quadratische Gleichung besitzt die beiden Lösungen $x_1 = \frac{1 + \sqrt{5}}{2}$ und $x_2 = \frac{1 - \sqrt{5}}{2}$. Als Lösung unseres Problems kommt nur x_1 in Frage, weil x_2 negativ ist und deshalb zur Berechnung einer Streckenlänge nicht geeignet ist. Da $\sqrt{5}$ eine irrationale Zahl ist, die nicht durch einen Bruch bzw. eine abbrechende Dezimalzahl angegeben werden kann, können wir den gesuchten Verlängerungsfaktor nur angenähert angeben. Wenn wir uns mit drei Dezimalen hinter dem Komma begnügen, hat er den Wert 1,618. Versucht man analog zur oben dargestellten Rechnung den Verkleinerungsfaktor y der längeren Strecke (Major) zu berechnen, so findet man $y = \frac{m}{M} = \frac{-1 + \sqrt{5}}{2}$, das ist auf drei Dezimalen gerundet 0,618.

Wer sich im Unterricht – vielleicht in Zusammenarbeit mit dem Mathematiklehrer – dieser berühmten Proportion nähern will, kann dies mit ein bisschen Basteln von einem weiteren Experiment ausgehend gestalten. Von der Cheopspyramide weiß man, dass sie ursprünglich etwa 144 m hoch war. Die Seitenlänge des Grundrissquadrates beträgt etwa 233 m. Breite und Höhe stehen also auf drei Dezimalen genau im Verhältnis des goldenen Schnitts zueinander. In einem Experiment kann man herausfinden, ob dies als angenehme Proportion empfunden wird. Aus zwei innen hohlen Aluminiumröhren verschiedener Dicke kann man eine Teleskopstange herstellen und so unterschiedliche Pyramidenhöhen realisieren. Vier gleich lange Gummibänder, die an der Spitze der Teleskopstange befestigt werden und an deren Enden Klötze mit einer Klebefläche hängen, simulieren die Pyramidenkanten. Klebt man nun die Klötze in einem Quadrat der Seitenlänge 2,33 m auf den Boden, so kann man ein maßstabgerechtes Modell der Pyramide bauen und versuchen, ihr durch die Teleskopstange eine Höhe zuzuweisen, die von möglichst vielen als harmonisch empfunden wird. Beim Ergebnis dieses Versuchs und beim „goldenen Rechteck“, bei dem die Seitenverhältnisse 1,619 bzw. 0,618 betragen, fällt auf, dass der Verlängerungsfaktor (ziemlich) genau um 1 größer als der Verkürzungsfaktor ist. Schreibt man dies in einer Gleichung auf, so gelangt man durch eine einfache Umformung zu der oben angegebenen Definition des goldenen Schnitts:

$$\frac{M}{m} = 1 + \frac{m}{M} \rightarrow \frac{M}{m} = \frac{M}{M} + \frac{m}{M} \rightarrow \frac{M}{m} = \frac{M+m}{M}.$$

Albrecht Dürer: In dem „Konstruktionsschema“ nach F. Winzinger kann man Verhältnisse im goldenen Schnitt entdecken. Z. B. teilt die Basis des großen gleichseitigen Dreiecks die gesamte Höhe der Bildtafel etwa nach dem goldenen Schnitt.

Sofern Schüler Bruchgleichungen und quadratische Gleichungen behandelt haben (in der Regel Stoff der 9. Klasse), können sie das genaue Verhältnis wie oben vorgeführt berechnen.

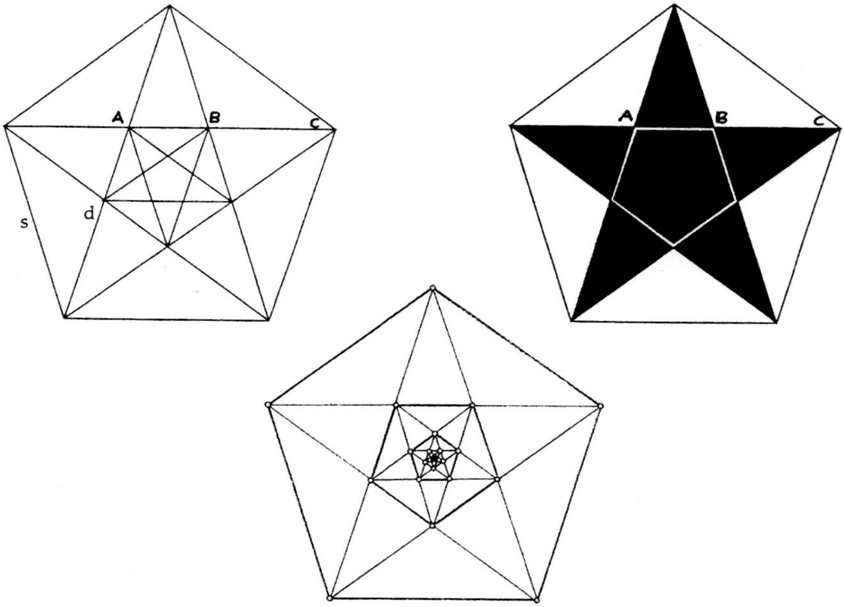

Regelmäßiges Fünfeck und Pentagramm

Bei dem Versuch, eine Ahnung von den Gründen für die so harmonische Ausstrahlung des goldenen Schnitts zu bekommen, stoßen wir wieder auf eines der regulären Vielecke. Dem Pentagon wurde seit je eine besondere Bedeutung unter diesen Figuren zugemessen. Die Pythagoreer wählten das Pentagramm, das aus den Diagonalen des Pentagon zusammengesetzt ist, zu ihrem Erkennungszeichen. Nicht nur sie wiesen ihm mystische Bedeutung zu. Zeichnet man dieses Pentagramm in das Fünfeck ein, so fällt sofort auf, dass in der Mitte ein neues regelmäßiges Fünfeck entsteht. Die Längen seiner Seite AB und der Sternkante BC verhalten sich nach dem goldenen Schnitt. Da die Gesamtstrecke AC außerdem genauso lang wie die Seite des ursprünglichen Fünfecks ist, teilt also die Seite der kleinen Figur die der großen nach dem goldenen Schnitt. Und dieses Verfahren kann man beliebig oft wiederholen und reproduziert dabei immer wieder das Pentagon und immer wieder den goldenen Schnitt. Da die Strecke AC die gesamte Diagonale des Fünfecks ebenfalls nach dem goldenen Schnitt teilt, enthält die entstehende Figur eine kaum überschaubare Fülle von goldenen Proportionen. (Nach Naredi-Rainer findet man den goldenen Schnitt in der ersten Figur der Abbildung bereits 6 000-mal. Ich habe nicht nachgezählt oder -gerechnet.) Stellt man sich vor, dass man das beschriebene Verfahren auch in der umgekehrten Richtung entwickeln kann, indem man die Seiten des Fünfecks verlängert, um so ein Pentagramm zu erhalten, so wird deutlich, dass die Faszination des goldenen Schnitts sicher auch in dieser unendlichen Fortsetzbarkeit zu suchen ist. Das Rätsel des Unendlichen hat ja bereits die antiken Mathematiker nachdrücklich beschäftigt. In dieser Figur hat es sich ihnen in ganz anderer Weise als bei den Zahlen gestellt.

Das fortgesetzte Pentagramm führt uns in einen ganz neuen Bedeutungsbereich des goldenen Schnitts, den der Fraktale. Fraktale sind selbstähnliche Figuren, solche also, in denen die ganze Figur dieselbe Form hat wie ihre Teile, diese wiederum dieselbe Form wie die noch kleineren Teile und so weiter. Das fortgesetzte Pentagramm ist ein uraltes Beispiel eines Fraktals. Zahlreiche Phänomene in der Natur weisen fraktale Strukturen auf, etwa Küstenlinien, die Verästelungen eines Baumes oder die menschliche Lunge mit ihren Bläschen. Im geometrischen Bereich ist der Computer besonders gut zur Herstellung von Fraktalen geeignet. So entstanden in letzter Zeit eine Fülle von fraktalen Computergrafiken. Bei diesen Grafiken ist der goldene Schnitt insofern von Bedeutung, als er gewährleistet, dass sich die Teile berühren, also weder überlappen, noch Zwischenräume lassen. (Genaueres zu diesem Thema und viele Beispiele findet man in Walser, 1996.)

Das goldene Quadratfraktal (aus: Walser, a.a.O.)

Bei der Anwendung des goldenen Schnitts in Kunst, Architektur – übrigens auch in der Musik – ist noch auf eine Schwierigkeit hinzuweisen, die bereits bei der Berechnung des Vergrößerungsfaktors angedeutet wurde. Da dieser keine rationale Zahl ist, kann der goldene Schnitt durch Messung nie genau realisiert werden. Dies bereitete nicht nur den griechischen Mathematikern, sondern auch den Baumeistern der Renaissance Kopfzerbrechen. Sie konnten ihre Kirchen und Paläste nicht mit Zirkel und Lineal erbauen, sondern mussten Maßzahlen finden, die den goldenen Schnitt möglichst genau realisieren. Dabei stieß man auf eine Folge von Zahlen, die nach einer sehr auffälligen Gesetzmäßigkeit aufgebaut ist. Sie beginnt mit 1 und 1. Jedes folgende Folgenglied wird nun durch die Summe der beiden vorangehenden berechnet. Die dritte Zahl heißt also 1 + 1 = 2, die vierte 1 + 2 = 3, die fünfte 2 + 3 = 5 usw. Die ersten 13 Zahlen der Folge sind: 1, 1, 2, 3, 5, 8, 13, 21, 34, 55, 89, 144, 233. Die letzten beiden Zahlen sind die Maßzahlen von Höhe und Breite der Cheopspyramide! In der Tat stehen zwei aufeinander folgende Glieder der Folge mit immer größerer Genauigkeit im Verhältnis des goldenen Schnitts. Die Folge heißt Fibonacci-Folge, wurde allerdings von ihrem Erfinder Leonardo da Pisa (1180–1240), der den Beinamen Fibonacci trug, für ein ganz anderes Problem entwickelt.

Ein besonders eindrucksvolles Beispiel für die variantenreiche Nutzung der Fibonacci-Zahlen ist die Kuppel des Domes in Florenz.

In der bildenden Kunst wird der goldene Schnitt häufig eher intuitiv als bewusst angewendet, die Fibonacci-Zahlen spielen hier also eine geringere Rolle (vgl. das Dürer-Selbstbildnis). Anders in Naturerscheinungen, die sich auf eine bestimmte Anzahl von Teilen – etwa die Schuppen eines Kiefernzapfens – beziehen. (Dieses Beispiel ist in *Mathematik lehren*, 55/1992, ausgeführt.)

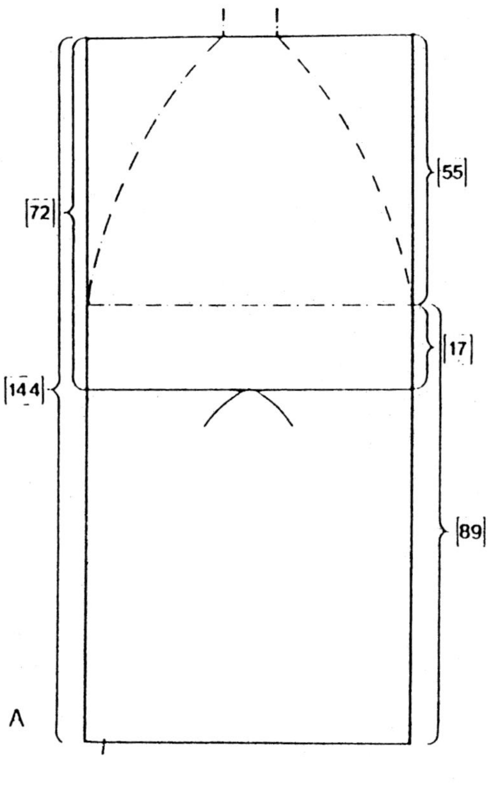

Skizze der Florentiner Domkuppel im Aufriss. Die Höhenverhältnisse werden durch Fibonacci-Zahlen und ihre Halbierungen bestimmt.

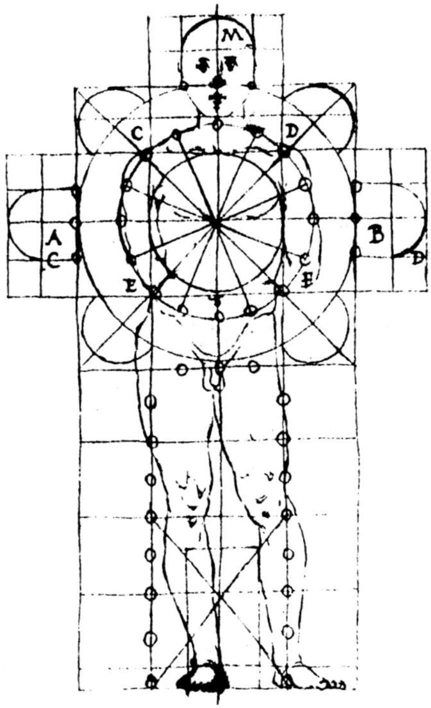

Francesco di Giorgio Martini: Kirchengrundriss nach dem Maß des Menschen

Endlich darf der goldene Schnitt bei der bereits erwähnten Vorstellung vom Menschen als dem Maß aller Dinge nicht fehlen. Während etwa Zeichnungen von Kirchengrund- und -aufrissen des Francesco di Giorgio Martini (1480/90) zwar den Kirchenbau den Proportionen des menschlichen Körpers anpassen, den goldenen Schnitt aber nicht ausdrücklich erwähnen, hat ein Architekt unseres Jhs. ausdrücklich darauf Bezug genommen, ist aber zugleich sehr frei mit den zu Grunde gelegten Fibonacci-Zahlen umgegangen.

Le Corbusier entwickelte für seine Projekte einen „Modulor", mit dem er den menschlichen Körper in drei nach dem goldenen Schnitt proportionierte Intervalle einteilte, die durch Fuß, Solarplexus, Kopf und Finger der erhobenen Hand begrenzt werden.

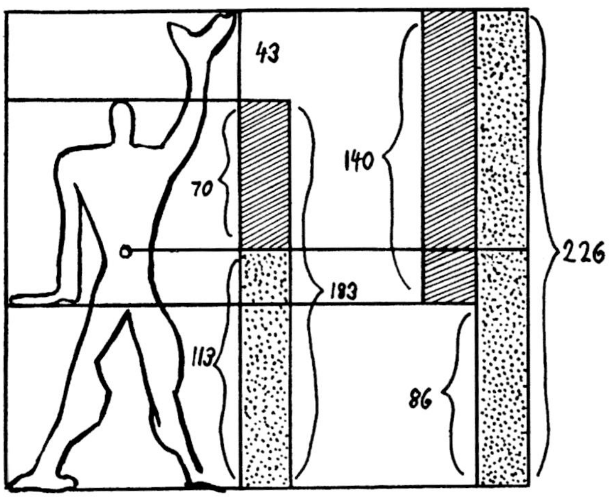

Le Corbusier: Der Modulor (1950)

Die Zahlen der Fibonacci-Folge hat er allerdings um bis zu 7 mm verändert und dann noch auf cm aufgerundet. An dieser sehr einengenden Vorgabe ist immer wieder Kritik geübt worden. Corbusiers Absicht, nicht nur die Architektur, sondern auch industrielle Serienanfertigungen an menschlichen Proportionen zu orientieren, ist sicher bedenkenswert.

PS: Diese überraschende Zeitungsmeldung finde ich in der Frankfurter Rundschau. Gewinnt also Symmetrie doch gegen den goldenen Schnitt?

Männer nach Maß

SEATTLE, 16. Februar (dpa). Weder mit Rosen noch Pralinen erobert der Mann das Herz einer Frau, sondern mit der Symmetrie seines Körpers. Diese Erkenntnis aus 16 Studien in den USA und Europa verbreitete der Evolutionsbiologe Randy Thornhill von der Universität New Mexico jetzt auf dem größten Wissenschaftskongress der Welt in Seattle (US-Bundesstaat Washington).

Ein symmetrischer Mann habe die meisten Frauen, gewinne sie schneller und müheloser, berichtete Thornhill auf der Jahrestagung der Amerikanischen Gesellschaft zur Förderung der Wissenschaft. Voraussetzung für den Erfolg eines Mannes sei zum Beispiel, dass seine Augen, Ohren und Mundwinkel auf imaginären Linien liegen. Aber Frauen nähmen auch wahr, wenn der restliche Körper spiegelbildlich harmoniert, sagt er. Symmetrie stehe für sexuelle Attraktivität – beim Mann. Dagegen hätten Frauen von der Symmetrie ihres Körpers kaum Vorteile.

(aus: Frankfurter Rundschau vom 17.2.97)

Literatur: Symmetrie – Mathildenhöhe Darmstadt 1986, drei Kataloge zur Ausstellung; BECK, H./DECKER, B.: Dürers Verwandlung in der Skulptur zwischen Renaissance und Barock. Katalog einer Ausstellung im Museum alter Plastik in Frankfurt am Main; BUHROW, I.: Fünfeckkonstruktionen von berühmten Künstlern, in: Alpha. Mathematische Schülerzeitschrift, H. 6/1991; CLAUSBERG, K.: Kosmische Visionen. DuMont, Köln 1980; CRAMER, F.: Chaos und Ordnung. Insel, Frankfurt am Main 1993; DAUCHER, H.: Künstlerisches und rationales Sehen. München 1967; ERNST, B.: Abenteuer mit unmöglichen Figuren. Taco, Berlin 1987; DERS.: Das verzauberte Auge. Taco, Berlin 1989; DERS.: Der Zauberspiegel des Maurits Cornelis Escher. Taco, Berlin 1986; FIELD, M./GOLUBITSKY, M.: Chaotische Symmetrien. Die Suche nach Mustern in Mathematik, Kunst und Natur, Birkhäuser, Basel/Berlin; MENNINGER, K.: Mathematik und Kunst. Vandenhock & Ruprecht, Göttingen; NAREDI-RAINER, P.: Architektur und Harmonie. DuMont, Köln 1995; PANOFSKY, E.: Sinn und Deutung in der bildenden Kunst. DuMont, Köln 1978; PETERS, W. S.: Visualisierung mathematischer Konstruktionsprinzipien bei Werksbetrachtungen im Kunstunterricht, in: Der Mathematikunterricht, H. 4/1987; STEWART, I./GOLUBITSKY, M.: Denkt Gott symmetrisch? Birkhäuser, Basel/Berlin 1993; WALSER, H.: Der goldene Schnitt. Teubner, Stuttgart/Leipzig 1996.
In der Zeitschrift *Mathematik lehren* finden sich zahlreiche informative Beiträge zu unserem Thema, z. B. in Heft 9/1985: Proportionalität oder die Idee der Freiheit; 14/1986: Geometrische Studien an Polyedern; 23/1987: Mathematik und Kunst; 42/1990: Alte und neue Faltkonstruktionen; 55/1992: Goldener Schnitt und Architektur; 67/1994: Geometrisches rund um den Würfel.

Theater spielen

Vom Minibaustein zum Projekt

Heidi Herz

Altersstufe: (8) 9–11 Jahre

Vorbemerkung und Rahmenbedingungen

Für meine Theaterarbeit mit Kindern benutze ich keine fertigen Drehbücher, wie sie mittlerweile vielerorts speziell für den schulischen Bedarf verkauft werden. Stattdessen verwende ich gerne variable Elemente, z. B.:

- Kinderbücher,
- (Programm-)Musik,
- Gedichte,
- Kunstwerke

mit dem Ziel, diese in szenischem und/oder medialem Spiel lebendig werden zu lassen.

Theater machen/spielen ist selten geworden: Es ist ein intensives, oft sehr geduldiges Sich-Einlassen. Es widerspricht den Gewohnheiten des Medienkonsumenten, denn es fordert und fördert fantasievolles, kreatives – manchmal auch zufälliges – Aufspüren von Zusammenhängen dieser Welt, in der wir und unsere Kinder leben. Selbst etwas Fertiges wird plötzlich zum Fragment, wenn Theater daraus werden soll. Jetzt muss mit Fantasie ergänzt werden, was nicht vorhanden ist. Und das Gedachte muss dann auch noch praktisch umgesetzt werden. Es muss gemalt, genäht, gebastelt, geklebt, geschraubt, aber auch getanzt, gedichtet, gesungen, musiziert werden. Die Aufgabe, ein Theaterstück zu machen, ist eine Herausforderung auf vielen Ebenen. Theatermachen ist Fragen, Nachdenken, Suchen, Experimentieren, Erproben, Verwerfen, Probleme lösen. Es ist eigenständige Auseinandersetzung mit der Komplexität der Welt!

- Theater ist ohne Sprache, Musik, Bewegung, Tanz, Kulisse, Farben, Stoffe nicht denkbar.
- Und Theater wird nur dann zum guten Theater, wenn diese Elemente auch noch alle zusammenpassen, als wären sie aus einem Guss.

- Zu einem gelungenen Erlebnis wird Theater nur, wenn überzeugende Darsteller es verstehen, in ihre Rolle tatsächlich hineinzuschlüpfen und die Zuschauer in ihre „Spielwelt“ zu entführen.
- „Spielwelt/Spiel“ in seinen gesamten emotionalen, sozialen, psychologischen, erzieherischen Dimensionen ist untrennbar mit Theater verbunden.

Die Einschätzung der eigenen Lehrerpersönlichkeit ist ein ganz wichtiges Kriterium, denn der Lehrer, die Lehrerin sind die Intendanten, bei denen von Anfang bis Ende alle wichtigen Fäden zusammenlaufen. Ganz entscheidend dabei ist die Frage: Wie hoch ist meine eigene Fähigkeit, kreativ zu sein? Dabei bezieht sich Kreativität sowohl auf den intellektuellen als auch auf den praktischen Bereich. Wer z. B. relativ wenig kreative Fähigkeiten im Umgang mit Sprache und vor allem im Erfinden von Geschichten hat, wird besser tun, eine vorgefertigte Spielhandlung als Grundlage zu benutzen.
Die eigenen Fähigkeiten im praktischen Bereich bestimmen die Wahl des Mediums. Von wirklich einfachen Flachfiguren über komplizierte Marionetten bis hin zum personalen Spiel gibt es eine große Spannbreite von Möglichkeiten. Möchte ich mich als Lehrer völlig absichern, bestimme ich auch noch die Technik und erkläre sie den Kindern ganz detailliert. Je weniger ich praktisch geübt bin, desto einfacher sollte die Darstellungsweise sein. Für fachfremd Unterrichtende ist z. B. ein Schattentheater mit Figuren (auf dem OHP) relativ problemlos zu bewerkstelligen.
Eine zweite ganz wichtige Frage ist: Wieviel Stress kann ich mir zumuten? Die Antwort ist eigentlich bereits gegeben, denn auch hier gilt: Je enger der Rahmen des Vorhabens gesteckt ist (thematisch, medial, bildnerisch, technisch), desto weniger kreative Entscheidungen verbleiben zwar den Schülern, aber desto mehr kann ich als Lehrer vorstrukturieren und mich so vor unvorhersehbaren Situationen weitgehend schützen.
Der Anspruch an die eigenen Fähigkeiten (praktisches Können, psychische Belastbarkeit, erzieherischer Einsatz und Organisations- sowie Improvisationstalent) wird umso größer, je stärker man sich ins personale Spiel begibt und je mehr man den Schülern die Entscheidung über das **Was** und **Wie** überlässt, d. h., je stärker man projektorientiert arbeitet oder sich sogar an ein wirkliches Projekt herantraut.

Bei der Einschätzung der Klasse kann genauso nachgefragt werden wie bei der Lehrerpersönlichkeit bereits geschehen. Die Lernvoraussetzungen der Kinder (sowohl was offene Unterrichtsformen als auch was bildnerische, handwerkliche, textile Fertigkeiten usw. betrifft) müssen geklärt werden. Natürlich spielen die Größe und vor allem das Sozialgefüge einer Klasse eine entscheidende Rolle.

Die *räumliche Situation* wird häufig als Hauptargument gegen Theaterarbeit in der Schule angeführt: In diesem kleinen Klassenzimmer kann ich ein solches

Vorhaben nicht realisieren! Das stimmt, aber, wir können ja nach Alternativen suchen. Als Erstes und Einfachstes bietet es sich an, innerhalb der Schule Räumlichkeiten zu erkunden:

- Welche Keller- und/oder Abstellräume gibt es, die sich so umräumen lassen, dass (zumindest) eine kleine Gruppe darin arbeiten kann oder dass Materialien darin gelagert werden können?
  Ich habe z. B. im Gang unseres Schulkellers ca. 20 billige Stapelboxen mit Materialien (Farben, Kleister, Papieren, Stoffen, Wolle usw.) stehen. Diese sind mit großen Etiketten beschriftet. Jede Klasse, die ich neu übernehme, wird in die Be- und Entsorgung dieser Kisten eingewiesen und spielt gruppenweise während einer Unterrichtsstunde das Spiel: „Wie lange braucht ihr, um die Kleister-/Wolle-/Seidenpapierkiste zu holen?" Die Zeit wird gestoppt und eingetragen. Nachher kommt dann der zweite Teil des Spiels: „Wie lange braucht ihr, um die Kiste wieder ordnungsgemäß aufzuräumen?" Die Kinder entwickeln nicht nur Ehrgeiz, sondern „spielen" auch mit viel Spaß.
  Einmal, wenn nötig auch öfter, werden alle Kisten gründlich durchgesehen. Unbrauchbares wandert in den Abfall, der Rest wird ordentlich neu einsortiert. Auch dieses Ritual funktioniert bereits seit einigen Jahren problemlos.
- In welchen Stunden ist ein Klassenzimmer leer (Randstunden oder die Klasse ist im Sport usw.) und der Kollege, die Kollegin gestattet mir, es zu benutzen?
- Welche Arbeiten können auf den vorhandenen Gängen erledigt werden?
  Meine letztjährige Klasse malte in Gruppen auf den Fluren Kulissenbilder (2,50 m x 1,20 m) für ein Marionettentheater – der Boden war mit starken Abdeckfolien geschützt. Kombiniert mit dem oben beschriebenen Stapelkistensystem (> Schraubgläser mit Farben/Malwerkzeuge/Zeitungen/Putzschwämme und -lappen) war sogar innerhalb von nur 45 Min. ein sinnvolles Arbeiten möglich.
- Wie kann ich vom zeitlichen Ablauf her einplanen, dass bestimmte großformatige Arbeiten im Freien (Schulhof oder -gelände) durchgeführt werden können?

Meistens können schulinterne Lösungen gefunden werden.
Es ist offensichtlich, dass der Erfolg einer solchen Arbeitsweise mit einer perfekten Unterrichtsorganisation steht oder fällt. Ich erstelle in diesen Fällen schriftliche Pläne für das Einrichten der Arbeitsplätze und für das Aufräumen. Die Klasse wird in Gruppen eingeteilt und jede hat ihren verantwortlichen Zuständigkeitsbereich. So werden Rangeleien und Gedränge (z. B. am Waschbecken) weitgehend vermieden.
Der häufige Einwand, kein Geld für Material zu haben, mag zutreffen, aber es gibt genügend Möglichkeiten, sich das Erforderliche umsonst zu besorgen. Hier einige Anregungen, die sich überall verwirklichen lassen.

Unser erstes „Großunternehmen“ haben wir in der Hauptsache so vorbereitet, dass wir eine Materialliste erstellt (Diese ist in jedem Fall unerlässlich, wenn die Planung steht!) und im Mitteilungsblatt unserer Gemeinde veröffentlicht haben. Wir arbeiten heute noch mit den damals eingegangenen Beständen! Oft wird daraus auch ein Selbstläufer: „Brauchen Sie denn immer noch …?“ Meist bringt schon ein Hinweis beim Elternabend unermessliche Schätze. Auch viele Kleinbetriebe, Fabriken sind froh, wenn sie auf diese Art Recycling betreiben können. Ein Anruf genügt. Hier nur einige Beispiele:

- Stoffe beziehe ich über Gardinen-, Kleider-, Trikot-, Polstermöbelfabriken, aber auch Stoffläden, Raumausstatter und Einrichtungshäuser. Die letzteren sind meistens auch froh darüber, wenn sie Ladenhüter oder Reste von Borten, Spitzen, Bändern, Kordeln, Knöpfen usw. loswerden können. Teilweise sind sogar sehr dekorative und nützliche Metall- und Holzteile von Gardinenstangensystemen dabei. Polstermöbelfabriken liefern darüber hinaus auch noch Abfälle von Füllwatte, die zum Ausstopfen von allen möglichen Gegenständen benutzt werden kann und im Bastelgeschäft ziemlich teuer ist.
- Eine Lederwarenfabrik gibt großzügig Lederreste ab, eine Deckenfabrik überlässt synthetische Fellreste in allen Farbschattierungen.
- Maler- und Tapeziergeschäfte geben nicht nur Tapetenbücher her, sondern auch ungebrauchte ganze Rollen, Farbreste, PVC-Bodenbeläge und Teppichböden.
- In Papierfabriken kann man Reste für wenig Geld oder sogar umsonst bekommen.
- Brauche ich großen, stabilen Karton (z. B. für Kulissen oder Requisiten), freut sich jeder Elektrohandel, wenn ich ihm seine Kühltruhen- und Waschmaschinenverpackungen abnehme.

Masken aus Papiertüten

Die Papiertütenmaske verhüllt den Kopf rundum, eine „Hinterseite“ muss nicht hergestellt werden, d. h., eine solche Maske ist auch nach bereits nur 45 Min. Arbeitszeit schon „gebrauchsfertig“: Sie kann aufgesetzt und mit ihr kann agiert werden.

Die Grundlage bildet eine fertige unbedruckte braune viereckige Papiertüte, wie man sie z. B. über ein Obst- und Gemüsegeschäft beziehen kann. Da es sie in unterschiedlichen Größen gibt, können sie für jedes Alter passend bestellt werden.

Über den Kopf gezogen, reichen sie bis zur Schulter. Es müssen lediglich Löcher für die Augen, evtl. auch für den Mund ausgeschnitten werden. Die Tüten können dann bemalt und/oder mit den unterschiedlichsten Materialien dekoriert werden. Auf Grund ihrer Vielfalt sind Papiertütenmasken fast unbegrenzt einsetzbar.

Bei dem Beispiel *Wassermann* bietet sie sich besonders gut an, weil der direkte farbliche Bezug zur Thematik vorhanden ist. Da es sich um ein „Meerwesen" handelt, passt die braune Papiertüte gut zum Meeresgrund. Das Ausgestaltungsmaterial wähle ich in Grün- und Blautönen entsprechend der Farbe des Wassers und seiner Pflanzen.
Dünne Stoffe, Borten sowie dünne Papiere kleineren Formates (Abfälle) werden mit UHU ALLESKLEBER befestigt („umweltfreundliche" Kleber halten leider nicht gut). Ponal-Bastelleim klebt auch schwere Materialien fest, allerdings nur, wenn er genügend Zeit zum Durchtrocknen hat. Das bedeutet einerseits, dass die Kinder ihre Masken nicht sofort aufziehen können, andererseits braucht man genügend Platz, um die Masken über Nacht liegen lassen zu können.
Dickere oder großformatige Stoffe, wie Wolle, Fell und Leder, getrocknete oder textile Pflanzen und Früchte, also schwere Materialien halten mit doppelseitigem Klebeband am besten. Ein Bürotacker kann ebenfalls zum Einsatz kommen: Allerdings verkleinert sich die Maske vom Volumen her, wenn etwas durch Vorder- *und* Rückseite hindurch angetackert wird.
Besonders schwere oder auch empfindliche Gegenstände lasse ich mit der Heißklebepistole festmachen. Der Gebrauch muss unbedingt eingeübt sein, da bei unsachgemäßem Umgang Verbrennungsgefahr besteht. Leichtere Materialien lassen sich mit Tesafilm befestigen. Hier ist zu berücksichtigen, dass der Klebestreifen in der fertigen Arbeit meist noch zu sehen ist.
Ich habe übrigens gute Erfahrungen mit einem „plastischen Klebe- und Befestigungsplakat" gemacht: Dazu habe ich kleine Teile des zu verarbeitenden Materials auf einen Karton geklebt und daneben die jeweils zu benutzenden Klebe- bzw. Befestigungsarten demonstriert. Das Ganze wie eine Tabelle anzuordnen schafft Übersicht und Klarheit.

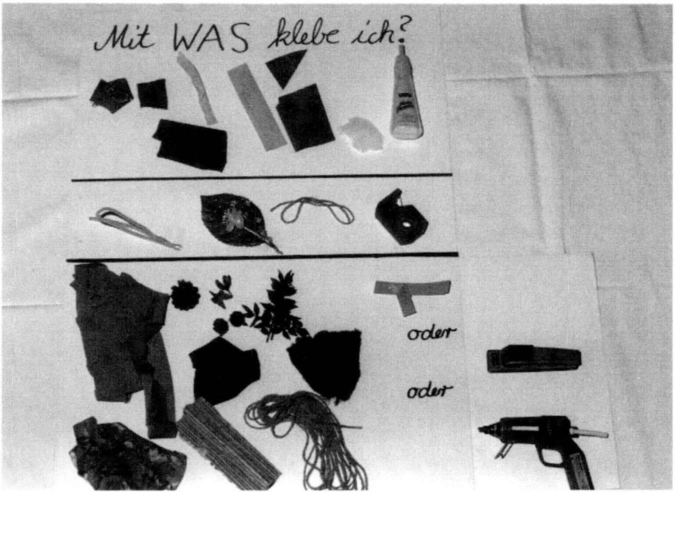

Plastisches Klebe- und Befestigungsplakat

Da mir Ganzheitlichkeit, Identifikation und der Zugang über verschiedene Sinneskanäle sehr wichtig sind, wähle ich als Einstieg eine selbst erfundene Geschichte (angelehnt an das Buch *Der kleine Wassermann* von Otfried Preußler, Thienemann Verlag). Ich achte darauf, dass hier bereits Kriterien (bezüglich Farben, Aussehen usw.) einfließen, die bei der eigentlichen Gestaltungsaufgabe von Bedeutung sind. Eine solche Geschichte – spannend vorgetragen – bewirkt nicht nur Motivation, sondern meist können die Kinder das Stundenthema danach auch selbstständig formulieren.
Um weiterhin möglichst viel eigenständig handelnd erfahrbar zu machen, habe ich mich dafür entschieden, alle benötigten Materialien unter einem Tuch zu verstecken. Die Klasse sitzt auf dem Boden darum herum und hat Zugang dazu. Aus meiner Erfahrung weiß ich, dass etwas Verstecktes auf Kinder einen hohen Reiz ausübt, also für Spannung sorgt. Außerdem wird hier ein weiterer Sinneskanal, der in unserer heutigen Zeit extrem stark vernachlässigt wird, aktiviert, der Tastsinn. Materialien nicht zu sehen, sie nur zu fühlen, führt zu einer viel intensiveren Auseinandersetzung mit ihnen. Das Be-Greifen des Materials schafft erfahrungsgemäß eine vielfältigere Zuordnung zu bestimmten gestalterischen Möglichkeiten als das Sehen.
Die anschließende visuelle Wahrnehmung der Arbeitsmaterialien ist ebenfalls wichtig: Ich möchte durch optische Zuordnung die ganz unterschiedlichen Verwendungsmöglichkeiten der Materialien nochmals herausarbeiten, damit keine zu eindeutige und vorschnelle Festlegung geschieht und die Kinder ihre individuellen Lösungsmöglichkeiten vor den anderen vertreten lernen.

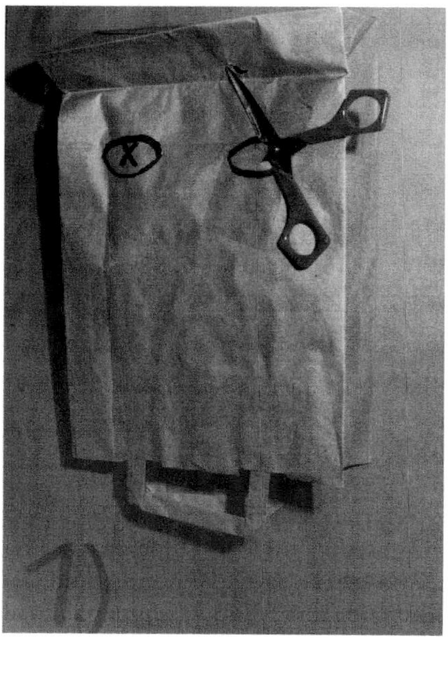

Die Papiertüte, die ebenfalls unter der Tastdecke versteckt ist, dient in dieser Phase auch als stummer Impuls, dafür, wie die Maske hergestellt werden soll und um das Problem mit der „Augenmarkierung" möglichst selbständig erkennen und lösen zu lassen. Da sich irgendein Kind mit Sicherheit spontan die Tüte über den Kopf stülpt, merkt die ganze Klasse sofort, dass Augenlöcher gebraucht werden. In der Regel können die Kinder danach selbst erklären, dass dazu zuerst eine zeichnerische Markierung mit Filzstift nötig ist, die der Träger der Tüte seinem Partner mit dem Finger anzeigt. Diese Markierung erhält dann Augenkontur und wird zunächst nur klein ausgeschnitten, probiert und solange vergrößert, bis sie einwandfrei passt.

Auf diese Art und Weise werden langwierige Lehrererklärungen absolut überflüssig. Selbst die Aufgabenstellung und die einzelnen Arbeitsschritte können die Schüler weitgehend selbstständig formulieren. Als Unterstützung habe ich noch ein *dreidimensionales* Tafelbild angefertigt. Dies ist den schwachen Kindern, die verbalen oder schriftlichen Anweisungen nur schlecht folgen können, eine echte Hilfe, außerdem dient es zur Selbstkontrolle.
Die eigentliche Produktionsphase findet an Gruppentischen statt. Die nicht ganz unproblematische gemeinsame Materialbenutzung besitzt ein starkes erzieherisches Element. Ich richte für jeden Gruppentisch einen Karton oder eine Stapelbox für alle Materialien und Werkzeuge ein, schreibe den Gruppennamen darauf und lasse sie von den Gruppensprechern austeilen. Auf diese Art ist es vorbereitungstechnisch möglich, allen Kindern viele Materialien zur Verfügung zu stellen, sie aber bis jetzt versteckt zu halten und nun schnell auszuteilen, was die Motivation und Spannung aufrecht erhält. Am Ende der Stunde werden die Kisten von den Gruppensprechern wieder eingesammelt, damit sie zu Beginn der nächsten Unterrichtsstunde sofort parat sind.
Wenn man eine Doppelstunde zur Verfügung hat, werden die Kinder mit der Gestaltung der Maske weitgehend fertig. Sollte man allerdings nur 45 Min. haben, ist das erste Ziel lediglich das Ausgestalten der Frisur und der Augen, da diese beiden Merkmale dem Wassermann sein typisches Aussehen verleihen.
Bei einer *Maskenstunde* (dasselbe gilt für Figuren) ist es zwingend nötig, dass die Kinder am Ende der Stunde einen „Auftritt" bekommen. Wie animierend Masken für Kinder sind, erfährt man meist schon während der Produktionsphase. Oft setzen Kinder die Masken spontan auf und spielen auch damit, wenn sie die ersten Teile montiert haben. Dies habe ich besonders oft bei den Papiertütenmasken beobachtet, weil sie eben auch ohne Ausgestaltung schon aufgesetzt werden können. Dass ich in dieser Phase das Musikstück *Aquarium* aus dem „Karneval der Tiere" (von Saint-Saëns) einsetze, hat verschiedene Gründe:

- Ich will den Auftritt der Masken zum Thema passend gestalten und dafür bietet sich diese Musik besonders gut an.
- Ich will versuchen, dass sich durch nochmalige Verbalisierung die Klasse auf das Thema konzentriert. Außerdem ist es mir wichtig, dass die Kinder einen Zusammenhang zwischen der Musik und dem Stundenthema selbst herstellen können. Die Assoziation zum Meer kommt meist sofort. Einige Kinder machen sogar darauf aufmerksam, dass man die Atemperlen des kleinen Wassermanns „blubbern" hört.

Natürlich beginnen einige Kinder gleich, sich mit ihren Masken zur Musik zu bewegen, andere machen nach und nach mit. Einige greifen sogar nach langen grünen und blauen Krepppapierbändern, die in unseren Materialkisten liegen, nehmen diese in beide Hände und unterstützen ihre Körperbewegungen damit.
Je nachdem, wie weit die Arbeit nach der ersten Stundensequenz gediehen ist, stehen als nächste Arbeiten an:

- Ausgestaltung von Nase, Mund, Bart usw.;
- Bearbeitung der Rückseite der Maske;
- szenisches Spiel.

An ein etwa 50 cm langes Stück Rockgummi werden Stoff-, Wollreste sowie Krepppapierbänder getackert. Um den Hals gebunden ergibt dies ein „minimalistisches" Kostüm, das die Fantasie um so stärker anregt.
Unterstützt von der Musik wird das ausgedachte szenische Spiel zum kleinen Theater. Die Gesamtarbeitszeit beträgt etwa sechs Unterrichtsstunden.

Gespensterfiguren, modelliert aus Stoff und Kleister

Die hier angewendete Technik ist sehr vielfältig und thematisch fast unbegrenzt einsetzbar. Deshalb möchte ich sie als Erstes kurz beschreiben, bevor ich zum methodischen Aufbau des Unterrichts übergehe.
Man kann alle nicht zu dicken Textilien dazu verwenden. Die einzelnen Teile sollten nicht zu groß sein, da sie ganz in Kleister eingetaucht und von diesem durchdrungen werden müssen. (Als Gefäß für den Kleister dienen Plastikschüsseln mit einem Durchmesser von 35 cm, sodass auch mehrere Kinder gleichzeitig arbeiten können.) Da sich diese Technik auch bei allen farbigen Textilien anwenden lässt, kann sie auf alle möglichen Themen übertragen werden.
In meinem Beispiel benutze ich nur weiße Stoffe: Stücke von alten Bettlaken (ein größeres ca. 50 x 50 cm für die Gesamtgestalt des Gespenstes, kleine Teile mit unterschiedlichen Maßen zur Ausgestaltung), verschiedene Gardinenstoffe sowie diverse Textilien anderer Struktur (bis max. DIN-A4-Format) und Stückchen von Füllwatte. Die gesamte Figur in ihrer Grundgestalt aus einem einzigen Stück Stoff herzustellen ist wichtig, weil sie sonst nach dem Trocknen auseinander brechen könnte.

Die Tische der Schüler werden völlig mit Plastikfolie abgedeckt und diese wird mit Tesakrepp festgeklebt:

- Die Verschmutzung bleibt auf diese Art gering.
- Die Plastikfolie ist ein idealer Untergrund für die Technik, weil sich die Textilien darauf verschieben und modellieren lassen.
- Zum Trocknen können die Figuren auf der Unterlage an einen sicheren Ort transportiert werden.
- Nach dem Trocknen lassen sie sich ganz einfach von der Folie wieder lösen.

Der Arbeitsaufwand für die Herstellung der Figuren beträgt eine Doppelstunde.

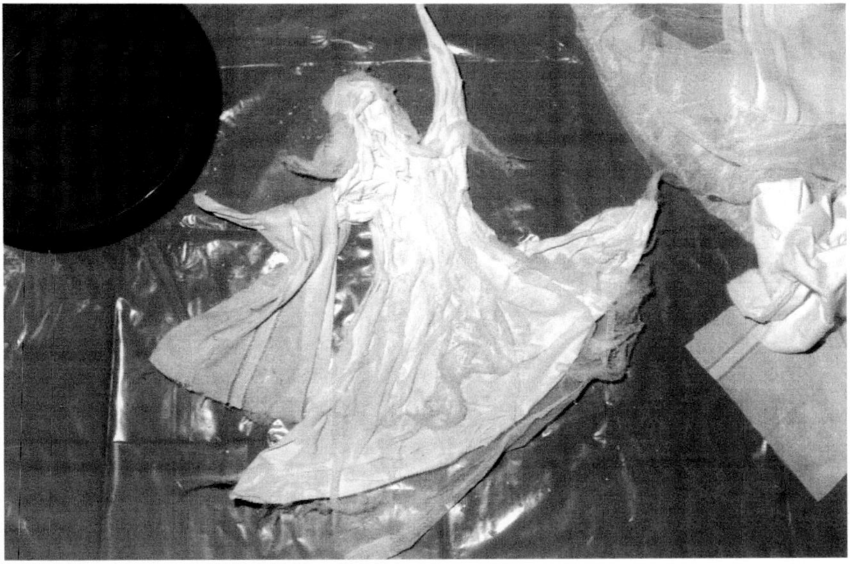

Ausgestaltung mit weiteren Materialien

Als Stundeneinstieg wähle ich ein Musikstück (H. Berlioz, Symphonie fantastique, 1830, 4. Satz: Der Gang zum Hochgericht), das durch Glockenklänge und düstere Atmosphäre bei Kindern sehr bald die Assoziation Geisterstunde/Gespenster hervorruft. Nachdem die Kinder ausgiebig ihre Eindrücke von der Musik ausgetauscht haben, wird eine Kiste mit großen Gardinenstücken gezeigt. Es wird kaum eine Klasse geben, die sich jetzt nicht spontan verkleiden und Gespenst spielen will. Dazu wird die Klasse in zwei Großgruppen eingeteilt (agierende und zuschauende Kinder).
Hierbei geht es um einen wichtigen methodischen Schritt:

- Die Kinder sollen ganzkörperlich verschiedene Bewegungsmöglichkeiten mit den großen Stoffstücken erfahren.
- Der zuschauende Teil der Klasse kann dies optisch miterleben.

- Um viele unterschiedliche Ausdrucksmöglichkeiten festzuhalten, müssen während der Bewegungsphase die agierenden Kinder immer wieder erstarren, sobald die Musik ausgeblendet wird. Der zuschauende Teil steht ganz leise auf, schleicht auf Zehenspitzen zu den erstarrten Darstellern und umfährt vorsichtig mit beiden Armen deren Konturen.

Bei der Aufgabenstellung für den weiteren Unterrichtsverlauf greife ich auf die gleiche Methodik wie bei den Masken zurück: Alle benötigten Materialien werden unter einem großen Stoff versteckt und ertastet. Die Tatsache, dass ich zwei von mir gefertigte Gespenster ebenfalls darunter verborgen habe, die sich durch Ihre Steifheit und harte Oberfläche völlig von den anderen Materialien unterscheiden, löst Neugier und interessierte Fragen aus. Die anschließende optische Auseinandersetzung schafft völlige Klarheit.
Die Aufgabenstellung kann mit Unterstützung von Tafelplakaten weitgehend selbstständig formuliert werden. Neu ist die Einführung eines Verbotsschildes: Es ist verboten, mit klebrigen, triefenden Händen durch das Klassenzimmer zu laufen. Das Schild bleibt an der Tafel, auf den Tischen liegen zur groben Reinigung der Hände Küchentücher.

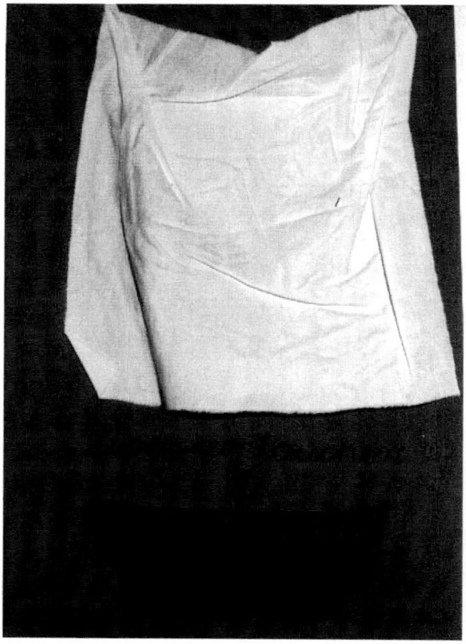

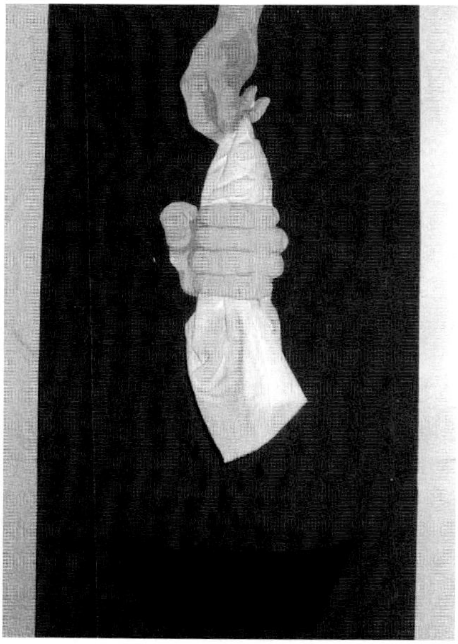

Auch diesmal habe ich alle Materialien in einer Kiste für jede Tischgruppe vorbereitet. Das Austeilen der gefüllten Kleisterschüsseln übernehme ich selbst. Je vier Kinder bekommen eine. Das größte organisatorische Problem dieser Stunde ist die Aufräumphase. Dazu habe ich schon vorher auf der Rückseite der Tafel eine Gruppeneinteilung mit klaren Arbeitsaufträgen angeschrieben:

- Gruppe 1 (fünf Kinder): Folien in den Bastelkeller tragen (Immer zwei Kinder eine, ein Kind geht mit und öffnet die Türen, macht Licht);
- Gruppe 2 (vier Kinder): Kleister aus den Schüsseln in Schraubgläser füllen (Dazu stelle ich Suppenschöpfer zur Verfügung.);
- Gruppe 3 (zwei ruhige Kinder, da diese zunächst einmal auf Gruppe 2 warten müssen): Grobe Reinigung der Kleisterschüssel mit Wasser (Diese grobe Reinigung genügt, da sich der angetrocknete Restkleister nachher wie ein Film aus der Schüssel herausziehen lässt.);
- Gruppe 4 (fünf Kinder): Aussortieren und Aufräumen des Restmaterials;
- Gruppe 5 (fünf Kinder): Kontrolle der Tische und des Fußbodens (Kleisterverschmutzungen werden mit kleinen Schwämmen und klarem Wasser abgewaschen.).

Nach der gleichen Gruppeneinteilung funktioniert das Reinigen der Hände an verschiedenen Waschbecken. So wird Gedränge und Gerangel im Klassenzimmer vermieden.
Der einzige Nachteil des Arbeitens mit Kleister liegt darin, dass der Trocknungsprozess relativ lange dauert (bei Zimmertemperatur ca. eine Woche). Solange muss natürlich auch gewartet werden, bis man die modellierten Figuren zu spielbaren Stabpuppen weiterverarbeiten kann.
Der Rest ist allerdings ganz einfach: Man muss lediglich auf der Rückseite der Figur ein Rundholz mit Tesakrepp aufkleben und schon ist sie spielbereit. Benutzt man anstatt Holz festen Runddraht, erhält die Figur durch die Flexibilität dieses Materials größere Bewegungsmöglichkeiten. Falls gewünscht können jetzt durch verschiedene Klebetechniken weitere Stoffe und/oder Papiere zur Ausgestaltung angebracht werden. Klebt man nur punktuell, wird die Lebendigkeit der Figur durch fliegende Stoffstücke erhöht.
Wir benutzen die Zeit des Trocknungsprozesses dazu, eine kleine Spielhandlung zu entwickeln (*Die Gespenster feiern ein Fest*). Jeder denkt sich für seine Figur einen passenden Namen und eine Auftrittsszene aus. Hierbei ergibt sich ganz selbstverständlich der Wunsch, dass die Figuren von einer Geräuschkulisse begleitet sein sollen. Die von mir verwendete Musik soll nach Meinung der Kinder erst erklingen, wenn alle Figuren versammelt sind und das eigentliche Fest beginnt.
Neben herkömmlichem Orff-Instrumentarium kommen Abfallmaterialien zum Einsatz:

- Cremedosen aus Metall werden mit Steinen gefüllt und geschüttelt oder mit kreisenden Handbewegungen zum Erklingen gebracht.
- Reste von Metallketten schleifen auf dem Boden und klirren.
- Konservendosen werden pur verwendet oder mit Nägeln gefüllt.
- Mit Sand gefüllte Plastikflaschen ergeben, langsam hin- und herbewegt, schlurfende, schleifende Geräusche.
- Durch Blasen in leere Glasflaschen entwickeln sich lebhafte Windgeräusche.

Stellt man genügend Materialien zur Verfügung und ist die Anfangshemmschwelle überwunden, entwickeln sich Prozesse mit großer Eigendynamik und fantastischen Ergebnissen.
Als Kulisse wird eine Burg aus unterschiedlich großen Wellpappekartons (Verpackungsabfall) gebaut, die mit alten Kartoffelsäcken (Jute) behängt werden. Das Ganze wird auf einen Tisch gestellt und los geht das Spiel.
Haben die Gespenster als Spielfiguren ausgedient, lässt sich der Stab/Draht ganz einfach wieder entfernen. Ans Fenster gehängt bilden sie eine kreative Dekorationsmöglichkeit, da die unterschiedlich dicken Stofflagen ein interessantes Licht- und Schattenspiel ergeben.

Schattenspiel

Arbeitet man im Schattenspiel mit einem Overheadprojektor, kann man mit relativ geringem Aufwand eine große Wirkung erzielen. So lassen sich in ca. drei Unterrichtsstunden Figuren (ohne Bewegungsmechanismus) und Requisiten für eine Weihnachtsgeschichte herstellen. Schon bei einem Abstand von ca. 3 m zwischen OHP und Schattenspielleinwand entstehen Bilder von 4 bis 6 qm. Eine entsprechend große Leinwand kann relativ einfach selbst hergestellt werden:

- Man näht zwei Leintücher hochkant zusammen. Hierbei sollte allerdings darauf geachtet werden, dass an der Nähstelle vorhandene Säume weggeschnitten werden, da sich sonst ein dunkler Balken im Bild ergibt. Aus dem gleichen Grund sollten beim Zusammennähen Stoffüberlappungen vermieden werden. Näht man die beiden Stoffstücke auf Stoß mit Zickzackstich zusammen, wird die Bildqualität kaum beeinträchtigt.
- Man kauft weißen Baumwoll- bzw. Leinenstoff. Er sollte doppelt breit liegen (1,40 m), da sonst zwei Längsnähte erforderlich werden. Die Webkanten werden weggeschnitten, da sie eine andere Lichtdurchlässigkeit haben als der restliche Stoff.

Grundsätzlich ist darauf zu achten, dass der Stoff reinweiß und nicht zu stark durchscheinend ist (Probe mit der Taschenlampe). Ich selbst habe für unsere Leinwand beschichteten Spezialstoff aus einer Gardinenfabrik verwendet, der

in seinen Eigenschaften denen einer Dia-Leinwand sehr nahe kommt, allerdings von den Anschaffungskosten her auch teurer ist.
Tackert man das Stoffstück oben und unten an ein Vierkantholz (4 cm x 4 cm), kann man ihn erstens mit Hilfe von zwei gewöhnlichen Kartenständern aufhängen und zweitens sorgt das untere Holz für mehr Gewicht und damit für Stoffspannung. Auch beim Aufräumen erweist sich dieses Vorgehen als sehr nützlich, denn der Stoff kann faltenfrei um das Holz herum aufgewickelt, transportiert und aufbewahrt werden.

Spiel mit farbigem Hintergrund
Als Grundlage dazu können normale durchsichtige OHP-Folien benutzt werden. DIN-A4-Format ist allerdings zu klein, um die gesamte Projektionsfläche abzudecken. (Stabile Folie zum Zuschneiden gibt es im Bürofachgeschäft. Sie ist aber sehr teuer.) Abhilfe kann geschaffen werden, indem jeweils eine ganze und eine halbe Folie mit Tesafilm aneinander geklebt werden. Beim farbigen Ausgestalten ist jetzt allerdings darauf zu achten, dass nicht auf der Klebeseite gearbeitet wird: Der Klebestreifen muss zum Schluss entfernt werden, weil man ihn sieht.
Nun kann man entweder mit Glasfarben (Deka Cristal ist das preisgünstigste Produkt) malen oder mit selbstklebender bunter Transparentfolie kleben. Die Glasfarben sind mischbar und mit Wasser verdünnbar, was vielfältige Farbtöne ergibt. Die Folien ergeben durch Überlappungen Farbvariationen. Es empfiehlt sich, dies vor dem Aufkleben auf dem OHP zu überprüfen, da zu viele Folien übereinander an Farbbrillanz verlieren. Für unseren *Karneval der Tiere* haben wir beide Möglichkeiten miteinander kombiniert:

- Wiesen, Sandboden, Eislandschaft, Steppe werden gemalt. Pflanzen (Bäume, Palmen, Büsche), Häuser werden geklebt.
- Als die Gestaltung der Eisberge für die Pinguine ansteht, hat ein Kind entdeckt, dass sich Eis sehr gut mit normalem Tesafilm, der beim Aufkleben allerdings geknüllt wird, bildnerisch gestalten lässt.
- Für die Illusion der Geschwindigkeit, mit der sich die beiden Maultiere jagen, haben wir aus durchsichtiger Folie einen Streifen geklebt (50 cm x 200 cm), der dann von zwei Kindern über den OHP gezogen wird.
- Für den gleitenden Schwan haben wir zwei Hintergrundfolien hergestellt, die immer wieder langsam über die Projektionsfläche geschoben werden.

Diese gestalterischen Feinheiten können sich nur entwickeln, wenn die bereits fertigen Produkte stets sofort am OHP eingesetzt und überprüft werden.

Fertigung der Figuren
Der gestalterische Aufwand ist einerseits zwar gering, denn die Figuren brauchen nicht größer zu sein als eine Kinderhand, andererseits ist themenabhängig ein sehr filigranes und diffiziles Arbeiten erforderlich. Die Spielfiguren werden

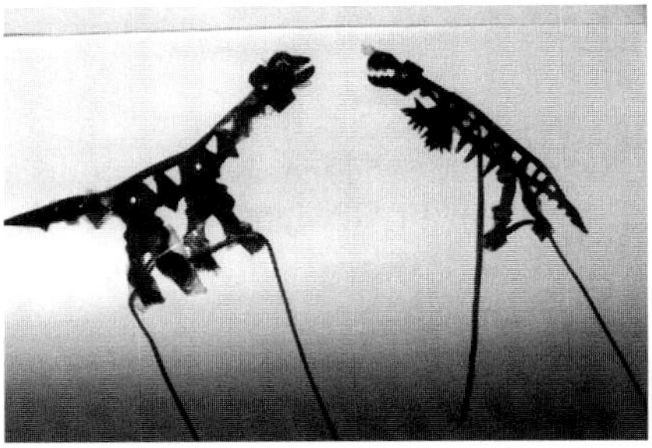

Fossilien werden mit Grafikermesser bearbeitet.

Die Elefanten mit beweglichem Kopf

Schildkröten mit kompliziertem Mechanismus

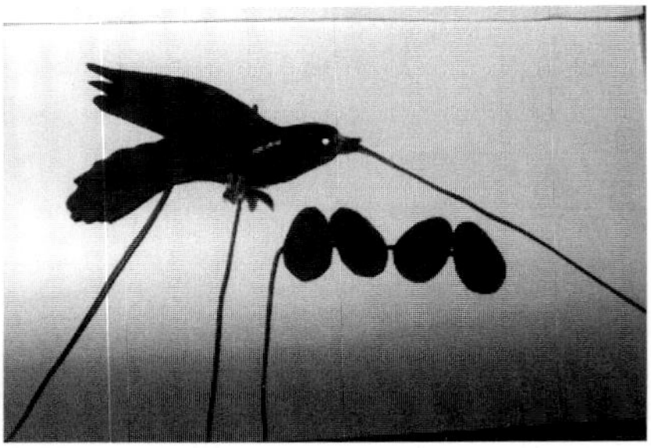

Der Kuckuck und seine Eier

Sich jagende Maultiere mit beweglichen Seiten

Bei den Hühnern sind nur die Köpfe beweglich. Der Hahn hat einen bunten Schwanz aus Folie.

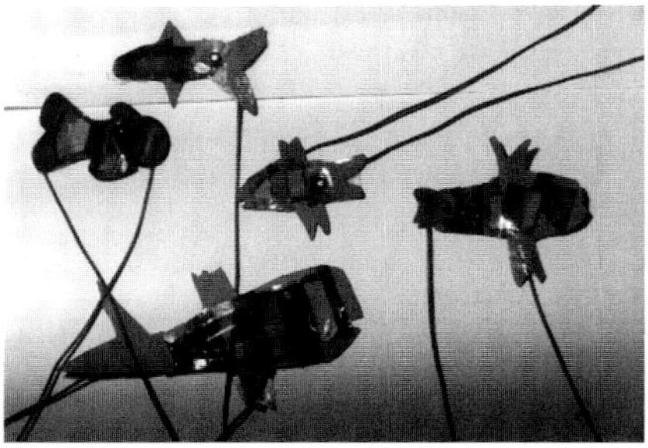

Die Fische mit beweglichen Flossen und bunter Folie

immerhin aus Zeichenkarton hergestellt (zumindest wenn sie einen Bewegungsmechanismus haben), damit sie mehrmaliges Proben und die Aufführung heil überstehen. Für feine Schneidearbeiten ist die Verwendung eines Grafikermessers nötig.
Für den *Karneval der Tiere* stellen wir sehr bald fest, dass die aus freier Fantasie gezeichneten Tiere nur in seltenen Fällen realistisches Aussehen haben. Die Klasse selbst ist mit den ersten Ergebnissen (Entwürfe auf Papierabfällen, die sofort auf dem OHP ausprobiert werden) unzufrieden – Tierlexika seien nötig. Ein äußerst motivierter, mit viel Geduld ausgetragener Wettbewerb in mimetischem Zeichnen beginnt. Die einzige Bedingung, die ich stelle, ist, jeder bestimmt selbst, wann er aufhören will.
Die Teile, die sich bewegen sollen, werden mit der Lochzange gestanzt und mit Musterklammern locker wieder zusammengefügt. Der Bewegungsmechanismus wird umso komplizierter je mehr Teile gleichzeitig beweglich werden sollen.
Für Köpfe, Schwänze und Flügel genügt einfach ein zusätzlicher Draht. Sollen zwei oder mehr Beine gleichzeitig gespielt werden, kann nur dann mit einem Draht gearbeitet werden, wenn dieser nicht fest an den Beinen angeklebt, sondern mit einer Tesafilmschlaufe befestigt wird. Die Schildkröten, die tatsächlich alle vier Beine und dann noch Kopf und Schwanz bewegen sollen, sind sehr schwierig herzustellen – aber es klappt.

Projektorientierte Integration
Die Arbeit mit Programmmusik hat den entscheidenden Vorteil, dass eine Rahmenbedingung vorgegeben ist. Speziell den *Karneval der Tiere* von Camille Saint-Saëns gibt es mittlerweile in einer Vielzahl von Aufnahmen, die auch mit Text unterlegt sind. Bevor jedoch die Produktion von Figuren und Hintergrund beginnen kann, ist eine intensive Behandlung der Thematik im Musikunterricht erforderlich.
Danach erst beginnt im Kunstunterricht die praktische Arbeit. Da im Musikstück viele verschiedene Tiere vorkommen, bietet es sich an, in Gruppen zu arbeiten. Ich bereite dazu Papiere vor, auf denen die Namen der Tiere stehen, darunter ist eine freie Linie, auf der sich die Kinder mit Namen eintragen können. Solche Kontrollen haben sich als sehr sinnvoll erwiesen, denn Kinder vergessen von einer Woche zur anderen u. U. einmal, für was sie sich entschieden haben. Das ganze restliche Blatt teile ich mit einem senkrechten Strich in zwei Hälften, die mit folgenden Überschriften versehen werden:

- Was machen die Tiere während der Musik?
- Wie muss die Landschaft oder der Ort aussehen, wo sich das Ganze abspielt?

Obwohl die Rahmenhandlung festliegt, ergeben sich durchaus noch kreative Lösungsmöglichkeiten bei diesen Fragen. Besonders die Örtlichkeiten sind ja durch die Musik nicht festgelegt und können frei erfunden werden. Diese Art

der schriftlichen Fixierung von Ideen garantiert einen reibungslosen Fortgang des Unterrichts, ohne dass der Lehrer ständig wieder befragt werden muss. Gleichzeitig haben die Kinder eine Stütze bei ihrer praktischen Arbeit und können selbstständig kontrollieren, ob sie schon alles erledigt haben.
Zunächst wird mit der Fertigung der Figuren begonnen. Die Schnelleren beginnen mit der Gestaltung der Kulissen, sobald sie ihr Tier beendet haben. Zu diesem Zeitpunkt ist es problemlos möglich, die Kulissengruppe in den Gebrauch der Folien und Farben mit samt deren unterschiedlichen Gestaltungsmöglichkeiten einzuweisen, während der Rest der Klasse selbständig weiterarbeitet. Natürlich wird während der Stunden auch immer wieder zur Musik gespielt, nicht nur um zu sehen, wie die gefertigten Produkte wirken, sondern auch um die eine oder andere Verbesserung noch durchzuführen.
Parallel dazu wird im Deutschunterricht intensiv am Text gearbeitet. Es ist für Insider durchaus möglich, Programmmusik kommentarlos szenisch darzustellen. Wenn aber an eine Aufführung für ein Publikum gedacht ist, das sich nicht unbedingt mit dieser Art von Musik auseinander setzt, ist es sinnvoller, die Inhalte durch Sprache zu unterstützen.
Außerdem sind hier einige musikalische Besonderheiten aufgearbeitet worden, die sonst sicherlich nur von wenigen bemerkt worden wären:

- In der Musik des König Löwen kommt ein Akkord vor, den die Beatles in ihrem Song *Obladioblada* verwendet haben. Der Song wird kurz eingespielt.
- Die Schildkrötenmusik ist der dreifach verlangsamte Cancan aus Jacques Offenbachs Operette *Orpheus in der Unterwelt*. Zur Originalversion treten bei der Aufführung einige Mädchen als Tänzerinnen auf.
- Die *Aquarium*-Musik kennen die Kinder vom Maskenspiel *Wassermann*.
- Beim Kuckuck (Klarinette) werden weitere musikalische Versionen desselben Themas eingespielt und erklärt. In Leopold Mozarts *Kindersymphonie* spielt die Flöte den Kuckuck, in Vivaldis *Vier Jahreszeiten* ist es die Violine.
- Beim Auftritt der Fossilien kann das Lied *Morgen kommt der Weihnachtsmann* gesungen werden.

Mit Ausnahme von zwei gemeinsamen Proben ist dieses Vorhaben innerhalb des normalen Unterrichts durchgeführt worden.

Schwarzlichttheater

Herstellung und Installation einer Blackbox

Für die Arbeit im Schwarzlichttheater benötigt man drei Dinge:

- eine Blackbox,
- Raumverdunkelung,
- eine oder zwei Schwarzlichtröhren. Diese können über jeden Elektrofachhandel bezogen werden. Es empfiehlt sich, die Röhren auf einem Brett aufzuschrauben und gleich mit einem Schutzkorb aus Metall zu versehen.

Der Hauptgrund, warum Schwarzlichttheater so wenig verbreitet ist, liegt darin, dass die Installation der dafür erforderlichen Blackbox als sehr teuer und sehr zeitaufwändig gilt. Für die professionellen Einrichtungen aus schwarzem Theatersamt mag das durchaus zutreffen, aber die gleiche Wirkung lässt sich auch mit billigeren Materialien erreichen.
Für die Installation eines Schwarzlichttheaters in der Schule sind alle Räume geeignet, in die eine Klasse hineinpasst und die nicht höher sind als 3 m, weil sonst der Stoffverbrauch ganz enorm ist. Ausnahme: Es können auch höhere Räume genommen werden, wenn diese in ca. 3 m Höhe eine sichtbare Tragwerkskonstruktion haben, an der man etwas aufhängen kann.
5 m Länge, 3 m Breite und 3 m Höhe ergeben eine recht großzügige Blackbox mit viel Aktionsmöglichkeiten. Diese muss nun komplett mit schwarzem Stoff, der nicht zu dünn sein darf, ausgekleidet werden, z. B. passenden Vorhängen:

- zwei Seitenwände zu je 3 m Höhe und 3 m Breite,
- eine Rückwand von 3 m Höhe und 5 m Breite,
- eine zweigeteilte Decke von je 3 m Breite und 2,60 m Länge und
- einen Boden in derselben Größe.

Diese Stoffstücke werden ganz regulär mit Vorhangband und Röllchen versehen. (Beim Aufhängen muss man darauf achten, dass das weiße Vorhangband nach außen kommt und nicht im Innern der Blackbox zu sehen ist.) Der Abstand der Röllchen sollte allerdings sehr eng (max. 10 cm) sein, damit keine störenden Löcher entstehen. Lediglich der Deckenstoff braucht an seinen beiden kurzen Seiten Röllchen, da er nach oben gespannt werden muss. Hier hat sich schwarzer Jerseystoff (günstiger Restposten von einer Trikotagenfabrik) als hervorragend erwiesen: Das Gewicht des Stoffes und seine Elastizität gleichen fehlende Zentimeter aus (bis zu 20 cm). Die Decke spannt und hängt nicht durch.
Werden die Stoffe etwas breiter geschnitten als die Vorhangschienen lang sind, überlappen sie sich an den Ecken und ungewollte Löcher werden vermieden. An den Wänden und der Zimmerdecke werden nun die entsprechenden Vorhangschienen angebracht: je eine 3 m lange Schiene für die Seiten, eine 5 m lange Doppelschiene für die Rückwand und die Decke und nochmals eine 5 m lange einfache Schiene für die vordere Aufhängung der Decke. Durch einfaches Einfädeln der Röllchen in die Schienen entsteht die Blackbox.
Zum Spielen muss der Raum völlig abgedunkelt sein. Die Lösung ist nicht ganz billig, da man hier auf Stoff, der für Verdunkelungen geeignet ist, zurückgreifen muss. Alle Versuche, z. B. die Fenster mit schwarzem Karton zu verdunkeln, hat sich als viel zu arbeitsintensiv und auch zu diffizil erwiesen.
Jedes Fenster erhält einen passenden Verdunkelungsvorhang, der an den Außenkanten mit selbstklebendem Klettband versehen wird. Das Gegenstück wird am Fensterrahmen aufgeklebt!
Jetzt kann der Auf- und Abbau des Schwarzlichttheaters von der einmal angewiesenen und in Gruppen eingeteilten Klasse in etwa 5 Min. geleistet

werden. Voraussetzung ist allerdings, dass die Vorhänge in den Schienen bleiben können, also nur auf- und zugezogen werden müssen.

Spiel mit dem Medium

Größere Vorhaben im Schwarzlichttheater sind kaum umzusetzen, ohne vorher rein spielerische Erfahrungen mit diesem Medium sammeln zu lassen. Es ist einfach zu unbekannt, und die Vorstellungen, was man damit machen könnte, reichen nicht aus. Die besten Erfahrungen habe ich mit langsamen Musikstücken (aus dem Bereich „Entspannungsmusik“) gemacht, zu denen unter Zuhilfenahme von gebündelten weißen Wollfäden, weißen Stoffbändern oder -stücken oder weißen Handschuhen Bewegungen erfunden/erprobt werden. Übrigens können diese kleinen Sequenzen bereits vorgeführt werden, wenn man sie ein bisschen ausfeilt.

Probleme

Es liegt in der Eigenart des Schwarzlichttheaters, dass man auf einfache Weise Illusionen des Schwebens, Fliegens, plötzlichen Erscheinens und Verschwindens erzeugen kann, also Wirkungen, die ansonsten der Zauberei zugeordnet werden. Um diese voll auszuschöpfen, ist es nötig, einige grundsätzliche Dinge zu beachten:

1. Die Tatsache, dass man sich mit allem, was gegenständlich erkannt werden soll, nur im Zeitlupentempo und in Frontansicht bewegen darf, wird sehr schnell erkannt. Im Gegensatz dazu wirken Bänder und Wollfäden dann am besten, wenn sie schnell geschwungen werden, da das menschliche Auge das Weiß immer ein bisschen länger sieht, als es tatsächlich da ist. Wichtig ist der aktive Zuschauer (noch besser wäre ein Spiegel!), der den Akteur ständig korrigiert. Das hat sich übrigens bei der Umsetzung unserer größeren Vorhaben als das Schwierigste entpuppt, denn es erfordert von beiden Seiten ein hohes Maß an Aufmerksamkeit, Ruhe und Konzentration.
2. Im Schwarzlichttheater fehlen die dritte Dimension und weitgehend die Farbe. Das hat zwar für die gestalterische Vorbereitung den Vorteil, dass man überwiegend rein grafisch arbeiten kann. Allerdings bereitet dies bei noch schwach ausgebildetem Abstraktionsvermögen Realisationsprobleme. Um Frustrationen zu vermeiden, kann man mit einfachen Requisiten improvisieren lassen. So lässt sich z. B. für die Sequenz Katakomben aus dem Musikstück „Bilder einer Ausstellung“ von Mussorgsky ein Sarg bauen, aus dem dann knochenklappernd ein Skelett heraussteigen soll. Der Versuch mit einem 50 cm breiten und 1,50 m langen Stoffstreifen, der einfach gehalten wird, macht sofort klar, dass man keinen wirklichen Sarg braucht, sondern dass es genügt, auf den Stoff Holzstruktur aufzuzeichnen. Das Skelett kann dann dahinter auf einem mit schwarzem Tuch überzogenen Tisch (der damit für den Zuschauer unsichtbar wird) liegen und sich langsam erheben, um

die gewünschte Wirkung zu erzielen. Dies verdeutlicht einen wesentlichen Vorteil des Schwarzlichttheaters gegenüber rein personalem Spiel: Die Produktion von Kulissen und Requisiten ist relativ einfach!

3. Farbe – es muss Leuchtfarbe sein – sollte nur ganz sparsam verwendet werden.
   - Es gibt nur relativ wenige fertige Farbtöne (Spray, Stifte, Papiere, Stofffarben, Wolle) zu kaufen. Diese lassen sich nicht problemlos untereinander mischen, sodass die Farbpalette sehr stark begrenzt ist.
   - Die Farbtöne sind sehr grell und eignen sich nur für relativ wenige Objekte. Einzelne – geschickt eingesetzte – Farbakzente erhöhen allerdings die ästhetische Wirkung. So sind unsere Küken für die Sequenz „Küchlein aus den Eierschalen" (ebenfalls aus „Bilder einer Ausstellung, s. folgender Abschnitt) gelb im Pendant zu den reinweißen Eihüllen.
   - Die Farben – auch Farbpapiere – sind sehr teuer!
4. Bei unserem ersten größeren Vorhaben stellen wir nach mühevoller und vergeblicher Kulissenproduktion fest, dass Weiß nicht gleich weiß ist. Obwohl wir nur Papiere und Kartons verwendet haben, die bei Tageslicht reinweiß aussehen, können wir in der Szene einige sehen, andere aber nicht. Daraus folgt: Alles, was irgendwie bearbeitet werden soll, muss vorweg im verdunkelten Raum und bei Schwarzlicht überprüft werden. Dies gilt auch für Stoffe, Wolle und vor allem für weiße Farbe. Nur Leuchtweiß lässt sich immer verwenden.
5. Dasselbe Problem ergibt sich auch bei Schwarz, vor allem dann, wenn es um die Kleidung der Akteure geht, die vom Publikum nicht gesehen werden sollen. Es ist, wenn man es nicht selbst ausprobiert hat, unvorstellbar, wie sich die Materialien unter Einfluss des Schwarzlichtes verändern. Viele schwarze Pullover, vor allem schwarze Jeans sind ganz deutlich zu sehen, da sie im Schwarzlicht grau erscheinen.
6. Die Gesichter der Akteure müssen abgedeckt werden, wenn sie völlig unsichtbar sein sollen. Wir haben Verschiedenes ausprobiert: Am besten ist es, über das Gesicht eine schwarze Feinstrumpfhose zu ziehen.

Bilder einer Ausstellung von Modest Mussorgsky

Es gibt verschiedene Fassungen dieser Thematik: Neben dem Original von Modest Mussorgsky für Klavier ist eine Orchestrierung von Maurice Ravel vorhanden. Die Popgruppe „Emerson, Lake und Palmer" hat sich ebenfalls an die Thematik gewagt und der Japaner Isao Tomito brachte eine Synthezizerversion auf den Markt. Im Musikunterricht kann durch Vergleich der diversen Fassungen viel über Wirkung und Ausdrucksmöglichkeiten gelernt werden.
Für den Kunstbereich ist interessant, dass Mussorgsky diese Musik für seinen verstorbenen Freund, den Maler Victor Hartmann, geschrieben hat, nachdem er eine Ausstellung seiner Bilder besucht hatte. Fünf der Originalwerke von Victor Hartmann sind noch vorhanden:

- die Hütte der Baba Yaga,
- der Gnomus,
- die Katakomben,
- die Küchlein in den Eierschalen und
- das Tor von Kiew.

Bühnenbild von Wassily Kandinsky

Auch Kandinsky hat sich mit der Umsetzung dieser Bilder beschäftigt, als er ein Bühnenbild für eine Aufführung der Musik angefertigt hat, was einen interessanten Vergleich ergibt. Ich habe somit einen konkreten Einstieg über die Bildbetrachtung oder kann zur Musik frei malen lassen.
Wenn der Einstieg zunächst über die rein emotionale Ebene läuft (Malen zur Musik), werden die hierbei entstandenen Bilder im Musikunterricht als Grundlage verwendet, musikalische Strukturen des Werkes und die Intentionen des Komponisten zu erarbeiten. Parallel dazu haben wir die Hütte der Baba Yaga im Kunstunterricht als Druck nachgestaltet. Für unser Unterrichtsgespräch sehr ergiebig ist die Tatsache, dass die Abbildung Victor Hartmanns in krassem Widerspruch zum Charakter der Musik steht. Dadurch wird deutlich, dass Mussorgsky nicht das Bild musikalisch untermalt, sondern die Geschichte der Person erzählt, die die Hütte bewohnt. Die Gestalt der Baba Yaga spielt in der russischen Mythologie eine sehr große Rolle, wodurch sich ebenfalls wieder neue Anknüpfungspunkte ergeben können.
Die Gestaltungsmaterialien wähle ich gemäß dem Charakter des Bildes, da es um eine Nachgestaltung geht: Textilien (Spitzen, Borten, Gardinen), Struktur-

Die Hütte der Baba Yaga

tapeten, Strukturpapiere, PVC-Bodenbeläge unterschiedlicher Oberflächenbeschaffenheit sowie Tortenspitzen. Die Materialien werden zurecht geschnitten, mit Aqua-Linolfarben eingewalzt und auf weißem Papier abgedruckt.
Wenn ein Teil der Kinder fertig ist, der Rest der Klasse aber noch arbeitet, wird angeregt, nochmals eine Hütte der Baba Yaga anzufertigen und zwar in Collagetechnik. Sie verwenden dazu ausgeschnittene Teile aus Schmuckwerbungen und Katalogen.
Nachdem die Erarbeitung der Musik vorläufig abgeschlossen ist, wird im Deutschunterricht ein kleines Drehbuch für jede Musiksequenz geschrieben. Dabei ist es notwendig, die eigentliche Spielhandlung frei zu erfinden, da die Musikstücke nur einen Titel haben (im Unterschied zum *Karneval der Tiere*). Da wir eine Aufführung geplant haben, werden auch eine kurze Erklärung zum gesamten Musikstück sowie Überleitungen von einem Bild zum anderen verfasst. Erst jetzt beginnen wir mit der Kostüm- und Kulissenproduktion.

Die einzelnen Bilder

Der Gnomus: Nach mehreren Versuchen entschließen wir uns, nur ein einziges Kind auftreten zu lassen, das besonders geschickt die Musik in hinkenden und stolpernden Gang umsetzen kann. Die Kulisse wird aus mehreren hintereinander aufgestellten und unterschiedlich hohen Kästen aus der Turnhalle gebaut. Diese werden mit schwarzen Tüchern zugedeckt, sind also für den Zuschauer unsichtbar.

Der Gnomus, bekleidet mit einem zerfetzten weißen Herrenhemd und weiß angemalten großen Schuhen, stolpert hinauf und bricht, oben angelangt, zusammen.

Obst und riesige rote Lippen

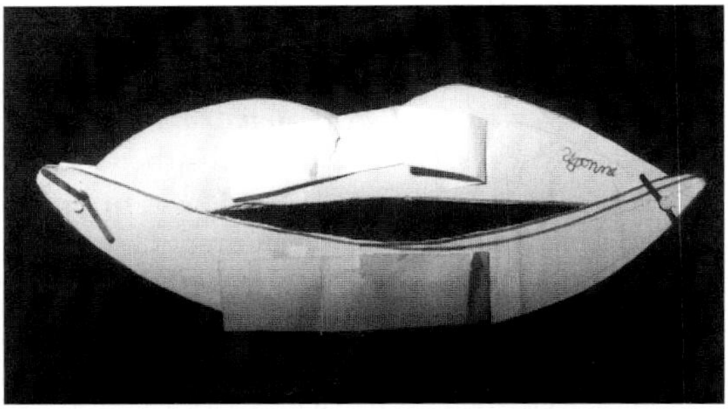

Griffe und Bewegungsmechanismus der Lippen

Der Markt von Limoges: Unterschiedliches Obst und Gemüse wird aus weißem Zeichenkarton mit schwarzem Filzstift grafisch gestaltet und ausgeschnitten. Durch die auf der Rückseite angebrachten Griffe schwebt es in der Szene.

Das Kreischen der Marktweiber wird durch überdimensional große, aus rotem Leuchtkarton hergestellte Lippen regelrecht persifliert. Ober- und Unterlippe werden an den Seiten durch Musterklammern beweglich befestigt, an jede Lippe kommt ein Griff, sodass das Lippenpaar auf- und wieder zugeklappt werden kann.

In den Tuillerien: Hier ist die Ideenvielfalt so groß, dass die Originalmusik dreimal hintereinander aufgenommen werden muss, um alles in der Szene zu verwirklichen:

- Kinder werfen sich Bälle zu. Diese nähen wir aus weißen Stoffkreisen und stopfen sie aus.
- Kinder hüpfen Seil. Weiße Hüpfseile stellen wir aus einem alten Betttuch her. Es wird in 6 cm breite Streifen gerissen, jeweils drei davon werden geflochten. Dies ist nötig, damit die Seile genügend Gewicht erhalten und im Kreis fliegen.
- Gymnastikreifen werden ums Handgelenk herum gedreht. Dazu umwickeln wir die echten Reifen einfach mit einem Streifen weißen Stoffs.

- Dieselben Reifen werden durch die Szene gerollt, aufgefangen und zurückgerollt.
- Die Reifen werden in Bogenform geworfen.
- Gymnastikstäbe (ebenfalls mit weißem Stoff umwickelt) werden in einer Hand gedreht.
- Einfache weiße Stoffbänder und schwarze Holzstäbe bestückt mit weißen Wollfäden kommen zum Einsatz.

Mehrere Probleme sind zu lösen: Zu viele Akteure auf einmal stören die Wirkung einzelner Elemente, also ist eine musikalisch akzentuierte Reihenfolge zu erarbeiten. Aus dem gleichen Grund verzichten wir fast völlig auf die Kostümierung der Personen, zu viel weiß ist in der Szene. Nur die seilhüpfenden Mädchen erhalten einen weißen Rock und weiße Socken. Nach einigen Proben entscheiden wir uns auch noch für Perücken mit Zöpfen. Es erweist sich als sehr schwierig, zum Rhythmus der Musik passend Seil zu hüpfen, Bälle zu werfen und Reifen zu rollen. Viele Versuche sind erforderlich.

Die Küchlein in den Eierschalen: Die Küken werden auf gelben Leuchtkarton aufgezeichnet und ausgeschnitten. Jedes Küken bekommt einen beweglichen Flügel, der wiederum mit einer Musterklammer am Körper festgemacht wird. Körper und Flügel erhalten auf der Rückseite einen Griff. Die Eier werden zunächst als Ganzes aufgezeichnet und ausgeschnitten. Hier muss darauf geachtet werden, dass die Eier so groß sind, dass die Küken dahinter verschwinden, denn sie sollen im Spiel ja aus den Eierschalen herauskommen. Zuletzt werden die Eier in der Mitte entlang einer Zickzacklinie auseinander geschnitten (gebrochene Eierschalen). Jede Hälfte wird erneut mit einem Griff versehen.

Die Eier öffnen sich.

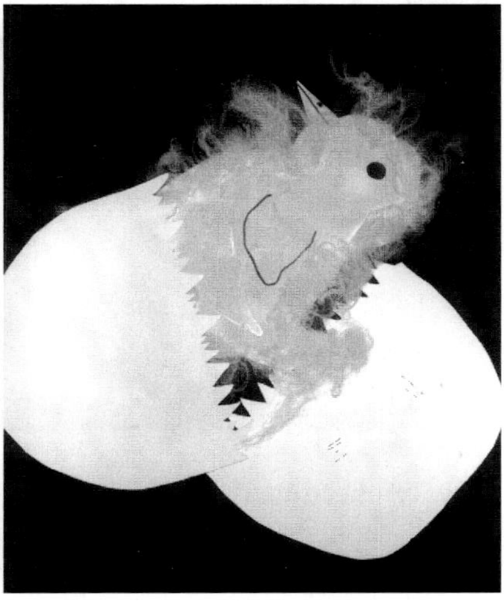

Das Küchlein schlüpft aus dem Ei.

Schwierigkeiten in dieser Szene gibt es, da jeweils zwei Kinder miteinander ein Ei und ein Küken spielen und die Bewegungen koordiniert sein müssen, damit der Eindruck entsteht, die Küken schlüpfen aus.

Haltegriffe und bewegliche Flügel des Küchleins

Katakomben: Hier entfernen sich die Kinder völlig vom Originalbild Victor Hartmanns und entwickeln eher eine Horrorvision. Neben gebastelten Fledermäusen, gezeichneten Spinnen, gestickten Spinnennetzen und einer genähten Schlange stehen ein Sarg und Skelette im Vordergrund der Szene.

Teil des gezeichneten Skeletts

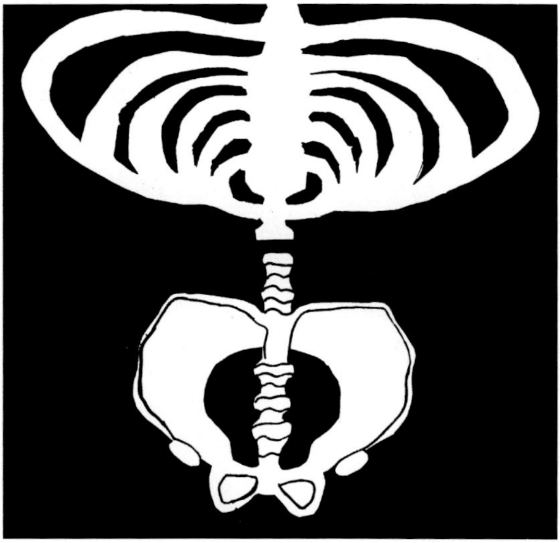

Nach einer Vorlage aus dem Lexikon zeichnen sie das gesamte Knochengerüst des Menschen so groß, dass es auf die Maße eines Kindes passt. Ein komplett schwarz angezogenes Kind bekommt die Knochen an den entsprechenden Stellen seiner Kleidung aufgenäht. Schon entsteht die Illusion eines tanzenden Skelettes. Einzelne Knochen, die durch die Szene schweben, unterstreichen den schaurigen Gesamteindruck.

Der Reiche und der arme Jude: Vom Aufwand her ist dies die sparsamste Szene. Gebraucht werden lediglich zwei Paar weiße Handschuhe, ein gebastelter Zylinder für den reichen und ein zerrissenes Stück Stoff als Umhang für den armen Juden. Zwei gestisch begabte und ausdrucksstarke Kinder spielen nur mit ihren Händen die gesamte Sequenz. Bis dies allerdings mit der Musik völlig harmoniert, ist stundenlanges geduldiges Üben zu zweit vor einem Spiegel angesagt.

Der Ochsenkarren oder „Bydlo“: Die düstere Monotonie dieses Stückes wird unterstrichen durch einen nicht abreißenden Zug von Karrenrädern über die Bühne.
Dazu umwickeln wir Gymnastikreifen mit weißem Stoff und versehen sie mit Speichen (ebenfalls Stoffstreifen). Schwarzgekleidete Kinder rollen diese von links nach rechts durch die Szene, laufen leise hinter den schwarzen Vorhängen entlang wieder zur linken Seite und beginnen von vorn. Die Ochsen werden lediglich durch die für sie typischen Hörner symbolisiert, die von zwei Kindern getragen werden.

Die Hütte der Baba Yaga: Die Hütte wird wieder – fast originalgetreu nach V. Hartmann hergestellt – diesmal auf schwarzem Stoff als Hintergrund, beklebt mit den Materialien, die vorher zum Drucken benutzt worden sind.
Die Zeiger der Uhr werden lebendig: Eine Schülerin steht hinter dem Zifferblatt und streckt ihre weiß bekleideten Arme aus der Mitte der Uhr heraus. Diese rasen dann in wirrem Tempo passend zur Musik und dem Tanz der Baba Yaga herum.
Da die Hütte in fertigem Zustand fast 3 m hoch ist, muss der schwarze Hintergrundstoff oben an einem Vierkantholz festgetackert werden. Daran werden links und rechts zwei Latten nach unten festgedübelt, die den Kindern als Haltegriffe für diese große Kulisse dienen und einen zügigen Auf- und Abbau der Hütte gestatten. Hier bauen wir noch einen typischen Schwarzlichttheater-Effekt ein. Die Hütte bleibt zunächst mit schwarzem Stoff abgehängt, also für den Zuschauer unsichtbar. Mit dem ruckartigen Entfernen des Stoffes entsteht der Eindruck, dass die Hütte aus dem Nichts auftaucht.
Die Baba Yaga wird von einem tänzerisch begabten Mädchen dargestellt. Ihr Kostüm besteht lediglich aus Fetzen weißer Stoffe mit ganz unterschiedlicher Struktur, die an einem schwarzen Rockgummi festgenäht werden. Einige dieser Fetzen sind mehr als 3 m lang. An ihren Enden befestigen wir schwarze Holzstäbe, die von Kindern, die in der ganzen Szene verteilt stehen, in die Hand genommen und geschwungen werden. Der Eindruck der fliegenden Baba Yaga ist perfekt. Nach dem gleichen Prinzip ist die Perücke der Hexe hergestellt. Ihre weißen Handschuhe sind durch überdimensionale Fingernägel aus weißen Papierdreiecken verlängert.

Das Tor von Kiew: Es wird anhand der Vorlage von Victor Hartmann ganz ähnlich hergestellt wie die Hütte der Baba Yaga.
Zum Schluss der Aufführung lassen wir überwiegend dieses Bild einfach wirken. Die einzigen bewegten Elemente sind zwei aus Papier ausgeschnittene Glocken, die ihren Einsatz durch die Musik erhalten.

Da wir mit sehr vielen unterschiedlichen Requisiten arbeiten, werden während der Proben oft Gegenstände nicht mehr gefunden. Aus diesem Grund besorgen wir für jedes Bild einen großen Karton. Auf weißem Papier, mit schwarzem Filzstift geschrieben (also im Schwarzlicht lesbar), steht der Name der Szene. Alle dazugehörenden Requisiten müssen stets darin abgelegt werden.

Literatur: EBELING, INGEBORG: Masken und Maskierung. DuMont Taschenbuch, Köln 1984; MARTIN, HEINZ E. R.: Masken Antiquitäten. Heyne (Heyne Tb 4890), München 1983; Räumliches Gestalten. Chnuuschte, Chnätte, chnüble. Zytglogge Verlag, Bern 1987; PAWELKE, RAINER: Traumfabrik. Direkt zu bestellen bei: Projekt Traumfabrik, Gewerbepark, 93059 Regensburg. Diese Institution bietet auch eine Reihe interessanter Lehrgänge z. B. zum Schattentheater an; REINHARDT, ULRIKE UND FRIEDRICH: Schwarzes Theater. Don Bosco Verlag, München 1991.

Ganzkörpermasken

Ulrich Krumsieg

Klassen 5–6
Zeitaufwand: zwei Doppelstunden

Material: Restrolle unbedrucktes Zeitungspapier (Packpapier ist stabiler, aber auch teurer, Tapetenrollen sind zu schmal), Tacker, Wachsmalkreide

Für jeden Schüler wird eine Tüte gefertigt, indem von einer etwa 1 m breiten Papierrolle ein Stück in doppelter Körpergröße abgeschnitten, in der Mitte gefaltet und an den Seiten zusammengetackert wird. Den Rand 1 cm umbördeln und die vier Lagen zusammennehmen, um es stabiler zu machen.

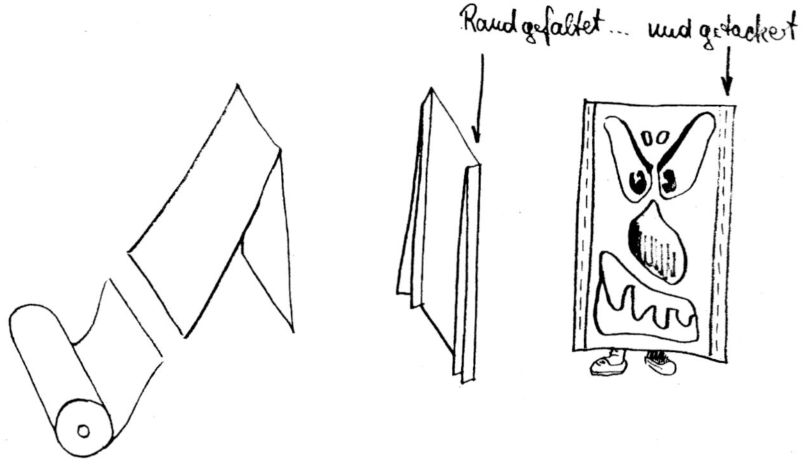

Die entstandenen Tüten werden nun mit Monstern – auch freundlichen – bemalt. Großflächig-wirkungsvolle Detailformen sollten angestrebt werden. Sind die Tüten fertig, kommt es zur Anprobe. Hier muss äußerst vorsichtig zu Werke gegangen werden, das Zeitungspapier reißt leicht. Vorsichtig werden nun die kleinen Gucklöcher für die Augen herausgerissen – nicht schneiden, die Verletzungsgefahr ist zu groß. Gegenseitige Hilfe ist hier notwendig.
Beim Klassenfest mit den Eltern können diese während des Monsterzugs versuchen, ihr Kind an seiner Malweise zu erkennen. Damit sie es nicht zu einfach haben, tauschen die Kinder vorher untereinander einen Schuh aus.

Schattenspiel

Renate Mann

Klassen 5–8
Zeitaufwand: zwei Doppelstunden für die Figuren, mehrere Stunden für das Einüben und Schreiben eines Stückes

Material: schwarzer Fotokarton, festes Transparentpapier (evtl. Lichtpauspapier), Federmesser oder Scherenschnittschere, Draht für die Gelenke, Holzstäbe, dickerer Draht, Aquarell- oder Batikfarbe, Kleber, evtl. Öl oder weiße Wachsreste

Die Ursprünge des Schattenspiels liegen im asiatischen Raum, wo diese Kunstform des Theaterspielens bis ins 2. vorchristliche Jh. nachweisbar ist.
Chinesische Figuren wurden aus Pergamentpapier, aus Büffel-, Schafs- oder Eselshaut hergestellt. Um die Tierhäute besonders dünn und glatt zu bekommen, wurden sie speziell gegerbt. Die einzelnen Teile (es gibt Figuren mit über 14 Einzelteilen) wurden aufgezeichnet und ausgeschnitten, dann getrocknet und auf beiden Seiten in mehreren Schichten bemalt. Zur besseren Haltbarkeit und um eine größere Durchsichtigkeit zu erhalten, tauchte man sie in Öl. An der Brust der Figur wird ein Standstab befestigt, während die beiden Führungsstäbe an den Händen der Figur angebracht sind.
Farben hatten und haben eine symbolische Bedeutung: Ein Mann mit einem weißen Gesicht verkörpert das Böse, ein rotgesichtiger ist ein Held.
Enger als alle anderen Schattenspielformen im asiatischen Kulturraum ist die türkische Variante mit der chinesischen verwandt.
Vermutlich brachten die Mongolen das Schattenspiel nach Persien und Derwische von dort in die Türkei. Die beiden Hauptfiguren des türkischen Schattenspiels sind Hadschiwad und Karagöz. Eine Sage berichtet, dass der Sultan Orchan (1326 bis 1359) zwei Handwerksgesellen mit diesem Namen töten ließ, weil sie mit ihren Späßen und unziemlichen Reden sich und andere von der Arbeit abgehalten hatten. Aber der Sultan bereute bald die Hinrichtung der beiden und

wünschte sie sich zurück. Da kam ihm der Bettelmönch Küschteri zu Hilfe, indem er die beiden aus Kamelhaut schnitt, sie anmalte und mit Gelenken versah und mit ihnen eine Geschichte hinter einem Bildschirm spielte. Hadschiwad ist der gelehrsame, etwas affektierte Gegenspieler zu dem eher derben, ungebildeten Karagöz, der mit unserem Kasper zu vergleichen ist.
Die türkischen Schattenspielfiguren sind nicht so aufwändig wie die chinesischen gefertigt: Die meisten haben in der Schultergegend ein Loch (nur Karagöz hat noch einen zweiten Stab), in dem der Haltestab befestigt ist. Bewegung wird durch Schieben und Drehen des Stabes erzeugt.

Figuren des türkischen Karagöz-Theaters: Bebe Ruhi, der Zwerg, trägt an der Mütze eine Laterne, mit ihr die Erkenntnis suchend. Rechts in der Schulter ist das Loch zum Einstecken des Führungsstabes. Dieses Loch erst erlaubte den türkischen Schattenspielern lebende Wesen darzustellen, obwohl deren Nachbildung nach dem islamischen Glauben nicht gestattet ist. Mit einem Loch im Körper galt jedoch die Figur als nicht lebensfähig, und deren Darstellung war somit erlaubt.

Eine andere Form des Schattenspiels findet man in Thailand und Java. In Thailand gibt es einmal das Schattenspiel mit bis zu 2 m hohen Figuren (Nang-yai) und mit kleinen Gestalten (Nang talung), die wohl javanischen Ursprungs sind. In Java dauern die Wayang-kulit-Aufführungen ursprünglich vom frühen Abend bis in den anbrechenden Morgen. Ein 20–25 Personen umfassendes Orchester (Gamelan) begleitet die Darbietung des Puppenspielers (Dalang). Gespielt wird die Geschichte des Dämonen Dasamuka, der mit seiner Gewalttätigkeit die Menschen erschreckt und die Götter erzürnt. Für verschiedene Spielvarianten stehen 150 bis 200 verschiedene Typen zur Verfügung, alle aus Büffelleder geschnitten, mit Gelenken versehen und bemalt. Eine Besonderheit ist, dass die Frauen vor der Leinwand, die Männer und Ehrengäste hinter der Leinwand sitzen.
Im 17. Jh. kam das Schattenspiel nach Europa und wurde *Ombres chinoises* genannt, obwohl die Figuren eher Schattenrisse waren, als dass sie den filigranen chinesischen Schattenfiguren ähnelten. Aufgeführt wurden vor allem Märchen und Kasperle-Stücke, manchmal sogar Stücke von Goethe. Eine größere Bedeutung erlangte das Schattenspiel nur vorübergehend. Eine Weiterentwicklung

Raden Harja Burisrawa

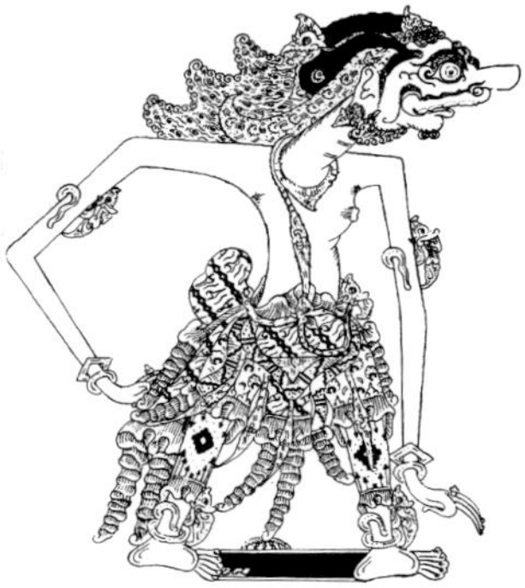

Resi Bisma

Batara Asmara

Batara Brama

Raden Anantaredja

Prabu Ramawidjaja

in Richtung Trickfilm gelang Lotte Reininger, als sie mit Scherenschnittfiguren Märchen filmisch in Szene setzte.

Für den Unterricht gibt es mehrere Möglichkeiten: Zum einen können Schüler versuchen, die Schattenspielfiguren der asiatischen Kulturen mit schwarzem Karton oder dickem und bemaltem (Transparent-)Papier, ähnlich den gespaltenen Tierhäuten, nachzubilden und sich über die verschiedenen Spieltraditionen und -inhalte informieren. Oder aber sie erfinden eigene Spielcharaktere, die sich auf ihre Lebenswirklichkeit und ihre eigenen Erfahrungen beziehen.

Für Vorführungen sollten die Figuren mind. 60 cm groß sein und mind. einen Führungsstab haben. Bei beweglichen Gestalten werden die Gelenke mit dünnem Draht verbunden und an den Extremitäten mit Textilklebestreifen dicke Drahtstücke befestigt, die ebenfalls eine Führung ermöglichen. Eine einfache Schattentheaterbühne kann man aus Dachlatten und einem weißen Tuch bauen.

Anmerkung: Es empfiehlt sich, auf einem Tageslichtprojektor vorher die Wirkung der Schattenspielfigur zu prüfen. Meist müssen noch Teile und Ornamente ausgeschnitten werden.

Literatur: SIMMEN, RENÉ/BEZZOLA, LEONARDO: Marionetten aus aller Welt. Rheingauer Verlagsgesellschaft, Eltville am Rhein 1978, S. 71 ff. DUNKEL, PETER: Schattenfiguren, Schattenspiel. Geschichte – Herstellung – Spiel. Köln 1984. REININGER, LOTTE: Schattentheater, Schattenpuppen, Schattenfilm. Reutlingen 1981.

Tapeziertisch als Bühne

Renate Mann

Klassen 5–10
Zeitaufwand: ca. vier Doppelstunden, Projektwoche

Material: 1 Tapeziertisch (billigste Ausführung aus dem Baumarkt) oder überzählige Schülertische, mit Plastikfolie abgedeckt und nebeneinander gestellt, Maschendraht, Leinentücher und Gips (5 bis 6 kg), Gipsbinden, Kleister und Zeitungspapier, Pappmaché, Seidenpapier, Dispersionsfarbe, verschieden dicke Pinsel, evtl. Klarlack und Bohnerwachs; Well- oder Presspappe, Tacker oder Schrauben

Aufgeführt wird ein Stabpuppen- oder Marionettenspiel. Die Bühne für die Protagonisten ist jedoch anders gestaltet als üblich: Die Bühnenausstattung wird auf einen ca. 3 m langen Tapeziertisch montiert und jeweils immer nur der Teil beleuchtet, der bespielt wird. Hinter dieser Simultanbühne, die Kulissenwechsel überflüssig macht, stehen alle Puppenspieler während der gesamten Aufführung bereit. Als Nachteil könnte empfunden werden, dass man die Puppenspieler auf jeden Fall sieht und so ein Teil des Zaubers einer Aufführung verloren gehen könnte. Erfahrungsgemäß ist dies nur zu Beginn der Aufführung so. Wenn alle

Spieler schwarz gekleidet sind, wendet sich der Blick der Zuschauer sehr bald dem Geschehen auf der Minibühne zu.
Die Gestaltung der Kulissen auf dem Tisch richtet sich nach der Anzahl der verschiedenen Szenenorte, die die räumliche Einteilung bestimmen. Deutlich voneinander abgegrenzte, aber auch fließende, ineinander übergehende Spielorte können je nach Textvorlage gestaltet werden. Als Material bietet sich Fliegen- oder Hasendraht an, der geformt und dann mit in Kleister getränktem Zeitungs- und Seidenpapier oder mit durch Gips gezogenen Tüchern kaschiert wird. Feinheiten werden mit Pappmaché-Masse oder Gipsbinden modelliert. Ist die Oberfläche gut durchgetrocknet, kann sie mit Dispersionsfarben bemalt werden. Einen leicht glänzenden Effekt erzielt man, wenn man die getrocknete Dispersionsfarbe mit Bohnerwachs einreibt und anschließend mit einem weichen Tuch poliert. Die Oberfläche kann auch mit FCKW-freier Acryl-Farbe besprüht werden. Hintergründe werden auf stabile Wellpappe oder Pressspan gemalt und an der Tischkante festgetackert oder angeschraubt.
Kleine Klemmlampen, an der Vorderkante angebracht, erhellen den jeweils zu bespielenden Bühnenteil.
Die Zuschauer müssen etwas erhöht sitzen, um eine Draufsicht zu gewinnen. Der Miniaturbühnenraum begrenzt auch die Zuschauerzahl auf höchstens 30.

Anmerkung: Einen zauberhaften Effekt erzielt man, wenn man Schwarzlichtfarben verwendet. Diese Farben und weiteres Zubehör sind im Elektronikfachhandel erhältlich.

tod dem hahn, es lebe das dreieck – Tanztheater

Beatrix Blell

13 Tänzerinnen und ein Komponist – alle Schülerinnen bzw. ehemalige – sowie eine Choreografin (Lehrerin) haben eine Tanztheaterproduktion erarbeitet, die der zunächst vielleicht überraschenden Frage nachgeht: Was geschieht, wenn man Jandl, Kandinsky und Rachmaninow zueinander in Beziehung setzt?
Jandl schreibt, er habe schon immer gerne etwas gemacht, das man herzeigen könne. Von Rachmaninow wird berichtet, dass er sich beim Spielen vom Husten des Publikums leiten ließ, je mehr es hustete, desto weniger Variationen spielte er … Kandinsky sagt, dass seine Bilder zu Beginn des Jhs. angespuckt wurden. Diese Zeit sei schwierig, aber heroisch gewesen. Die Künstler malten, das Publikum spuckte. Heute (1936) malten sie und das Publikum sagte, dass die Bilder hübsch seien. Für Kandinsky hieß dieser Wechsel nicht, dass die Zeiten leichter geworden wären für den Künstler. Rachmaninow war der Ansicht, dass jedes große Musikstück nur einen wirklichen Höhepunkt habe und er bemühte sich, alles auf diesen Punkt hin auszurichten. Ausdruck größter Selbstkritik sei gewesen: „Ich habe den Punkt verpasst!“

Bei Kandinsky ist der Punkt die innerlich und zeitlich knappste Form, der eine Spannung in sich trägt, alle Möglichkeiten hat, aber keine nutzt, sonst hebt er sich auf, verschwindet er.
„Um ein Pferd zu verlängern, müssen Sie es am Kopf oder Schwanz ziehen. Das ist, was ich früher machte, bevor ich in mir die Möglichkeit fand, mich vom Gegenstand zu befreien. (...) Aber wie ein Musiker seine Empfindungen vom Sonnenaufgang wiedergeben kann, ohne die Töne eines krähenden Hahnes zu verwenden, so hat der Maler rein malerische Mittel, um seine Eindrücke des Morgens ‚einzukleiden', ohne dass er einen Hahn malen muss. Dieser Morgen, oder sagen wir die ganze Natur, das Leben und die ganze den Künstler umgebende Welt, sowie das Leben seiner Seele, sind die einzige Quelle jeder Kunst. (...) Der Maler ‚ernährt' sich von äußeren Eindrücken (äußeres Leben). Er wandelt sie um in seiner Seele (inneres Leben). Die Wirklichkeit und der Traum – ohne es zu wissen. Das Resultat ist ein Werk.
Das ist das allgemeine Gesetz der Schöpfung. Die Unterschiede zeigen sich nur in den Ausdrucksmitteln (inneres Leben) der ‚Erzählung' – ob mit oder ohne Hahn. (...)
Warum denn also rufe ich, ich als abstrakter Maler: ‚Es lebe der Hahn!' – und die Gegenpartei: ‚Tod dem Dreieck!'? (...)
Ein Dreieck ruft eine lebhafte Erregung hervor, weil es selbst ein lebendiges Wesen ist. Es ist der Künstler, der es tötet, nämlich dann, wenn er es mechanisch, ohne inneres Diktat verwendet. Es ist derselbe Künstler, der auch den Hahn tötet. Aber so wenig wie eine ‚isolierte' Farbe, so wenig genügt auch ein ‚isoliertes' Dreieck nicht für ein Kunstwerk. Das Gesetz des ‚Kontrastes'." (W. Kandinsky. Essays über Kunst und Künstler, Benteli, Bern 1963, S. 167/168)
„... jetzt denke ich mir, so wie ich es mit dem malen nicht gemacht habe hätte ich es auch mit dem schreiben nicht machen müssen, sondern hätte es, wenn ich es nicht doch mit dem schreiben gemacht hätte, auch mit etwas anderem machen können, denn was mich wirklich interessiert ist weniger das woraus es gemacht wird als dass es eine sache ist die gemacht wird damit man sie herzeigen kann, und die die leute anschauen und über die sich die einen freuen und die anderen ärgern, und die zu nichts sonst da ist." (E. Jandl, für alle, Luchterhand, 1984 S. 206/207)
Die Übereinstimmungen und Kontraste in Leben und Werk dieser drei Künstler haben zu dem Tanztheater angeregt, das diese Elemente in einem Spannungsfeld aus Mit- und Gegenwirkung zu verbinden sucht.
Kandinsky beschäftigte sich in seinen Theorien mit der Vision einer Bühnensynthese, d. h. dem Zusammenwirken von Musik, Sprache, Bewegung und Licht als jeweils eigenständige Bestandteile. „Es kann also z. B. die Musik vollkommen zurückgeschoben oder in den Hintergrund geschoben werden, wenn die Wirkung z. B. der Bewegung ausdrucksvoll genug ist und durch starke musikalische Mitwirkung geschwächt werden könnte. Dem Wachsen der Bewegung in der Musik kann ein Abnehmen der Bewegung im Tanz entsprechen, wodurch

beide Bewegungen (positive und negative) größeren inneren Wert bekommen. Eine Reihe von Kombinationen, die zwischen den zwei Polen liegen: *Mitwirkung und Gegenwirkung*. Graphisch gedacht können die drei Elemente vollkommen eigene, voneinander äußerlich unabhängige Wege laufen.“ (W. Kandinsky, a.a.O. S. 61)
Ernst Jandls Überzeugung, zu sagen gäbe es schließlich nur eines, dieses aber immer wieder und auf unterschiedliche Arten und Weisen und Kandinskys Vision waren impulsgebend dafür, die gleiche Choreografie zweimal hintereinander zu tanzen: mit jeweils unterschiedlicher Musik, anderen Kostümen und anderem Bühnenbild, um die Wirkung auf Bewegungsqualität, Atmosphäre und Aussagekraft des Tanzes zu prüfen.
Grundlage für die Choreografie waren die Ideen und Theorien Kandinskys. Seine Aussagen zu Farben, Linien, Flächen und deren mögliche Wirkung sollten in Bewegung umgesetzt werden. Einige einfache Rhythmusbeispiele (Kandinsky, Punkt und Linie zu Fläche, S. 102):

a) Wiederholung einer Geraden mit Abwechslung der Gewichte

b) Wiederholung einer Eckigen

c) Entgegengesetzte Wiederholung einer Eckigen, Flächenbildung

d) Wiederholung einer Gebogenen

Zwei Beispiele zur Umsetzung

Der bewegte Punkt

Für Kandinsky ist der Punkt ein eigenständiges Wesen, ein ganzes Universum ungenutzter Möglichkeiten, sonst wäre er kein Punkt mehr, würde sich selbst aufheben oder zerstören.
Einen solchen Punkt repräsentiert eine Tänzerin auf der Bühne, die sich auf einer Linie vom Bühnenhintergrund bis ganz vorne an die Rampe kontinuierlich aber unmerklich während des 66-Minuten-Stückes nach vorne bewegt, ohne Bewegung sichtbar werden zu lassen. Der Zuschauer soll sich fragen, wie sie wohl dahingekommen ist. Sie soll den Eindruck vermitteln, als ob sie alles mittanzen könnte, wenn sie wollte, es aber aus unerfindlichen Gründen nicht tut, oder als ob sich alles andere, was auf der Bühne vor sich geht, in ihrem Kopf abspielt. Sie ist grün gekleidet, ein Grünton, von dem Kandinsky sagt, er sei die Farbe des Wahnsinns.

Lebendige Flächen

In einem aus Improvisationen entstandenen Stück Choreografie soll spürbar werden, dass auch geometrische Figuren „lebendige Wesen sind“ (Kandinsky). Vier Formen aus dem Bühnenbild wurden in die Dreidimensionaliät gedacht, zueinander räumlich in Beziehung gesetzt und so von je einer Tänzerin getanzt, dass der begrenzende Raum, aber auch seine Atmosphäre sowie die Gefühle, die die Tänzerinnen darin entwickelten, sichtbar werden (Beklemmung, Geborgenheit usw.)
Choreografiert wurde zunächst auf das Klavierkonzert Rachmaninows. Die neue Komposition von Marc Nordbruch entstand während der Proben. Das Gesamtwerk ergab sich aus der Wiederholung, wobei Atmosphäre und Wirkung ganz verschieden waren und aus dem jeweiligen Kontrast von Bühnenbild/Kostüm, Musik und Beleuchtung erzielt wurden.

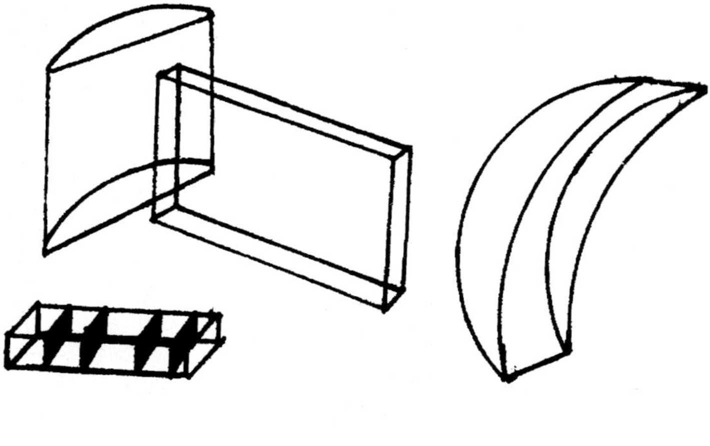

Teil 1

Musik: Sergei Rachmaninow Klavierkonzert Nr. 2. Nach einer mehrjährigen schöpferischen Blockade und einer erfolgreichen hypnotisch-psychiatrischen Behandlung widmete er dieses Konzert seinem Therapeuten N. Dahl.
Bühnenbild: Schwarze Flächen, ergänzt durch die Beleuchtung mit weißen geometrischen Figuren (Dreieck, Kreis und Viereck).
Kostüme: Graue, kurze Kleider, schwarze Hosen und graue Accessoires, Stiefeletten und graue Wollmützen.

Teil 2

Musik: Marc Nordbruch. Speziell für diese Produktion komponierte zeitgenössische Musik vom Komponisten eingespielt, gesampelt und abgemischt, die sich zeitlich an der Einteilung des Klavierkonzertes orientierte und sich inhaltlich mit den Theorien Kandinskys und einigen seiner Grafiken auseinander setzte und diese in Klänge und Geräusche „umwandelte". Der Spannungsbogen ergab sich aus der Interpretation der Atmosphäre des Klavierkonzertes, die aus zahlreichen Gesprächen zwischen Komponist und Choreografin während der Probenzeit entstand.

Bühnenbild: nach Kandinskys „Mit und Gegen", 1929; einzelne farbige geometrische Flächen durch entsprechende Beleuchtung hervorgehoben, auch von hinten beleuchtet – Wirkung: Hinterglasmalerei oder von oben – Wirkung: schwarze Silhouetten der Tänzerinnen vor farbigem Grund.
Kostüme: Selbst gefärbte Anzüge mit rockähnlichen Schärpen in den Farben der geometrischen Flächen, zusätzlich bemalt, als hätten sie sich aus dem Hintergrund gelöst.

Wie der Punkt die äußere Konstruktion zum Pulsieren bringt

Wie fühlt sich eine Gebogene an? Kann die gegensätzliche Zusammenstellung einer freien, vieleckigen Linie (lyrisch) und einer wellenartig Gebogenen (dramatisch) in der Bewegung sichtbar gemacht werden? Wie klingt eine Fläche? Besitzt der Punkt wirklich ein lebendes Sein, welches die äußere Konstruktion zum Pulsieren bringt, wenn er an der richtigen Stelle sitzt?

Grafiken Kandinskys waren Ausgangspunkt für Musik und Bewegung, um diesen Fragen nachzugehen. So entstand die Idee, Linien, Flächen und Punkte konkret umzusetzen, d. h. sie nicht „nur" sichtbar, sondern auch hörbar und fühlbar zu machen.

Kandinskys Titelbildgrafik des Buches „Punkt und Linie zu Fläche" war Grundlage der Komposition für den Beginn des 2. Satzes.

Der Punkt ist ein stetiger, bassiger Pulsschlag, der mit der Zeit schneller wird.

Die fünf feinen Striche (Beta click) sind ein schnell rückwärts fahrender Betarekorder, der ein klickendes Geräusch produziert, das seinerseits den Pulssschlag antreibt. Es ist unregelmäßig unterbrochen.

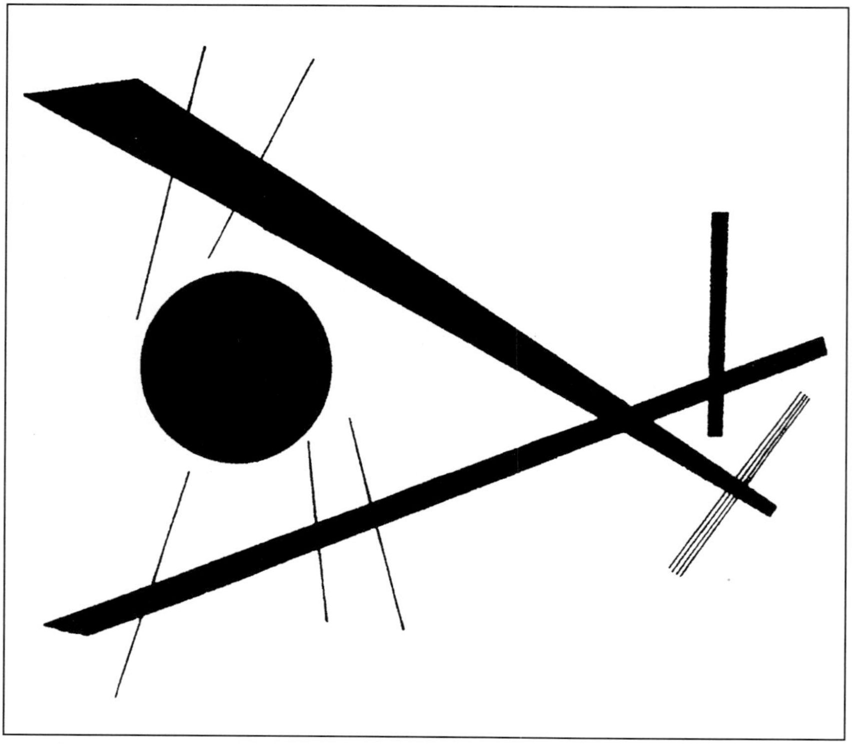

Wassily Kandinsky, Punkt und Linie zu Fläche, 1929

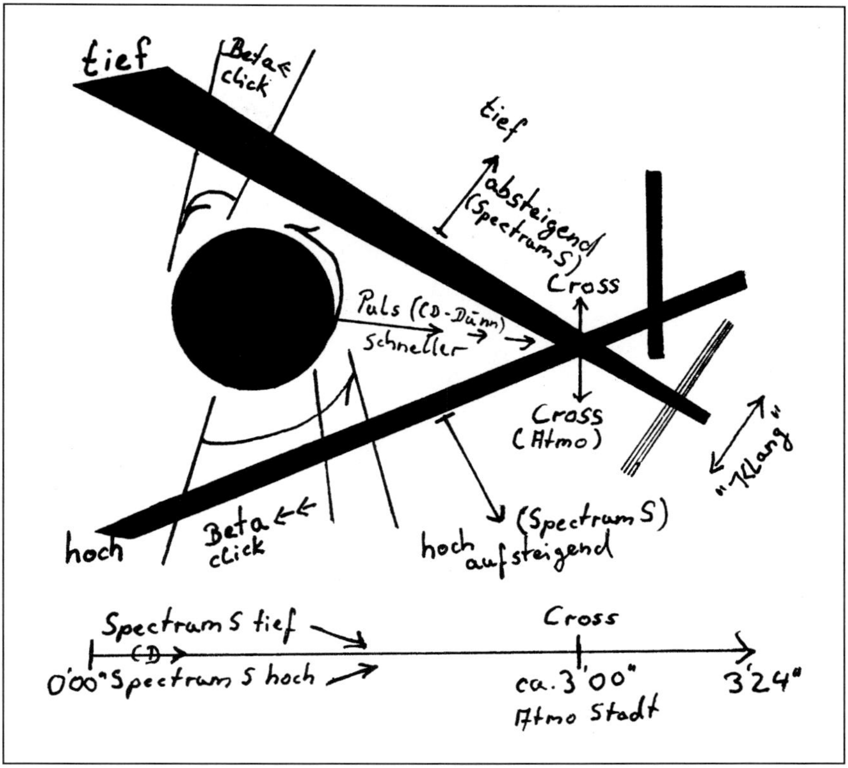

Kandinskys Grafik „Punkt und Linie zu Fläche" mit den Partiturangaben von M. Nordbruch

Die kurzen fetten Streifen werden repräsentiert durch einen Klang, der von Anfang an dabei ist, nervös und synthetisch aus Sinusklängen entstanden, mal schwebend, mal glockenähnlich, aber klar.

Langes Band hoch und langes Band tief sind Sinusfrequenzen, ein jeweils klarer, synthetischer, durchgängiger Klang, einmal hoch, einmal tief, der nach oben bzw. unten transponiert wird. Durch schleichende Dissonanzen entstehen Überlagerungen in den Frequenzen, die eine Unruhe produzieren.

Mitwirkung und Gegenwirkung: Obwohl sie sich graphisch annähern, entfernen sich die beiden Linien klanglich voneinander, denn die „hohe" Linie ist eine aufsteigende, die „tiefe" Linie eine absteigende.

Die Linien bzw. Streifen oder Bänder und der Punkt, denen musikalisch bestimmte Klänge, Geräusche und Klangverläufe zugeordnet sind, finden ihre choreografische Entsprechung in der dreieinhalbminütigen Sequenz in jeweils einer Tänzerin. Diese führt – aus Improvisationsübungen entwickelt – auf Musik und Grafik abgestimmte Bewegungsabläufe mit entsprechenden Bewegungsqualitäten aus.

Der Punkt dreht sich ganz langsam, dann unmerklich etwas schneller mit großen, weichen Bewegungen nur links herum stehend um sich selbst, hat keinen direkten Kontakt, bewegt sich von unten nach oben ohne Veränderung des Standortes.
Die fünf feinen Striche liegen am Boden, treiben den Punkt in der vorgegebenen Richtung an und reagieren auch indirekt auf ihn, indem sie Bewegungsimpulse des Punktes und deren Qualität übernehmen und imitieren, umgekehrt aber Ähnliches initiieren. Sie bleiben die ganze Sequenz über an der gleichen Stelle.
Die kurzen Streifen bewegen sich durchgängig schnell, schwer und hektisch auf allen Ebenen, aber nur ständig auf ihrem kurzen Stück hin und her. Wo Kontakt durch das Wegekreuzen mit den Bändern stattfindet, geben sie diesen von ihrer Geschwindigkeit ab.
Langes Band hoch und langes Band tief bewegen sich langsam und schwer von links nach rechts und zurück, wobei sie nach dem Kreuzen bis zum Ende ihrer Linie und zurück etwas schneller werden. Sie haben Kontakt mit den kurzen Streifen und den feinen Strichen, geben dort Impulse und nehmen auf, interagieren also für kurze Momente, sind aber prinzipiell in ihrer Bewegungsqualität unbeirrbar und dominant.

Auch andere Grafiken Kandinskys und Elemente aus seinen Bildern wurden auf ähnlich Weise umgesetzt und somit für alle Sinne erfahrbar gemacht. Nicht nur die Tänzerinnen, auch die Zuschauer können den Klang der Farbe und des Lichtes, die Bewegung der Linien und Flächen fühlen und nachvollziehen, was es heißt, wenn Kandinsky sagt: „Wie alle Rezepte der Welt es nie *allein* zu einem Werk bringen können, so können sie auch nicht das für das ‚Kunstverständnis' unbedingt notwendige Gefühl ersetzen. Der Kopf ist keine schlechte Einrichtung. Aber ein ‚gefühlloser' Kopf ist schlechter als ein ‚kopfloses' Gefühl. Wenigstens in der Kunst." (a.a.O., S. 160)

Stichwortverzeichnis